# कार्लमार्क्स के साम्यवादी और गांधी के साम्ययोगी आर्थिक विचारों द्वारा नये समाज की रचना

# कार्लमार्क्स के साम्यवादी और गांधी के साम्ययोगी आर्थिक विचारों द्वारा नये समाज की रचना

प्रो. डॉ. सत्येन्द्र नाथ चतुर्वेदी
डी. लिट.

कल्पज़ पब्लिकेशन्स
दिल्ली–110052

**कार्लमार्क्स के साम्यवादी और गांधी के साम्ययोगी**
**आर्थिक विचारों द्वारा नये समाज की रचना**

रुपये 600



ISBN: 81-7835-570-1



प्रकाशन वर्ष 2007
कल्पज़ पब्लिकेशन्स
सी-30, सत्यवती नगर, दिल्ली-110052
ई-मेल: kalpaz@hotmail.com
अक्षर मुद्रांकन: क्विक मीडिया
सालासर ऐमेजिंग सिस्टम, दिल्ली

# विषय-सूची


| | | |
|---|---|---|
| प्राक्कथन | | 7 |
| प्रथम अध्याय | जागतिक समस्याओं का विश्लेषण | 9 |
| द्वितीय अध्याय | समस्याओं के निराकरण हेतु किये गये प्रयासों का उल्लेख | 43 |
| तृतीय अध्याय | विश्व के अन्य प्राचीन एवं अर्वाचीन विचारकों के क्रान्तिकारी विचारों का संलिप्त विश्लेषण | 59 |
| चतुर्थ अध्याय | कार्ल मार्क्स के साम्यवादी विचारों का विश्लेषणात्मक अध्ययन | 83 |
| पञ्चम अध्याय | रूस, चीन एवं अन्य देशों में साम्यवादी चिंतन का स्वरूप | 97 |
| षष्ठ अध्याय | गांधी के साम्ययोगी विचारों का तात्विक विश्लेषण | 115 |
| सप्तम अध्याय | साम्यवाद और साम्ययोग विचारों का तुलनात्मक विश्लेषण | 127 |
| अष्टम अध्याय | मार्क्सवादी और गांधीवादी विचारों की जन समस्याओं के निराकरण हेतु समर्थता और सार्थकता | 151 |
| नवम अध्याय | मार्क्स और गांधी के विचारों के अनुसार नये समाज एवं नये मानव की रचना का स्वरूप | 173 |
| दशम अध्याय | उपसंहार | 193 |
| | सन्दर्भ ग्रन्थ-सूची | |

# प्राक्कथन

विश्व में प्राचीनकाल से आधुनिक काल तक अभाव, भूख, अज्ञान तथा अन्याय के विरुद्ध युद्ध होता चला आ रहा है। इसी को लेकर फ्रांस की क्रान्ति हुई; स्वतन्त्रता समता और भ्रातृत्व की स्थापना हुई। इसी को लेकर अमेरिका में भी क्रान्ति हुईं। इसके बाद क्रमशः रूस और चीन में क्रान्तियां होती चली गयी। परन्तु विज्ञान अपने तेज से इन समस्याओं का सही ढंग से निराकरण नहीं कर सका है। मनुष्य विचलित होकर दरिद्रता, शोषण, अन्याय, बीमारी, गन्दगी, बेकारी आदि महापापों की अग्नि में भस्म होता चला जा रहा है। आखिर इन समस्याओं का समुचित निराकरण अभी तक क्यों नहीं हुआ, यह एक विवाद का विषय बना हुआ है। समस्याओं को दूर करने के सारे प्रयास असफल सिद्ध हुए। इन सभी से छुटकारा पाने के लिए व्यक्ति स्वयं, व्यक्ति और प्रकृति, व्यक्ति और समाज, व्यक्ति और पद्धतियाँ, व्यक्ति और विज्ञान, व्यक्ति और सत्ता के विवादों से यह मानव समाज जूझता हुआ चला आ रहा है। वास्तव में, वह दिन कब आयेगा जब इस पृथ्वी पर कोई भूखा, नंगा, दरिद्र, अज्ञानी, शोषित, अस्वस्थ, तथा असहाय नहीं रहेगा?

विश्व के सभी भागों से समय-समय पर इन समस्याओं के निराकरण हेतु मानवता और मानवीय कल्याण की भावनाओं को लेकर कई विचार और वाद सामने आए। इन्हीं विचारों से प्रभावित होकर हमनें कार्ल मार्क्स और महात्मा गांधी दोनों के परिपक्व विचारों का मूल्यांकन करने का संकल्प किया है। वर्तमान विश्व में जो समस्याएं है और जो नयी-नयी समस्याएं उत्पन्न हो रहीं हैं, उनकी ओर ध्यान आकर्षित कराना ध्येय है। इनमें अपराध, नशाखोरी, प्रदूषण, दुर्घटनाएं, रंगभेद, धर्मभेद, जातिभेद, लिंगभेद, प्राकृतिक शोषण, कौटुम्बिक सम्बन्धों की शिथिलता, असमानता, मालिक-मजदूर विवाद, बीमारी-गन्दगी, अतिभौतिकता तथा अति आध्यात्मिकता, विनाशकारी विज्ञान, व्यक्ति और समाज की विसंगतियां, मानवीय मूल्यों का ह्रास, विज्ञान, सत्ता एवं सम्पत्ति में होड़ आदि है।

इन जागतिक समस्याओं के निराकरण हेतु हम मार्क्स और गांधी के सैद्धान्तिक और व्यावहारिक पक्षों का विश्लेषण एवं तुलनात्मक पक्षों का अध्ययन तथा मूल्यांकन

का प्रयास करेंगे। इन विचारों की समालोचनात्मक व्याख्या करके हम इनके तात्विक स्वरूपों का चिन्तन करके, जागतिक समस्याओं का निराकरण ढूँढ़ने का यत्न करेंगे।

प्रथम अध्याय में विश्व स्तर पर समाज में पायी जाने वाली जागतिक समस्याओं की व्याख्या की गयी है। दूसरे अध्याय में इन जागतिक समस्याओं को समाज से कैसे दूर किया जा सकता है उसकी व्याख्या की गयी है।

तृतीय अध्याय में विश्व के प्राचीन एवं अर्वाचीन विचारों का उल्लेख किया गया है। चतुर्थ अध्याय में मार्क्स के साम्यवादी विचारों का विश्लेषणात्मक अध्ययन किया गया है।

पांचवें अध्याय में रूस, चीन तथा अन्य देशों में साम्यवादी विचारों का क्या स्वरूप है? उसकी व्याख्या की गयी है। षष्ठम् अध्याय में गांधी के साम्ययोगीय विचारों का तात्विक विश्लेषण किया गया है। सातवें अध्याय में साम्यवाद और साम्ययोग विचारों का तुलनात्मक विश्लेषण किया गया है।

अष्टम अध्याय में मार्क्स के साम्यवादी और गांधी के साम्ययोगी विचारों का समस्याओं के निराकरण हेतु सामर्थ्य और सार्थकता का विवेचन किया गया है। नवम अध्याय में साम्यवादी तथा साम्ययोगी विचारों द्वारा नये समाज एवं नये मानव की रचना के स्वरूप पर ध्यान आकर्षित कराया गया है। दशम अध्याय दोनों विचारों के तुलनात्मक अध्ययन तथा सार तत्व के पूर्ववर्त्ती अध्यायों के विशलेषण का उपसंहार है।

इस विशलेषणात्मक अध्ययन में मुख्य प्रेरणा आदरणीय प्रो. डी.एन. चतुर्वेदी, पूर्व कुलपति से प्राप्त हुयी, उनसे ही गांधी के साम्यवादी विचारों की दिशा एवं संस्कार का हृदयंगम का अवसर प्राप्त हुआ। उनके इस दिशा निर्देशन के प्रति लेखक सतत् आभारी रहेगा। इसके अतिरिक्त उसके दूसरे प्रमुख प्रेरणादाता प्रो. वी.जी. सिन्हा, पूर्व कुलपति, ए.पी.एस. विश्वविद्यालय, रीवाँ रहे है।

# 1

# जागतिक समस्याओं का विश्लेषण

विश्व के सभी देशों में विभिन्न समस्याएं काल, देश तथा परिस्थितियों के कारण समय-समय पर परिवर्तित होती रहती है, जिनमें तीन समस्याएं ऐसी है जिस पर नियन्त्रण अभी तक प्राप्त नहीं हो सका है। ये है—अभाव से मुक्ति, अज्ञानता पर विजय तथा अन्याय का अन्त। इन समस्याओं के निराकरण करने में कुछ देशों में क्रान्तियां भी हुई किन्तु इससे मुक्ति नहीं मिल पायी है। सम्पूर्ण विश्व में सभी को भोजन, आवास, वस्त्र मिले, शिक्षा, स्वास्थ्य, रोजगार तथा स्वतन्त्रता एवं बन्धुत्व की प्रतिष्ठा, यह ध्येय मानवीय सदिच्छा मात्र रह गये हैं। विज्ञान के विकास ने तो सभी को यातायात, संचार, रेडियो, शिक्षा, अस्पताल, शक्ति के साधन तो उपलब्ध कराये किन्तु दूसरी ओर मानव के सामने अनेक विकट समस्याएं उत्पन्न कर दी है, जिनके निराकरण करने में मनुष्य उलझता जा रहा है। विज्ञान के प्राणहीनता के कारण इसका केवल विध्वंसात्मक, राक्षसी, दानवीय ताकतों द्वारा दुरुपयोग हो रहा है। इसने ही सत्ता और सम्पत्ति के लालच को बढ़ावा दिया मनुष्य ने वनस्पतियों, प्राकृतिक साधनों सबका शोषण करना तथा पीड़ा पहुँचाने का कार्य किया है। आज समाज में कतिपय जागतिक समस्याएं उत्पन्न हो गयी है जिनमें प्रमुख रूप से पर्यावरण प्रदूषण, निर्धनता, बेकारी, अस्पृश्यता, नशाखोरी, अपराध, असमानता, जातीय उन्माद, रंग भेद तथा लिंग भेद, धार्मिक उन्माद, प्रकृति का शोषण, अति भौतिकता तथा अति आध्यात्मिकता, विनाशकारी विज्ञान, मानवीय मूल्यों का पतन आदि है। इन समस्याओं से आज पूरा विश्व जल रहा है, जिससे विश्वव्यापी कल्याण तथा शांत और संघर्षमुक्त वातावरण स्थापित करने में कठिनाई का सामना करना पड़ रहा है। इन समस्याओं का विश्लेषण आवश्यक हो गया है।

आज समाज में बिना सिद्धान्त की राजनीति श्रमहीन—धन, नैतिकताविहीन व्यापार, चरित्रनिरपेक्ष-शिक्षा, संवेदनारहित स्वार्थयोजित-विज्ञान, विवेकहीन-आनन्द

का वातावरण व्याप्त हो गया है जिसके कारण सुरक्षा घटी, न्याय घटा, ज्ञान घटा, कार्य घटा, व्यवस्था घटी, नेतृत्व घटा, जिससे समाज में विषमता, अन्याय, शोषण का वातावरण बना है। इन जागतिक समस्याओं की व्याख्या हम निम्नलिखित शीर्षकों में कर सकते है, जो इस प्रकार से हैं—

## पर्यावरण प्रदूषण

आज भौतिकतावादी संस्कृति से ओत-प्रोत व्यक्ति अपनी सुख-सुविधाओं की प्राप्ति की लालसा में तीव्र औद्योगिक विकास हेतु सतत प्रयत्नशील है। आर्थिक विकास की इस अन्धाधुन्ध दौड़ में विवेकहीन नियोजन एवं प्राकृतिक संसाधनों का युक्तिहीनता एवं निर्दयता से शोषण किए जाने के फलस्वरूप भौतिक पर्यावरण को जो क्षति पहुँच रही है तथा उसमें जो गिरावट आ रही है इसके परिणामस्वरूप होने वाले दुष्परिणामों की जो भयावह समस्या स्पष्ट दृष्टिगोचर हो रही है उसके निराकरण हेतु सारा विश्व चिन्तित है। आज मनुष्य ने अपनी सुख-सुविधाओं की प्राप्ति हेतु जाने-अनजाने में अपनी संख्या बढ़ाकर तथा पर्यावरण को प्रदूषित कर अपने लिए दारुण दुःख की प्राप्ति एवं विनाश का मार्ग प्रशस्त कर लिया है। यह सत्य है कि पूंजीवादी तथा साम्यवादी दोनों व्यवस्थाओं में वैज्ञानिक प्रगति एवं औद्योगीकरण की तीव्र प्रतिस्पर्धा ने पर्यावरण प्रदूषण की समस्या को जन्म दिया जिसका कुप्रभाव विकासशील देशों में भी स्पष्ट दिखाई दे रहा है। भारत सहश विकासशील देशों ने भी अपने देश में तीव्र गति से बढ़ती हुई जनसंख्या के फलस्वरूप उत्पादन एवं रोजगार में वृद्धि करने, व गरीबी दूर करने, आय एवं धन की असमानता को कम करने तथा समानता एवं न्याय के आधार पर समाजवादी समाज की स्थापना हेतु तीव्र आर्थिक विकास के लक्ष्य को पूरा करने के लिए आर्थिक नियोजन की एक श्रृंखलाबद्ध कार्यक्रम चला रखा है तथा प्राकृतिक संसाधनों का गहन एवं विस्तृत उपयोग की रणनीति अपनाते हुए कृषि, उद्योग, वाणिज्य, परिवहन तथा अन्य ढांचागत विकास हेतु सतत प्रयत्नशील है। 20वीं शती के अन्तिम दशक में आज हम अपनी वैज्ञानिक एवं औद्योगिक प्रगति से गौरवान्वित हैं क्योंकि इसी के द्वारा हमें अनेकों भौतिक सुविधाएं उपलब्ध हुई हैं। परन्तु इसके द्वारा जहां एक तरफ जीवन की गुणवत्ता में सुधार हुआ है वहीं दूसरी ओर पर्यावरण के अपकर्षण की गम्भीर समस्या उत्पन्न हो गयी है। इस औद्योगिक विकास ने हवा, पानी तथा आकाश को प्रदूषित कर दिया है। इस तरह आर्थिक विकास के इस नकारात्मक पहलू ने भूमि क्षरण, वन विनाश, वायु प्रदूषण, ध्वनि प्रदूषण, ओजोन विनाश आदि समस्याओं को जन्म दिया जिसका

अन्ततः मनुष्य सहित अन्य जीव-जन्तुओं के स्वास्थ्य पर घातक प्रभाव पड़ना अवश्यम्भावी है। पर्यावरण में आयी गिरावट से अनेकों स्वास्थ्य सम्बन्धी समस्याएं उत्पन्न हो गयी है; यथा—श्वांस सम्बन्धी बीमारियां, मलेरिया, तपेदिक, कैंसर, डायरिया जैसी बीमारियां तेजी से फैलती जा रही है। त्वचा सम्बन्धी ओजोन परत के कमजोर होने से पराबैगनी किरणों का मानव शरीर पर जो आक्रमण हो रहा है उससे त्वचा कैंसर की दर में वृद्धि होती जा रही है, लोगों में रोगों से लड़ने की प्रतिरोधी शक्ति में कमी आती जा रही है। कष्टप्रद, हानिकारक रोगों एवं व्याधियों की सुग्राह्यता में वृद्धि हो रही है। इस तरह मनुष्य के जीवन पर भयावह संकट आसन्न दिखाई दे रहा है।

इस तरह 'ग्रीन हाउस' गैसों के प्रभाव के प्रति वैश्विक उपेक्षा वनों का निरन्तर घटता क्षेत्रफल तथा उसका पर्यावरण एवं रहन-सहन पर पड़ता प्रभाव, विकास योजनाओं में पर्यावरणीय पहलुओं की उपेक्षा तथा उसके प्रति बढ़ती असजगता, आबादी बढ़ने के साथ-साथ नगरों में चरमराती नागरिक सुविधाएं तथा स्वच्छता की बढ़ती समस्या, प्रदूषण के कारण विषाक्त होती ऑक्सीजन, भू-गर्भ एवं नदियों एवं जलाशयों में बढ़ता प्रदूषण, महामारियों का पुनर्जन्म तथा पर्यावरण में बढ़ते प्रदूषण के फलस्वरूप मानव जीवन की गुणवत्ता में निरन्तर ह्रास आदि ऐसे अनेक मुद्दे हैं जो नीति-निर्माताओं, समाजविज्ञानियों तथा बुद्धिजीवियों के लिए गम्भीर चिन्ता के विषय है। आज विश्व के देश जितना चिन्तित पर्यावरण के प्रदूषण से उत्पन्न होने वाले खतरे से है, उतना अन्य किसी चीज से नहीं। संयुक्त राष्ट्र संघ तथा अन्य अन्तर्राष्ट्रीय संघों के माध्यम से आज पृथ्वी बचाओ, पर्यावरण बचाओ की आवाज उठायी जा रही है तथा इस सम्बन्ध में राष्ट्रों के मध्य तरह-तरह के समझौते किए जा रहे हैं। इस सम्बन्ध में सबसे महत्वपूर्ण बैठक कनाडा के मांट्रियल शहर में 18 सितम्बर, 1997 को हुई जिसमें 100 से अधिक देशों ने ओजोन की परत की रक्षा के लिए मिथाइल ब्रोमाइड जैसे घातक कीटनाशक के उत्पादन पर प्रतिबन्ध लगाने का समझौता किया। ओजोन परत के लगातार नष्ट होते जाने से सूर्य से निकली घातक पराबैगनी किरणों का पृथ्वी पर सीधे पहुँचने का खतरा उत्पन्न हो गया है। इन घातक किरणों से मानव एवं अन्य जीव-जन्तुओं के जीवन को खतरा उत्पन्न हो गया है। वातावरण के ताप में निरन्तर बढ़ोतरी होती जा रही है।

पर्यावरण प्रदूषण के लिए कोई एक क्षेत्र ही उत्तरदायी नहीं है। यह समस्त क्षेत्रों—कृषि, उद्योग तथा सेवा के सम्मिलित प्रभाव का दुष्परिणाम है।

तीव्र गति से बढ़ती जनसंख्या के भरण-पोषण के लिए कृषि क्षेत्र में उत्पादन बढ़ाने का प्रयास जारी है। इस तारतम्य में गहन एवं विस्तृत खेती की पद्धतियों को अपनाया गया है। कृषि में उत्पादन बढ़ाने के नाम पर उर्वरकों, रसायनों तथा कीटनाशकों का व्यापक प्रयोग हो रहा है। इससे न केवल मीथेन गैसों का विसर्जन हो रहा है बल्कि खाद्यान्नों, सब्जियों, फलों और यहां तक दूध व मांस में भी जहरीले अवशिष्टों के घुलने से मानव को अनेकों बीमारियों से जूझना पड़ रहा है। कृषि में अत्यधिक उर्वरकों एवं कीटनाशकों के प्रयोग ने भू-गर्भ जल को भी प्रदूषित किया है। किसानों के मित्र केचुएं, झींगुर व अनेक जीव-जन्तुओं का सन्तुलन बिगड़ा है तथा कृषि फल से कीटों को अधिक आकर्षित करने लगी है। अकेले भारत में 1992 में 82000 टन कीटनाशकों का प्रयोग किया गया। अनुमान है कि देश में 1996-97 में लगभग 90,000 टन कीटनाशकों का प्रयोग होगा। देश में लगभग 140 कीटनाशकों का प्रयोग होता है जिसमें डी.डी.टी. का योगदान 40% रहता है।

विस्तृत खेती हेतु वनों का अन्धाधुन्ध कटान किया गया तथा अभी भी जारी है जिससे वनों के कुल क्षेत्रफल में पर्याप्त कमी आयी है। मानव ने वनों एवं खनिज सम्पदा का दोहन इस नृशंसता से किया कि गहन वन प्रदेश भी अब वृक्ष विहीन हो गए है। इसके अतिरिक्त व्यापारिक एवं औद्योगिक ढांचागत विकास के नाम पर वनों का अत्यधिक शोषण किया जिसका परिणाम यह हुआ कि वातावरण में कार्बन डाई आक्साइड की वृद्धि हुई, भूमि क्षरण, मृदा क्षरण, बाढ़, सूखा आदि की विकराल समस्याएं उत्पन्न हुई। तीव्र गति से कटते जा रहे जंगलों से वन्य जीवन निष्प्राण होता जा रहा है। वन्य जीवों की निरन्तर कमी से पर्यावरण का सन्तुलन बिगड़ा है। अनादि काल से ही मानव जीवन में वनों का बहुत महत्व रहा है। भारत जैसे विकासशील देशों में अभी भी जनसंख्या का एक बहुत बड़ा भाग गांवों में रहता है। ग्रामीण जनता की बहुत-सी आवश्यकताओं की आपूर्ति जैसे जलाने के लिए लकड़ी, पशुओं का चारा, इमारती लकड़ी तथा काष्ठ के उपकरण, वनों एवं वृक्षों से ही होती है। इसके अतिरिक्त फल-फूल, शहद, मोम, महुए का फूल, माचिस, बांस, छप्पर बनाने के लिए घास, दोना-पत्तल, टोकरियां आदि बनाने का कच्चा माल इन्हीं से प्राप्त होता है। फिर भी कृषि तथा औद्योगिक विकास के नाम पर यहां जंगलों की नृशंसता से कटाई की गयी इन जंगलों की कटाई से पूर्व यहां लोग अपनी उस संस्कृति को भूल गए जिसमें वृक्षों की रक्षा करना पुनीत कार्य समझा जाता रहा। मानव प्रारम्भिक काल से ही

प्रकृति से पूर्ण सामञ्जस्य बनाकर रहता रहा है। इसमें प्रकृति के प्रति भय तथा श्रद्धा दोनों ही भाव रहे हैं और वह प्रकृति की पूजा करता आ रहा है। सनातन ग्रन्थों, लोक कथाओं आदि में ऐसे अनेक दृष्टान्त एवं सन्दर्भ मिलते है जिसमें वृक्षों, वनों अथवा पर्यावरण संरक्षण के महत्व को प्रदर्शित किया गया है। हिन्दू परम्परा में प्रकृति, पशु-पक्षियों एवं अन्य जीवों की पूजा अर्चना एवं उन्हें प्रसन्न करने हेतु कितने ही धार्मिक कृत्यों एवं विधि-विधानों की रचना की गयी है। इन्हें किसी देवता का अवतार अथवा स्वयं देवता माना गया है। सूर्य, जल, भूमि, अग्नि, वायु सभी की पूजा का विधान देवता के रूप में सभी जानते है। इन सबके पीछे यही उद्देश्य कार्य कर रहा था कि सभी जीव-जन्तुओं का आपसी सामञ्जस्य तथा इन सबका प्रकृति के साथ सामञ्जस्य बना रहे ताकि पारिस्थितिक सन्तुलन बना रहे। प्रकृति के साथ सामञ्जस्य अनेक कवियों, दार्शनिकों, धार्मिक गुरुओं, सन्तों, समाज सुधारकों आदि की रचनाओं एवं उपदेशों का महत्वपूर्ण विषय रहा है।

दुर्भाग्यवश हम अपनी परम्परा के अनन्त उपयोगी उपरोक्त तत्वों को आत्मसात नहीं कर पाए और उन्हें भूलते चले गये। दूसरी ओर विकास की कभी न सन्तुष्ट होने वाली भूख के कारण मनुष्य ने विकास योजनाओं का क्रियान्वयन बिना विवेक के किया तथा उसने पर्यावरणीय सन्तुलन को बनाये रखने की ओर कोई ध्यान नहीं दिया। हम पेड़-पौधों के महत्व को भूल गए, जो पर्यावरण को बनाए रखने में फेफड़े का कार्य करते हैं। ये पौधे वायुमण्डल की कार्बन डाई आक्साइड को आक्सीजन में परिवर्तित कर वातावरण को स्वास्थ्यप्रद बनाते है। साधारण आकार का एक वृक्ष दो परिवारों द्वारा निष्कासित कार्बन डाई आक्साइड को अपने अन्दर सोखकर उतनी ही मात्रा में आक्सीजन बनाता है। पेड़-पौधे जल के बहाव, बाढ़, मृदा संरक्षण, मृदा की उर्वरता, तापमान और प्रदूषण आदि को नियन्त्रित करते हुए हमारे वातावरण की रक्षा करते है। पेड़-पौधे सौर विकिरण को सोख लेते है, सूर्य की तेज किरणों को रोककर अथवा छानकर हमें शीतल छाया प्रदान करते है ऐसा अनुमान किया गया है कि 50-100 मीटर चौड़ा हरित क्षेत्र शहरों में 3.5 डिग्री सेल्सियस तक तापमान कम कर देता है। पौधे वायु के वेग एवं दिशा को भी नियन्त्रित करते हैं तथा वायुमण्डल को नमी प्रदान करते हैं। पेड़-पौधे वायुमण्डल के धुएं एवं धूल को हमारे पास आने से न केवल रोकते हैं बल्कि हानिकारक गैसों एवं अन्य प्रदूषित पदार्थों का अवशोषण कर वायु को शुद्ध करते हैं। एक कार 25,000 कि.मी. चलने पर जितना कुल प्रदूषण

उत्पन्न करती है उतना प्रदूषण एक बड़े आकार का वृक्ष अवशोषित कर सकता है। एक हेक्टेयर में लगे वृक्ष 30-50 टन धूल प्रतिदिन सोख लेते है तथा 3333 घन मीटर पानी रोक सकते हैं। बरगद, पीपल, जंगल जलेवी, आम तथा अशोक के वृक्ष धूल कणों के अच्छे अवशोषक होते हैं। नदियों के किनारे और उनके संग्रहण क्षेत्र में रोपित वन बाढ़ को 60% तक कम कर देते है। इस तरह पौधे प्राकृतिक तौर पर बिना मूल्य के अधिक समय तक चलने वाले 'पर्यावरण अनुकूलन' का कार्य करते हैं। एक पीपल का वृक्ष जिसका फैलाव 162 वर्ग मीटर है 1712 कि.ग्रा. प्रति घण्टे की दर से कार्बन डाई आक्साइड सोखता है। एक परिपक्व वृक्ष हवा में नमी बनाए रखने के लिए प्रतिदिन 400 लीटर जल का वाष्पन करता है जो 5 एअर कण्डीशनरों द्वारा उत्पादित ठण्डक के बराबर है। 30 मीटर चौड़ी हरित पट्टी 7 डेसीबल का ध्वनि प्रदूषण कम करती है। 500 मीटर चौड़ा हरित क्षेत्र सल्फर डाई आक्साइड एवं नाइट्रोजन डाई आक्साइड की सान्द्रता को क्रमशः 70 प्रतिशत और 67 प्रतिशत कम कर देता है।

ग्रामीण क्षेत्रों के मुकाबले शहरी क्षेत्रों में आर्थिक विकास, उच्च गुणवत्ता वाली बाह्य संरचना, प्रशिक्षित कर्मकारों की उपलब्धता, आर्थिक गतिविधियों हेतु विशेषीकृत सेवाओं की उपलब्धता और सबसे बढ़कर उत्पादित माल की खपत के लिए बाजार की पकड़ अधिक होती है। यही कारण है कि शहरी क्षेत्रों में उद्योगों का अधिक जमाव होता है। यह कहना गलत नहीं होगा कि इन उद्योगों ने प्रदूषण फैलाने में अहम भूमिका निभाई है। इन उद्योगों में औद्योगिक सुरक्षा उपायों का पालन नहीं किया जाता। अधिकांश इकाइयों में प्रदूषण नियन्त्रण उपकरण नहीं होते है और यहां तक कि असंगठित क्षेत्र की इकाइयों का पंजीकरण तक नहीं होता। ये औद्योगिक इकाइयां प्रदूषणयुक्त अपशिष्टों को नदियों/समुद्रों में छोड़ते हैं। उनसे उत्सर्जित गैसों से वायु मण्डल प्रदूषित होता है तथा शहरी आबादी का स्वास्थ्य भी प्रभावित होता है। हाल के वर्षों में उद्योगों के अनियन्त्रित विकास से वातावरण को प्रदूषित करने वाले तत्वों की वृद्धि हुई है। वातावरण में व्याप्त कार्बन डाई आक्साइड, कार्बन मोनो आक्साइड, सल्फर डाई आक्साइड, नाइट्रोजन के आक्साइड्स, हाइड्रो कार्बन के लटकते कणों तथा धातुओं के आक्साइड्स, उर्वरकों की यूरिया धूल के कण, मोटर गाड़ियों के धुएं से निर्गत शीशा, अल्युमिनियम के उत्पादन से उत्पन्न फ्लोराइड्स, सीमेण्ट उद्योगों से निकली सीमेण्ट तथा चूने के धूल के कण तथा अन्य उत्सर्जित रासायनिक पदार्थ मानव स्वास्थ्य के प्रति खतरा बने हुए है।

समय के बदलाव के साथ-साथ लोगों के जीवन स्तर के निर्धारित मानकों में परिवर्तन आया है। आज किसी राष्ट्र में सकल घरेलू उत्पाद प्रति व्यक्ति आय के साथ-साथ पर्यावरण प्रदूषण के प्रति उद्विग्नता, वायु की शुद्धता एवं स्वास्थ्य समान रूप से महत्वपूर्ण हो गए हैं। विकास हेतु मात्र भौतिक एवं अन्य संसाधनों में समृद्ध होना पर्याप्त नहीं है। शहरी क्षेत्रों में शुद्ध पेयजल उपलब्धता, गुणवत्ता एवं पर्याप्त भोजन, निवास स्थलों में मूलभूत सेवाओं एवं सुविधाओं की उपलब्धता, चिकित्सीय एवं वायु की गुणवत्ता, कूड़ा कचड़ा एकत्रीकरण एवं निष्पादन व्यवस्था आदि अनेक पहलू तथा मुद्दे हैं जो एक गम्भीर चुनौती के रूप में उभरे है। औद्योगीकरण, नगरीकरण एवं तीव्र जनसंख्या वृद्धि के कारण अपशिष्ट पदार्थों की मात्रा में निरन्तर वृद्धि होती जा रही है इनके निस्तारण की समुचित व्यवस्था न होने के कारण पर्यावरण के गुणवत्ता में कमी आती जा रही है। अवशिष्ट पदार्थ के चार प्रमुख स्रोत हैं जो पर्यावरण की क्षति के लिए सीधे उत्तरदायी है। घरेलू अपशिष्ट के अन्तर्गत घरों में प्रतिदिन सफाई के पश्चात् गन्दगी निकलती है जिसमें धूल एवं मिट्टी के कण, कागज, गत्ता, कपड़ा, प्लास्टिक, लकड़ी के धातु के टुकड़े, सब्जियों एवं फलों के छिलके, सड़े-गले पदार्थ, मल-मूत्र, मृत जानवरों के अवशेष, मकानों के तोड़ने से निकले पदार्थ आदि सम्मिलित होते है। यह सभी पदार्थ घरों से बाहर सड़कों या निर्धारित स्थानों पर डाल दिए जाते है जिनके सड़ने से विषाणु उत्पन्न होते है जो न केवल प्रदूषण बल्कि अनेक रोगों के भी कारण है। अमेरिका जैसे विकसित देश में नगरीय अपशिष्टों की मात्रा प्रतिवर्ष 4.34 करोड़ टन होती है। भारत जैसे देश में जहां कूड़ा-करकट निस्तारण की समुचित व्यवस्था नहीं है वहां इसकी मात्रा कई गुना अधिक है। एक अनुमान के अनुसार भारत के 45 बड़े नगरों से कुल मिलाकर प्रतिदिन लगभग 50,000 टन अपशिष्ट निकलता है।

इसके अतिरिक्त उद्योगों से बड़ी मात्रा में कचरा एवं उपयोग में लाए गए पदार्थों के अपशिष्ट बाहर फेके जाते हैं। इनमें धातुओं के टुकड़े, रासायनिक पदार्थ, अनेक विषैले ज्वलनशील पदार्थ, तैलीय पदार्थ, राख आदि सम्मिलित रहते है। ये सभी पदार्थ पर्यावरण को हानि पहुंचाते है। इसी प्रकार खनन क्षेत्रों में खानों से निकले अपशिष्ट पदार्थों के विशाल ढेर प्रदूषण का कारण बनते हैं। कृषि के उपरान्त उसका बचा भूसा, घास-फूस, पत्तियां, डण्ठल आदि एक स्थान पर एकत्र कर दिए जाते हैं या फैला दिए जाते हैं। इनमें गिरने से पानी सड़ने लगता है तथा जैवीय क्रिया होने से प्रदूषण का कारण बन जाता है।

वाहनों की संख्या में निरन्तर होती वृद्धि भी पर्यावरण को प्रदूषित करने में महत्वपूर्ण भूमिका निभा रही है। नगरों में वाहनों की निरन्तर बढ़ती संख्या से वायु प्रदूषण चिन्तनीय स्थिति तक बढ़ गया है। भारत जैसे विकासशील देश में भी नगरों में वाहनों की संख्या में तीव्र गति से वृद्धि हुई है। भारत में 1986 में लगभग 110 लाख वाहन पंजीकृत थे जबकि 1991 में 14.49 मिलियन दुपहिया/तिपहिया वाहन, 2.94 मिलियन कार/जीप/टैक्सी तथा 1.68 मिलियन ट्रक/बस एवं 1.89 मिलियन अन्य वाहन पंजीकृत थे। कुल पंजीकृत वाहनों में 65% दुपहिया तथा तिपहिया वाहन आधे से अधिक प्रदूषण बनाते है। 1996 में अनुमानतः देश में 265 लाख वाहन पंजीकृत थे। सन् 2000 में लगभग 53 मिलियन वाहन देश की सड़कों पर दौड़ेंगे। 1996 में जो वाहन सड़कों पर दौड़ रहे थे वह बिना किसी नियन्त्रण के 43000 टन प्रदूषण प्रतिदिन उत्सर्जित कर रहे थे। सन् 2001 से यह उत्सर्जन 63000 टन प्रतिदिन हो जाएगा।[1] देश में मोटर वाहनों से प्रतिदिन 60 टन सूक्ष्म कण, 630 टन सल्फर डाई ऑक्साइड, 270 टन नाइट्रोजन ऑक्साइड तथा 2040 टन कार्बन मोनो ऑक्साइड उत्सर्जित होती है।[2] एक कार बस की तुलना में 90 गुनी कार्बन मोनो ऑक्साइड गैस छोड़ती है। दुपहिया वाहन एक बस की तुलना में 49 गुनी तथा एक ऑटो रिक्शा में यह उत्सर्जन 60 गुना अधिक होता है।[3]

वार्न ने (1980 में) अपने लेख 'ग्लोबल रिपोर्ट 2000' में यह भविष्यवाणी की है कि पर्यावरण प्रदूषण की यदि यही प्रवृत्ति जारी रही तो विश्व में सन् 2000 तक आज हम जिस स्थिति में रह रहे है उसकी अपेक्षा प्रदूषण में अधिक घनी वृद्धि होगी इससे पर्यावरण के स्थायित्व में और कमी और असहनीय विघटन की स्थिति उत्पन्न हो जाएगी जिससे मनुष्य, वनस्पतियों एवं अन्य जीव-जन्तुओं के जीवन पर गम्भीर खतरा उत्पन्न हो जाएगा। इस आगामी डरावनी समस्या से पूरा विश्व उद्वेलित है तथा अपने अस्तित्व के प्रति चिन्तित है।

## निर्धनता

निर्धनता एक सामाजिक एवं आर्थिक समस्या है। विश्व के बहुत से चिन्तक, राजनेता, समाजवेत्ता, अर्थशास्त्री, धर्माचार्य, सन्त, मसीहा, महात्मा निरन्तर इसके निराकरण हेतु विविध प्रयास करते रहे हैं। परन्तु इसका समाधान ढूंढने में असमर्थ

---

1 फाइनेन्सियल एक्सप्रेस, 21 मार्च, 1995 तथा इण्डिया टूडे, 15 दिसम्बर, 1996

2 अवधेश कुमार सिंह, इण्डिया टूडे, 15 दिसम्बर, 1996, पृ. 65

3 इण्डिया टूडे, 15 दिसम्बर, 1996, पृ. 46

रहे। यह समस्या सम्पूर्ण विश्व के सभी समाजों में विकराल रूप से विद्यमान है। दुनिया की दरिद्रता सम्पन्नता के लिए भयावह प्रमाणित होगी। दरिद्रता के निवारण के बिना कोई भी समाज एवं राष्ट्र उन्नति के पथ पर अग्रसर नहीं हो सकता।

निर्धनता एक आर्थिक समस्या इसलिए है क्योंकि आर्थिक अभाव ही निर्धनता को जन्म देते हैं, जबकि यह सामाजिक समस्या इसलिए है क्योंकि इससे उत्पन्न सामाजिक दशाएं सामाजिक जीवन को सबसे अधिक प्रतिकूल रूप से प्रभावित करती हैं। केवल कुछ व्यक्तियों की निम्न आर्थिक स्थिति निर्धनता को उत्पन्न नहीं करती बल्कि किसी समाज में व्यक्तियों का बहुत बड़ा भाग जब सभी प्रकार के प्रयत्न करने के बाद भी जीवन की न्यूनतम आवश्यकताओं को पूरा करने में असफल रहता है तभी इस स्थिति को हम निर्धनता के नाम से सम्बोधित करते हैं। इसका तात्पर्य यह है कि यदि किसी समाज में अधिकांश व्यक्तियों को रहने के लिए पर्याप्त स्थान न मिले, खाने के लिए सामान्य स्तर के पौष्टिक पदार्थ न मिले, पहनने के लिए मामूली कपड़े का भी अभाव हो तथा वे उन सुविधाओं से भी वंचित रहे हैं जो उनकी कार्य-कुशलता को बनाए रखने के लिए आवश्यक है तब ऐसे समाज को हम एक निर्धन समाज कहते हैं। इस तरह निर्धनता का तात्पर्य एक ऐसे अभावग्रस्त जीवन से है जो समाज के सामाजिक-आर्थिक कुसमायोजन से उत्पन्न होता है तथा जिसके परिणामस्वरूप व्यक्ति अपनी तथा अपने आश्रितों की अनिवार्य आवश्यकताओं को पूरा करने में असमर्थ होता है।

निर्धनता को दो रूपों में देखा जा सकता है—

1. निरपेक्ष निर्धनता
2. सापेक्ष निर्धनता

एक व्यक्ति की निरपेक्ष गरीबी से अर्थ है उसकी आय या उपभोग व्यय इतना कम है कि वह न्यूनतम भरण-पोषण स्तर से नीचे स्तर पर रहा है। इसी बात को इस प्रकार कह सकते हैं कि "गरीबी से तात्पर्य मानव की आधारभूत आवश्यकताओं—भोजन, वस्त्र, मकान, स्वास्थ्य, सहायता आदि की पूर्ति हेतु पर्याप्त वस्तुओं व सेवाओं को जुटा पाने में असमर्थता से है।" इस तरह निष्कर्ष रूप में कहा जा सकता है कि गरीबी का अर्थ उस न्यूनतम आय से है जिसकी एक परिवार के लिए आधारभूत न्यूनतम आवश्यकताओं की पूर्ति हेतु आवश्यकता होती है तथा जिसे वह परिवार जुटा पाने में असमर्थ होता है।

सापेक्ष गरीबी का अर्थ आय की असमानताओं से होता है। जब दो देशों की प्रति व्यक्ति आय की तुलना करते हैं तथा उनमें भारी अन्तर पाते हैं। इस अन्तर के आधार पर गरीब व अमीर देश की तुलना कर सकते हैं।

भारत में गरीबी की परिभाषा पौष्टिक आहार के आधार को लेकर दी गयी है। भारतीय योजना आयोग के अनुसार यदि किसी व्यक्ति को गांव में 2400 कैलोरीज प्रति दिन व शहर में 2100 कैलोरीज प्रतिदिन नहीं मिलता है तो यह माना जाएगा कि वह व्यक्ति गरीबी की रेखा से नीचे का जीवन व्यतीत कर रहा है।

आज भारत सहित बहुत से ऐसे देश हैं जहाँ निर्धनता की गम्भीर समस्या बनी हुई है जिसके कारण करोड़ो अबोध बच्चों का जीवन विघटित हो रहा है, लाखों स्त्रियों को अपना शरीर बेचने को बाध्य होना पड़ रहा है तथा एक बड़ी संख्या में पुरुषों का जीवन तरह-तरह की कुण्ठाओं, तनावों और अभावों में बीत रहा है।

निर्धनता से समाज में तरह-तरह के अपराधों में वृद्धि होती है। सामान्यतया जब कोई व्यक्ति ईमानदारी से पर्याप्त साधन प्राप्त नहीं कर पाता तो वह चोरी, डकैती, हत्या, जेबकटी आदि के द्वारा अपनी आवश्यकताओं को पूरा करने का प्रयत्न करता है। अपने बच्चों व आश्रितों को भूखे देखकर अच्छा से अच्छा व्यक्ति इन समाज विरोधी कार्यों की ओर प्रवृत्त हो सकता है। निर्धन परिवारों में माता-पिता अपने बच्चों की प्रमुख आवश्यकताओं को भी नहीं पूरा कर पाते है। बच्चे शिक्षा तथा मनोरंजन से वंचित रहते है। निर्धन परिवारों के बच्चों से कम आयु में ही नौकरी करवायी जाती है जिससे वे अनुशासनहीन हो जाते हैं उनकी संगति बिगड़ जाती है। इससे बाल-अपराधों में वृद्धि होती है।

निर्धनता की समस्या ने व्यक्ति में अनेक प्रकार के दुर्व्यसन उत्पन्न किए हैं। निर्धनता के फलस्वरूप व्यक्ति अनेक तनावों एवं चिन्ताओं से ग्रस्त हो जाता है और मद्यपान की तरफ उन्मुख होता है। शीघ्र धन प्राप्ति की लालसा में व्यक्ति जुआ खेलने लगते हैं तथा सट्टा लगाने लगते हैं। निर्धनता से उत्पन्न तनाव वेश्यावृत्ति को प्रोत्साहन देते हैं क्योंकि इन तनावों के कारण व्यक्ति उचित और अनुचित का ध्यान नहीं रख पाते हैं। निर्धनता का एक बड़ा दुष्परिणाम परिवारों का विघटन होना है। निर्धनता की स्थिति में परिवार के सभी सदस्य एक-दूसरे पर अविश्वास करने लगते हैं। घर में कलह का वातावरण बना रहता है और

कभी-कभी परिवार अनैतिकता का भी केन्द्र बन जाता है। परिवार में निर्धनता के कारण पति-पत्नी के बीच विवाह विच्छेद हो जाने की सम्भावना बढ़ जाती है। निर्धनता चरित्र के पतन का कारण बन जाती है तथा भिक्षावृत्ति को बढ़ावा देती है।

इस तरह निर्धनता या गरीबी तमाम सामाजिक बुराइयों की जड़ है। इस समस्या के समाधान हेतु आज विश्व के समाजशास्त्री, राजनीतिज्ञ, अर्थशास्त्री तथा सामान्य व्यक्ति सभी चिन्तित है। यह विश्व में व्याप्त प्रमुख समस्याओं में से एक महत्वपूर्ण समस्या है।

## बेकारी

बेकारी विश्व की प्रमुख आर्थिक एवं सामाजिक समस्याओं में से एक है। पूंजीवादी तथा साम्यवादी सभी देशों में सरकारें आर्थिक विकास एवं बेरोजगारी की समस्या के समाधान हेतु सतत प्रयत्नशील हैं। बेरोजगारी की स्थिति सभी समाजों में किसी न किसी रूप में विद्यमान है। विकासशील देशों में तो यह समस्या और विकराल रूप धारण किए हुए है।

सामान्यतया जब एक व्यक्ति अपने जीवन-निर्वाह के लिए कोई कार्य करना चाहता हो, परंतु उसे कार्य नहीं मिलता है तो उस व्यक्ति को बेरोजगार तथा इस समस्या को बेरोजगारी की समस्या कहते हैं। अन्य शब्दों में, जब कोई व्यक्ति कार्य करने का इच्छुक है और वह शारीरिक रूप से कार्य करने में सक्षम भी है लेकिन उसे कोई कार्य नहीं मिलता जिससे कि उसकी जीविका चल सके तो इस प्रकार की समस्या बेरोजगारी की समस्या कही जाती है। जब कोई व्यक्ति चालू मजदूरी दर पर रोजगार चाहे और उसे सक्षम होने पर भी रोजगार न मिले तो **अनैच्छिक बेरोजगार** कहा जाता है। जब चालू मजदूरी दर पर काम मिले और कोई व्यक्ति काम न करना चाहे तो उसे **ऐच्छिक बेरोजगार** कहा जाता है। इस तरह बेरोजगारी कई तरह की हो सकती है। यथा—संरचनात्मक बेरोजगारी, प्रच्छन्न बेरोजगारी, अल्प रोजगार, खुली बेरोजगारी, मौसमी बेरोजगारी तथा शिक्षित बेरोजगारी आदि। भारत जैसे विकासशील देशों में सामान्यतया प्रच्छन्न बेरोजगारी तथा खुली (या अनैच्छिक) बेरोजगारी की स्थिति पायी जाती है। यहां लाखों व्यक्ति ऐसे हैं जो शिक्षित हैं, तकनीकी योग्यता रखते हैं लेकिन उन्हें काम करने का अवसर नहीं मिलता। यहां कृषि के क्षेत्र में आवश्यकता से अधिक लोग लगे हुए हैं जिन्हें यदि काम से हटा दिया जाय तो उत्पादन में कोई अन्तर नहीं पड़ता।

इस तरह किसी राष्ट्र के लिए बेरोजगारी की समस्या एक गम्भीर समस्या होती है। इसके कारण उपलब्ध मानव शक्ति एवं अन्य संसाधनों का समुचित उपयोग नहीं हो पाता और यह शक्ति व्यर्थ ही चली जाती है। यदि इसको उचित रूप से काम में लगाया जाय तो वह राष्ट्र के लिए समृद्धि एवं सम्पन्नता का साधन बन सकते हैं। जिस देश में बेरोजगारी होती है उस देश में नयी-नयी सामाजिक समस्याएं जैसे—चोरी, डकैती, तस्करी, जालसाजी, गबन, हत्या, आत्महत्या, क्रूरता, बेईमानी अनैतिकता, शराबखोरी तथा जुएबाजी आदि पैदा हो जाती हैं जिससे सामाजिक सुरक्षा के लिए खतरा उत्पन्न हो जाता है। शान्ति व्यवस्था की समस्या उत्पन्न हो जाती है जिस पर सरकार को भारी व्यय करना पड़ता है। पेट की ज्वाला की शान्ति हेतु व्यक्ति बड़े से बड़े अपराध भी करने को तैयार हो जाता है।

बेकारी की समस्या व्यक्ति के मानसिक जीवन को असन्तुलित बना देती है। एक व्यक्ति बेकार रहने के कारण जब अपनी पत्नी, बच्चों तथा परिवार के दूसरे सदस्यों की आवश्यकताओं को पूरा नहीं कर पाता तो वह समाज के प्रति हिंसक हो जाता है, अपने उत्तरदायित्वों को भूल जाता है और कभी-कभी स्वयं अपने प्रति भी अनुत्तरदायी हो जाता है तथा आत्महत्या तक कर बैठता है। यह स्थिति व्यक्ति के आत्मविश्वास को समाप्त कर देती है और उसमें हीन भावना को बिकसित करके सदैव के लिए उसके व्यक्तित्व को विघटित कर देती है। बेकारी के कारण पौष्टिक एवं सन्तुलित भोजन न मिलने से व्यक्ति शारीरिक दृष्टि से कमजोर हो जाता है तथा उसके स्वास्थ्य में गिरावट आ जाती है। इससे उसकी कार्य कुशलता कम हो जाती है जो उसकी प्रगति में सदैव के लिए एक स्थायी बाधा बन जाती है। बेकारी के कारण परिवार के सभी सदस्यों में आपसी अविश्वास की भावना उत्पन्न होने लगती है। इससे परिवार में तनाव तथा विघटन की स्थिति उत्पन्न होने लगती है। बेरोजगारी एवं अर्धबेरोजगारी से ऋणग्रस्तता की समस्या उत्पन्न हो जाती है। भारतीय कृषकों के लिए तो यह कहा जाता है कि इनका सम्पूर्ण जीवन निर्धनता एवं ऋणग्रस्तता में ही बीत जाता है। इस तरह, बेरोजगारी से निर्धनता में वृद्धि से जीवन स्तर गिरता है। आर्थिक समस्याएं बढ़ती है।

बेरोजगारी की समस्या देश में राजनैतिक अस्थिरता की स्थिति पैदा कर देती है। व्यक्ति हर समय राजनैतिक उखाड़-पछाड़ में लगे रहते हैं। बेरोजगारी न दूर कर पाने के कारण सरकार से लोगों का विश्वास घटने लगता है। बेकारी के

परिणामस्वरूप कभी-कभी व्यक्तियों में इतना अधिक असन्तोष उत्पन्न हो जाता है कि इससे अनेक क्रान्तियों तक का जन्म हुआ है। वास्तव में, किसी अन्य कारण की अपेक्षा बेकारी के कारण बहुत से अच्छे व्यक्ति भी सामाजिक क्रान्ति के पक्के समर्थक बन गए। बेकारी की दशा में व्यक्ति का अपनी सरकार, कानून और सामाजिक व्यवस्था में कोई विश्वास नहीं रह जाता। इसके फलस्वरूप व्यक्ति अपनी उचित या अनुचित मांगों को पूरा करवाने के लिए आन्दोलनों के द्वारा सरकार पर दबाव डालने का प्रयत्न करते है। इससे जन-सामान्य के जीवन में संघर्षों की मात्रा बढ़ती है तथा सरकारी तन्त्र में भ्रष्टाचार व्याप्त हो जाता है। इस प्रकार समाज का विघटन होने से क्रान्ति का वातावरण तैयार हो जाता है।

बेरोजगारी से अन्य दुष्परिणाम भी उत्पन्न होते हैं: जैसे—औद्योगिक संघर्ष में वृद्धि हो जाती है। मालिकों द्वारा बेरोजगारी का लाभ उठाकर कम मजदूरी दी जाती है, पेट भर भोजन न मिलने से मृत्यु-दर में बढ़ोतरी होती है। आदि।

इस तरह बेरोजगारी से सामाजिक, राजनैतिक एवं आर्थिक वातावरण दूषित हो जाता है। इस समस्या के समाधान हेतु प्रत्येक देश चिन्तित एवं प्रयत्नशील है।

## अपराध में वृद्धि

आज विश्व के विकसित एवं विकासशील समस्त देशों में अपराध की समस्या समाज एवं देश के लिए एक चुनौती बनी हुई है।

सामाजिक संरचना का निर्माण करने वाली विभिन्न सामाजिक इकाइयां जहां अपनी भिन्न-भिन्न प्रकार्यों के द्वारा सामाजिक जीवन को व्यवस्थित बनाने का प्रयास करती हैं वहीं बहुत से व्यक्ति अपने निजी स्वार्थों अथवा दोषपूर्ण मनोवृत्तियों के कारण सामाजिक व्यवस्था को छिन्न-भिन्न करने में तनिक भी संकोच नहीं करते। समाज में जिन नियमों, सामाजिक मूल्यों तथा सांस्कृतिक प्रतिमानों को एक अनुशासित और व्यवस्थित जीवन के लिए आवश्यक समझा जाता है, ऐसे व्यक्ति उनके प्रतिकूल आचरण करके सामाजिक व्यवस्था के लिए गम्भीर खतरा उत्पन्न कर देते हैं। साधारण भाषा में इन्हीं समाज विरोधी तथा जनकल्याण के विरुद्ध किए जाने वाले आचरणों को अपराध तथा इन्हें करने वाले व्यक्तियों को अपराधी कहा जाता है। ऐसे व्यवहारों का प्रारम्भ वैयक्तिक जीवन के विघटन से होता है और धीरे-धीरे इनकी परिणति सामाजिक विघटन के रूप में हो जाती है। इस दृष्टि से अपराध एक ऐसी समस्या है जिसका सम्बन्ध वैयक्तिक विघटन तथा सामाजिक विघटन दोनों से ही है। कानूनी दृष्टि से अपराध कोई भी ऐसा

कार्य अथवा व्यवहार है जिसे कानून का उल्लंघन माना जाता हो। कानून सार्वजनिक हित से सम्बद्ध होते हैं। इसलिए इस आधार पर सम्पूर्ण समुदाय के लिए हानिकारक व्यवहार को ही अपराध कहा जा सकता है। संक्षेप में कानून का एक बुरे इरादे से जान-बूझ कर उल्लंघन करना तथा इस प्रकार सार्वजनिक हित को हानि पहुंचाना ही अपराध है।

आज समाज में आर्थिक, सामाजिक, राजनैतिक अपराधों की बढ़ती प्रवृत्ति ने मानवीय समाज के मूल्यों की जड़ों को हिला एवं कँपा दिया है। चारो ओर अपराध के विविध स्वरूप मुंह बाए खड़े हैं। हिंसा-राजनैतिक, सामाजिक, आर्थिक, सांस्कृतिक कार्मिक मानसिक एवं वाणी में विविध प्रकार से मानव समाज को प्रताड़ित कर रही है। अभाव, अज्ञान, अन्याय, मानसिक पागलपन, बेकारी, भोगवादी प्रवृत्ति से अपराध असंख्य रूपों में बढ़ रहे हैं। नगरीकरण तथा औद्योगीकरण में जितनी तीव्रता से बढ़ोत्तरी हो रही है, अपराध भी उतनी ही तेजी से बढ़ रहा है। कृषि की स्थिति भी अपराध को बढ़ावा देती है। कहा जाता है कि अपराध के थर्मामीटर का पारा अच्छी और बुरी फसल के साथ ही गिरता तथा उठता है। यही कारण है कि भारत में अप्रैल से वर्षा के प्रारम्भ तक अपराधों की संख्या सबसे अधिक तथा जुलाई से अक्टूबर तक सबसे कम होती है। आर्थिक निश्चयवादियों विशेषकर मार्क्स तथा ऐंजिल ने तो आर्थिक कारकों को ही अपराधों का एकमात्र कारण माना है। आर्थिक संकट के काल में घातक अपराध बढ़ते हैं और समृद्धि काल में घटते हैं। डाका, चोरी, लूटमार जैसे अपराध आर्थिक संकट के काल में सबसे अधिक होते हैं जबकि धोखाधड़ी, गबन तथा धन का अवैधानिक संचय जैसे अपराध समृद्धि काल में बढ़ जाते हैं। मद्यपान समृद्धि काल में सबसे अधिक तथा बाल अपराध आर्थिक संकट काल में सबसे कम होते हैं तथा समृद्धि के साथ ही इनमें वृद्धि होना प्रारम्भ हो जाती है।[1]

भारत जैसे विकासशील देशों में अपराध को प्रोत्साहित करने वाले आर्थिक कारणों में निर्धनता एवं बेकारी अत्यधिक महत्वपूर्ण हैं। निर्धनता के कारण व्यक्ति का मानसिक सन्तुलन बिगड़ जाता है, व्यक्ति निराशावादी हो जाता है, सामाजिक नियन्त्रण का उसके लिए कोई मूल्य नहीं रह जाता और अपने ही सामने परिवार के सदस्यों की असहाय स्थिति उसे अपराध करने के लिए बाध्य कर देती हैं। बहुत से बेरोजगार व्यक्ति इतने उद्वेगात्मक हो जाते हैं कि उनमें समाज के प्रति प्रतिशोध की भावना उत्पन्न हो जाती है। बहुत से व्यक्ति भीख मांगने की अपेक्षा अपराध करना अधिक अच्छा समझते हैं। यहां यह ध्यान देने वाली बात है कि

हर निर्धन व्यक्ति अपराधी नहीं बन जाता बल्कि वही निर्धन अपराधी बनता है जिसे अपराधी वातावरण मिल जाता है। इसके अतिरिक्त परिवार के सामान्य जीवन का अभाव, टूटे हुए परिवार, माता-पिता, बच्चों, एवं अन्य सदस्यों के बीच विघटित सम्बन्ध तथा सांस्कृतिक संघर्ष भी अपराधों के प्रमुख कारण हैं।

विश्व के समस्त देशों में गम्भीर से सामान्य अपराध का होना एक आम बात हो गयी है। आज लगभग प्रत्येक देश में हत्या, बलात्कार, देशद्रोह, डकैती, चोरी, मारपीट, लूटमार, राहजनी, जालसाजी, धोखाधड़ी, भ्रष्टाचार, बेईमानी, मिलावट, स्मगलिंग, अपहरण, घूसखोरी, नकली नोटों का निर्माण, मद्यपान, जुआ, गिरहकटी, वेश्यावृत्ति आदि अपराध किसी न किसी रूप में व्याप्त हैं। ये अपराधी विश्व के सामाजिक संरचना के प्रबलतम शत्रु हैं। इन पर अंकुश लगाने के लिए विश्व की समस्त सरकारें प्रयासरत हैं परन्तु अपराध घट नहीं रहा है। अपराधी अपराध की नयी-नयी रीतियों का प्रयोग कर अपने कार्य को बखूबी अंजाम देते जा रहे हैं। अतः इस सम्बन्ध में विश्व का चिन्तित होना स्वाभाविक है।

## साम्प्रदायिक उन्माद

साम्प्रदायिकता एक ऐसा जहर है, जो किसी समाज अथवा राष्ट्र के जीवन को स्वस्थ नहीं रहने देता। विभिन्न धार्मिक सम्प्रदाय जब तक वैचारिक आधार पर एक-दूसरे से पृथक् रहते हैं तब तक इनसे सामाजिक संगठन के लिए कोई खतरा उत्पन्न नहीं होता। इसके विपरीत विभिन्न सम्प्रदाय जब धार्मिक हितों की आड़ में राजनैतिक तथा आर्थिक स्वार्थों को पूरा करने में जुट जाते हैं तब सामाजिक संगठन के लिए गम्भीर खतरा उत्पन्न कर देते हैं। आज विभिन्न सम्प्रदाय के लोग धर्म की दुहाई देकर चुनावों में भाग ले रहे हैं, धर्म के ठेकेदार अपने स्वार्थों की पूर्ति के लिए साम्प्रदायिक दंगों, हत्याओं और लूटपाट को अपना साधन बनाते रहते हैं। धार्मिक सम्प्रदायों के आधार पर बने नेता अपने नेतृत्व को बनाए रखने के लिए अपने राजनैतिक लाभ हेतु एक भिन्न सामाजिक व्यवस्था, आर्थिक विशेषाधिकारों तथा विभाजन की मांग करने लगते हैं। इसके लिए वे सामाजिक जीवन को अस्त-व्यस्त करने से भी नहीं चूकते। यह स्थिति कालान्तर में जिस पारस्परिक अविश्वास, भ्रम और संघर्ष को बढ़ावा देती है उससे सामाजिक विघटन की दशा उत्पन्न हो जाना बहुत स्वाभाविक होता है।

आज समाज धर्म, भाषा, क्षेत्रीयता, प्रजाति, जाति और विभिन्न मत-मतान्तरों के आधार पर छोटे-छोटे वर्गों में विभाजित होता जा रहा है। इनमें से प्रत्येक वर्ग

दूसरे का विरोध करता है और अपने सदस्यों के हितों के संरक्षण को अपना सर्वोच्च लक्ष्य मानता है। इसके फलस्वरूप समाज में पारस्परिक त्याग, बन्धुत्व, प्रेम और उदारता जैसे गुणों का इतना अभाव हो गया है कि समाज को संगठित बनाए रखना बहुत कठिन हो गया है। इन वर्गों के पारस्परिक मतभेद केवल वैचारिक ही नहीं हैं बल्कि कभी-कभी इनके बीच हिंसात्मक संघर्ष भी प्रारम्भ हो जाते हैं। यह दशा सामाजिक व्यवस्था और सामाजिक संघटन को बहुत प्रतिकूल रूप से प्रभावित करती है।

आज ईसाई धर्म तथा इस्लाम धर्म अपनी कट्टरता के कारण सभी देशों को प्रताड़ित कर रहे हैं। ये धर्म अपने को सम्प्रदायवाद में परिवर्तित करके जबरदस्ती धन आदि का प्रलोभन देकर दूसरों के सम्प्रदाय परिवर्तित करा रहे हैं। इसकी प्रतिक्रिया भी हो रही है। इससे साम्प्रदायिक दंगे हो रहे हैं। खून-खराबे को बढ़ावा मिल रहा है। सारी मानवता को इन दंगों से पीड़ा हो रही है। इस जघन्य पाप को कैसे रोका जाय? विश्व के समक्ष यह एक गम्भीर समस्या है। ऐसा लगता है कि लोकतंत्र, साम्यवाद, भौतिकवाद आदि सभी समाप्त होकर दुनिया में इस्लाम, ईसाई, हिन्दू, बौद्ध आदि खेमों में बँटकर धार्मिक उन्माद से साम्प्रदायिक राज्य बन जायेंगे। भारत इस समय सम्प्रदायवाद के संघर्ष से जूझ रहा है। धार्मिक उन्माद राजनीति में घुसकर यहां भीषण गन्दा रूप धारण कर रहा है। स्वार्थी राजनेता इस तुष्टीकरण नीति से वोट की राजनीति चलाकर साम्प्रदायिक दंगे भड़का रहे हैं। इसी सम्प्रदायवाद ने भारत का विभाजन कर पाकिस्तान बना डाला। राजनेता लोकतंत्र में वोट पाने के लिए पुनः इसी घृणित एवं विघटनकारी विधि का सहारा ले रहे हैं। भारत का भविष्य क्या होगा? यह विश्व संकट है।

भारत में साम्प्रदायिकता की स्थिति इतनी जटिल है कि इसे केवल एक या दो कारणों के आधार पर नहीं समझा जा सकता। अतीत में मुसलमानों तथा अंग्रेजों द्वारा चाहे कोई भी नीति अपनायी गयी हो परन्तु आज कुछ नवीन परिस्थितियां भी साम्प्रदायिक तनाव के प्रति बहुत बड़ी सीमा तक उत्तरदायी हैं। यहां अतीत में धार्मिक आधार पर जो साम्प्रदायिक संघर्ष हुए हैं उसमें भारत के दो सबसे बड़े धार्मिक समूहों में अनेक पूर्वाग्रहों का विकास हो गया। इन पूर्वाग्रहों के कारण आज न केवल साम्प्रदायिक आधार पर धर्म एवं भाषा का नारा बुलन्द किया जाता है बल्कि अकारण ही विभिन्न धार्मिक समूह एक-दूसरे को अविश्वास की दृष्टि से देखते हैं। यह स्थिति साम्प्रदायिक तनाव के लिए एक अनुकूल वातावरण का निर्माण करती है। यहां आज साम्प्रदायिक संगठनों की संख्या निरन्तर

बढ़ती जा रही है जो एक दूसरे के प्रति भड़काने वाला काम करते रहते हैं। ये संगठन अपने धर्म अथवा सम्प्रदाय के लोगों को संगठित करते हैं तथा अन्य धर्मों और सम्प्रदायों के प्रति घृणा एवं विद्वेष का प्रचार करते हैं तथा अपने अस्तित्व के लिए झूठी अफवाहें फैलाकर अपने सदस्यों को दूसरों के विरुद्ध भड़काते हैं। ये मनोवैज्ञानिक दबावों के आधार पर अन्य सम्प्रदायों के विरुद्ध अनेक प्रकार के सन्देह, भय, अविश्वास की भावना उत्पन्न करते हैं। इसमें कोई सन्देह नहीं है कि यहां वोटों की राजनीति ने साम्प्रदायिक संघर्षों को बढ़ाने में सबसे सक्रिय भूमिका निभाई है। चुनाव के समय साम्प्रदायिकता अपने खुले रूप में सामने आ जाती है और कुछ ही समय बाद इसकी परिणति साम्प्रदायिक संघर्ष में देखने को में मिलती है। चुनावों प्रत्यक्ष अथवा परोक्ष रूप से अपने धर्म के अनुयायियों की सहानुभूति पाने के लिए दूसरे धर्मावलम्बियों की निन्दा की जाती है तथा चुनाव से सम्बन्धित मामूली मतभेदों को साम्प्रदायिक झगड़ों का रूप दे दिया जाता है। भारत में साम्प्रदायिक संघर्षों का मूल कारण विभिन्न धर्मावलम्बियों की सांस्कृतिक विशेषताओं में काफी भिन्नता है। हिन्दुओं, मुसलमानों, ईसाइयों, सिक्खों, पारसियों के रीति-रिवाजों में बहुत भिन्नता है। उनके उत्सवों एवं त्योहारों के मनाने के ढंग अलग-अलग हैं। यहां एक राष्ट्र का अंग होने के बावजूद उनके लिए बनाए गए अनेक सामाजिक विधान भी एक दूसरे से भिन्न हैं। प्रत्येक धर्म के नेता तथा प्रचारक अपने धर्म को सर्वोच्च मानते हैं और दूसरे धर्मों को हेय दृष्टि से देखते हैं। ये धार्मिक प्रतिनिधि समय-समय पर अन्य धर्मों की आलोचना कर उन्हें अपवित्र बताकर तथा उसके अनुयायियों को काफिर तथा पाखण्डी कहकर अपने अनुसरणकर्ताओं को दूसरे के विरुद्ध भड़काते रहते हैं। इसके अतिरिक्त प्रत्येक समाज में कुछ अराजक तत्व अवश्य रहते हैं जिनका कार्य ही विभिन्न समूहों के बीच संघर्ष उत्पन्न करना और संघर्ष की स्थिति में अपने स्वार्थ को साधना रहता है। सामान्यतया ये व्यक्ति दो समूहों के लोगों में एक दूसरे के प्रति अफवाहें फैलाते हैं तथा अपने स्वार्थवश साम्प्रदायिक संघर्ष को बढ़ावा देते हैं। इस तरह भारत में साम्प्रदायिकता की समस्या का रूप अत्यधिक जटिल है। साम्प्रदायिकता को बढ़ावा देने वाली शक्तियाँ अपनी जड़ें गहराई तक जमा चुकी हैं इनके निराकरण के लिए जब तक बहुत संगठित तथा व्यापक प्रयत्न नहीं किए जाते तब तक इस समस्या का कोई स्थायी समाधान नहीं किया जा सकता।

इस तरह भारत में साम्प्रदायिकता की समस्या ने राष्ट्रीय एकता, सांस्कृतिक एकीकरण तथा सामाजिक प्रगति के मार्ग में गम्भीर बाधाएं उत्पन्न कर दी है।

वास्तविकता यह है कि साम्प्रदायिकता से उत्पन्न सभी परिस्थितियां अन्ततः भावनात्मक एकीकरण में बाधा उत्पन्न करके एक स्वस्थ राष्ट्र के विकास के लिए गम्भीर चुनौती बन गई है। साम्प्रदायिक तनाव अथवा सम्प्रदायवाद आज एक चक्रीय प्रक्रिया के रूप में हमारे सामाजिक, राजनैतिक तथा आर्थिक जीवन को विघटित कर रहे हैं। सम्प्रदायवाद अपने दुष्प्रभावों से देश को दुर्बल बनाता है और देश की दुर्बलता, सम्प्रदायवाद में और अधिक वृद्धि करती है। इस वाद का आधार चाहे धर्म हो या उग्र राष्ट्रवाद अन्ततः यह हमारी प्रगति में बड़ी बाधा है।

## रंग भेद एवं लिंग भेद

समाज में लिंग एवं रंग के आधार पर किया जाने वाला भेद-भाव सर्वव्यापी है। विश्व के लगभग सभी देशों के समाज सुधारक, राजनीतिज्ञ तथा बुद्धिजीवी इस भेद-भाव को मिटाने के लिए आवाज उठाते रहते हैं। यद्यपि यह भेद-भाव कुछ हद तक कम जरुर हुआ है फिर भी बहुत अधिक मात्रा में अभी भी विश्व के सभी समाजों में विद्यमान है। काले-गोरे का भेद, स्त्री-पुरुष का भेद, गोरे श्रेष्ठ, काले निम्न तथा पुरुष श्रेष्ठ, स्त्री निम्न मानने का यह सामाजिक व्यवहार मानव समाज के लिए कलंक बन गया है। इससे हीन भावना उत्पन्न होती है। घृणा का वातावरण बनता है। यूरोप के गोरे रंग वाले देशों ने अफ्रीका तथा भारत आदि देशों को जहां लोग उतने गोरे नहीं थे उन्हें काले रंग वालों का देश कहा तथा इसी रंग भेद के कारण अपने को श्रेष्ठ माना। काले लोगों को हब्सी आदि नामों से पुकारा तथा उनके साथ उठने, बैठने तथा अन्य सामाजिक आर्थिक भागीदारी में अपनी हीनता समझा। तरह-तरह का शोषण रंग भेद की नीति के कारण काले लोगों का किया गया जिसका विश्व के अनेक देशों ने हर मंच पर विरोध किया। काले लोगों को दास समझा जाता था तथा उन्हें निम्न स्तर के कामों को करने के लिए बाध्य किया जाता रहा तथा उन्हें गुलाम बनाकर जानवरों की तरह काम लिया जाता रहा। यहां तक कि कुछ देशों में उन्हें वोट देने के अधिकार से भी वंचित किया गया। विश्व के मानवतावादी व्यक्तियों एवं संगठनों ने इसका विरोध अनवरत जारी रखा परन्तु इसके विरुद्ध आवाज उठाने वाले ज्यादातर लोग खुद उसी रंग वाली जाति के थे अतः उनकी बातों को गोरे लोगों ने बहुत कम महत्व दिया। अन्ततः विश्व जनमत के दबाव से यह भेद-भाव वाला व्यवहार कुछ सीमा तक कम हुआ परन्तु अभी भी इन काले-गोरों के बीच सामाजिक एवं आर्थिक सम्बन्ध दूरी लिए हुए है। इस तरह अस्पृश्यता की यह समस्या विश्व के करोड़ों व्यक्तियों की ऐसी समस्या है जिन्हें सैकड़ों वर्षों से सभी मानवाधिकारों

से वंचित करके उन पर बहुत-सी सामाजिक, धार्मिक, आर्थिक तथा राजनीतिक अयोग्यताएं लाद दी गयी थी। जिस विश्व या समाज में इतने बड़े वर्ग को सामाजिक सम्पर्क से वंचित रखा जाय उनके स्पर्श को अपवित्र समझा जाय उस समाज को उत्कृष्ट समाज कैसे कहा जा सकता है। सबसे बड़ी विडम्बना तो यह है कि अपने को प्रगतिशील कहने वाले विश्व के अनेक देशों के राजनीतिज्ञ एक और साम्राज्यवाद, आर्थिक शोषण और एकाधिकारी प्रवृत्तियों के विरुद्ध बड़े-बड़े नारे लगाते हैं परन्तु दूसरी ओर विश्व के इतने बड़े वर्ग की शोषण एवं अन्याय से रक्षा के लिए जब कुछ करने की बात होती है तब समझौता कर लेते है।

रंग भेद के साथ-साथ लिंग भेद की समस्या विश्वव्यापी है। आज के प्रत्येक देश के हर समाज में लिंग के आधार पर भेद-भाव विद्यमान है। यहां तक कि विश्व के विकसित एवं प्रगतिशील देशों में भी यह समस्या उसी तरह विद्यमान है जिस तरह अन्य अविकसित तथा गरीब देशों में। यद्यपि बराबरी का अधिकार पाने में शिक्षित तथा विकसित देशों की महिलाएं कुछ हद तक सफल रही हैं परन्तु अपेक्षाकृत कम विकसित तथा कम शिक्षित देशों में यह समस्या अभी भी बहुत विकराल है। विशेष कर मुस्लिम बाहुल्य देशों में तो लिंग भेद के सारे अवगुण विद्यमान हैं। उन्हें दूसरे दर्जे का नागरिक समझा जाता है। उन्हें तमाम तरह के सामाजिक एवं आर्थिक अधिकारों से वंचित रखा जाता है। इस तरह लिंग-भेद तथा रंग-भेद एक वैश्विक समस्या है। इस समस्या के निराकरण हेतु विश्व की बहुत-सी सामाजिक संस्थाएं प्रयासरत है। इस सम्बन्ध में गांधी जी का प्रयास सराहनीय रहा। उन्होंने इसके विरुद्ध भारत से लेकर दक्षिण अफ्रीका तक संघर्ष किया। उन्होंने स्त्री-पुरुष के लिंग भेद जनित जो असमानता थी उसे भारतीय संस्कृति को आधार मानकर नारी को सर्वश्रेष्ठ, पूज्य बनाकर लिंग भेद को समाप्त करने में कुछ हद तक सफलता प्राप्त की। आज समाज जागृत हो गया है। विश्व के अधिकांश देशों ने अपने संविधान में नारी को बराबरी का दर्जा प्रदान किया है।

## मादक द्रव्य-व्यसन अथवा नशाखोरी

व्यक्ति, परिवार तथा समाज को विघटित करने वाली आज जितनी भी समस्याएं संसार में विद्यमान हैं, उनमें मादक द्रव्यों के प्रयोग की निरन्तर बढ़ती हुई समस्या से चिकित्साशास्त्री, समाजशास्त्री तथा समाज सुधारक सबसे अधिक चिन्तित हैं। शराब, गांजा, भांग, चरस, हेरोइन, कोकीन, स्मैक, एल.एस.डी. तथा मॉरफीन

जैसे पदार्थो का सेवन आज के समाज की सबसे बड़ी बुराई है। मादक द्रव्य व्यसन मद्यपान से ही जुड़ी समस्या है। यद्यपि इसकी प्रकृति मद्यपान से काफी भिन्न है। मादक द्रव्य का तात्पर्य उन सभी द्रव्यों, पदार्थों तथा औषधियों से है जिनके उपयोग से व्यक्ति नशा, उत्तेजना, सुख, प्रसन्नता अथवा ऊर्जा का अनुभव करता है तथा एक बार इसका प्रयोग आरम्भ कर देने के बाद व्यक्ति के अन्दर उसका निरन्तर उपयोग करने की अदमनीय इच्छा पैदा होने लगती है। व्यसन एक ऐसी दशा है जो व्यक्ति को एक विशेष व्यवहार अथवा वस्तु के उपयोग पर इतना निर्भर बना देती है कि वह शारीरिक और मानसिक सन्तुष्टि के लिए उसे आवश्यक समझने लगता है। इस तरह मादक द्रव्य व्यसन अल्पकालीन अथवा दीर्घकालीन उन्माद की वह दशा है जो किसी नशीली वस्तु के निरन्तर उपयोग से उत्पन्न होती है तथा जिससे व्यक्ति तथा समाज दोनों को हानि होती है तथा मद्यसेवी का तात्पर्य अधिक नशा करने वाले व्यक्ति से है जो शराब पर इतना निर्भर हो जाता है कि इसके कारण व्यक्ति का सामाजिक और आर्थिक जीवन पूर्णतया अस्त-व्यस्त हो जाता है।

आधुनिक जटिल समाजों में व्यक्ति का जीवन इतनी चिन्ताओं, निराशाओं और तनावों से घिरा है कि व्यक्ति सहज ही नशाखोरी अथवा मादक द्रव्य व्यसन की तरफ आकर्षित हो जाता है। इसके अतिरिक्त आज की भोगवादी औद्योगिक सभ्यता में मादक वस्तुओं को ऊँचे रहन-सहन का प्रतीक समझा जाता है। इस अपसंस्कृति ने युवा वर्ग को तेजी से अपनी तरफ आकर्षित किया है। विश्वविद्यालयों एवं महाविद्यालयों की छात्र-छात्राएं आजकल नशे को फैशन की तरह अपना रही है। प्रारम्भ में यह नशा जो मात्र आनन्द लेने के लिए प्रयोग में लाया जाता था वही बाद में व्यसन का रुप धारण कर विश्व समाज को प्रदूषित कर रहा है। इस तरह के व्यसन से मनुष्य के नैतिक गुणों का ह्रास हो रहा है, राक्षसी प्रवृत्ति को बढ़ावा मिल रहा है, व्यक्ति अपराधी बन रहे है, समाज में भ्रष्टाचार तथा व्यभिचार बढ़ रहा है। परिवार में विघटन हो रहा है तथा परिवार बर्बाद हो रहे है। नशाखोरी की यह प्रवृत्ति पुरुषों के साथ स्त्रियों में भी बढ़ती जा रही है। आज स्त्रियों में भी क्लबों, नाचघरों तथा काकटेल पार्टियों के माध्यम से यह समस्या बढ़ती जा रही है। इस तरह वर्तमान समय की सबसे मुख्य विशेषता यह है कि कुछ समय पूर्व तक मद्यपान की बुराई जहां केवल अधिक सम्भ्रान्त वर्ग, उच्चाधिकारियों तथा अपराधी वर्ग तक ही सीमित थी वही अब इसका उपयोग नगरों के मध्यम वर्ग, ग्रामीण किसानों, मेहनतकश मजदूरों तथा युवावर्ग में तेजी से बढ़ता जा रहा है।

आज विश्व का हर देश अमीर-गरीब, पूंजीवादी साम्यवादी सब इस समस्या से ग्रसित हैं।

इस तरह मद्यपान तथा मादक द्रव्य व्यसन की समस्या आज अत्यधिक गम्भीर रूप धारण कर चुकी है। यदि शीघ्र ही इस वैश्विक समस्या का प्रभावपूर्ण समाधान नहीं किया जाता तो भविष्य में यह समस्या सम्पूर्ण युवा पीढ़ी को गुमराह करके एक सुषुप्त अप संस्कृति का निर्माण कर सकती है। आज इस विश्व समस्या के समाधान की महती आवश्यकता है।

## दुर्घटनाएं

विश्व में तकनीकी प्रगति के साथ-साथ दुर्घटनाओं में भी वृद्धि हुई है। पूरे विश्व में आज प्रतिदिन हजारों की संख्या में लोग यांत्रिक दुर्घटना के कारण अकाल मृत्यु को प्राप्त हो रहे है। स्वचालित मशीनों, बिजली, पेट्रोल तथा डीजल से संचालित यंत्रों द्वारा दुर्घटनाओं में वृद्धि होती जा रही है। हवाई जहाज, पानी का जहाज, रेल एवं सड़क के वाहन, फैक्ट्री, बहु मंजिला भवन तथा आग एवं गैस से दुर्घटनाग्रस्त होकर मरने वालों की संख्या में दिन प्रतिदिन वृद्धि होती जा रही है। अपनी सुविधा हेतु व्यक्ति द्वारा बनाए गए उपकरण उसकी ही जान लेते जा रहे है। ये सुविधाएं दुःखदायी साबित हो रही है। मशीनों का आविष्कार बढ़ता जा रहा है तथा मनुष्य ने उसे बिना सावधानी बरते अन्धाधुंध प्रयोग में लाना प्रारम्भ कर दिया है। उसकी तकनीक, उसके पुर्जों एवं उसके संचालन की योग्यता के न होने पर भी बिना रोक-टोक उसका प्रयोग जारी है। यही कारण है कि आए दिन मनुष्य इन दुर्घटनाओं का शिकार होता जा रहा है। औद्योगिक प्रगति का यह एक दुःखद पहलू है। आए दिन इन दुर्घटनाओं में बच्चे, महिलाएं, बुड्ढे तथा नवयुवक मरते रहते है। यह इस औद्योगिक सभ्यता का नकारात्मक प्रभाव है। सुविधाजनक एवं द्रुतगामी वाहनों के प्रयोग से लोगों का शरीर कमजोर होता जा रहा है। दिल की बीमारी तथा तरह-तरह की बीमारियां बढ़ती जा रही है। पैदल या स्वयं द्वारा शारीरिक श्रम से चलाए गए वाहनों से हाथ-पैर मजबूत रहता था। यह सब समाप्त होता जा रहा है। मनुष्य पहले प्रकृति के साथ तारतम्य बनाकर चलता था जिससे दुर्घटनाओं से बचा रहता था। तीव्र गति से चलने वाली मशीन, मनुष्य के विनाश का कारण है। अतः दुर्घटनाओं से बचने के लिए इनका जीवन में प्रयोग सोच-समझ कर करना चाहिए।

## जाति-उन्माद

किसी भी समाज में स्वस्थ सामाजिक व्यवस्था के लिए समानता, स्वतन्त्रता, न्याय भ्रातृत्व तथा आमसहमति का होना आवश्यक गुण है। इसके विपरीत जातिवाद की समस्या ने विभिन्न जातीय समूहों के बीच पारस्परिक घृणा, वैमनस्य, द्वेष, शोषण तथा पक्षपात को प्रोत्साहन देकर समाज को विघटित किया है। जातिवाद के कारण व्यक्ति वास्तविक तथ्यों से परिचित होने से पूर्व ही कुछ पूर्वाग्रहों से ग्रसित हो जाता है। इस समस्या के कारण व्यक्ति आत्मकेन्द्रित होकर केवल अपनी जाति के व्यक्तियों को ही सभी लाभ प्रदान करने का प्रयत्न करता है। वह यह भूल जाता है कि अपने राष्ट्र एवं समाज के प्रति उसके कुछ दायित्व हैं। इसके प्रभाव से न केवल सामाजिक एकीकरण में बाधा उत्पन्न होती है बल्कि राजनैतिक भ्रष्टाचार में भी कल्पनातीत वृद्धि हो जाती है। समाज में उच्च जातियों द्वारा निम्न जातियों का शोषण, जातिगत संघर्ष, स्थिति और भूमिका का असामंजस्य, औद्योगिक संघर्ष, दहेज-प्रथा तथा विघटित राजनीति का मुख्य कारण जातिवाद की समस्या ही है। जाति व्यवस्था विभिन्न जाति समूहों के बीच खान-पान, विवाह, सामाजिक सम्बन्धों और व्यवसाय की दूरी पर बल देती है और विभिन्न जातियों को परस्पर विरोधी समूहों में विभाजित करती है। इसके फलस्वरूप व्यक्ति अपने सम्पूर्ण समाज के लिए उतना वफादार नहीं रहता जितना कि अपनी जाति के लिए। जाति व्यवस्था विभिन्न जातियों के बीच सामाजिक अधिकारों को लेकर तनाव की स्थिति भी उत्पन्न करती है। सामाजिक भेद-भाव, कुछ जातियों के विशेषाधिकारों और असमानता की नीति पर आधारित होने के कारण भी जाति व्यवस्था ने सामाजिक संगठन को अपार क्षति पहुंचायी है। इसने समाज के बहुत बड़ी संख्या को सभी प्रकार के सामाजिक, आर्थिक, धार्मिक तथा राजनीतिक अधिकारों से वंचित करके समाज के सामने अनेक गम्भीर समस्याएं उत्पन्न कर दी है। ये सभी परिस्थितियां घृणा, फूट और शोषण के बीज बोकर समाज को विघटित कर रही है।

धार्मिक उन्माद से भारत राष्ट्र के टुकड़े हुए। धरती बंटी, अब वोट की गन्दी राजनीति ने समाज को जाति के आधार पर बाँट दिया है। इससे जातीय उन्माद आज गांव-गांव में व्याप्त हो गया है। इसके हिंसात्मक रुख अपना लिया है। अतः इसके निराकरण हेतु भी राष्ट्रीयता, नैतिकता, सामाजिकता की भावना जागृत करना होगा। बन्धुत्व एवं भाईचारा स्थापित हो इस हेतु गांवों में सद्भावना का प्रसार-प्रचार करना होगा।

जाति प्रथा की कट्टरता धार्मिक उन्माद का ही एक अन्य रूप है। विश्व के सभी देशों में समाज में जाति प्रथा रही है। पर केवल कार्य के आधार पर नहीं बल्कि कहीं-कहीं वंश के आधार पर रही है। भारत में वर्ण व्यवस्था कार्य के आधार पर रही। कार्य विभाजन से अर्थ यह है कि व्यक्ति के बौद्धिक, शारीरिक, मानसिक स्तर के अनुसार कार्य विभाजन एवं वर्ग निर्धारण परन्तु कालान्तर में औद्योगिक विकास के साथ कारीगर, किसान, अध्यापक, वकील, डॉक्टर, व्यवसायी, ठेकेदार आदि के कार्य के अनुसार एक नयी व्यवस्था भी उत्पन्न हो रही है। डॉक्टर, इंजीनियर, कलाकार, साहित्यकार आदि कई नामों से समाज विभूषित हो रहा है परन्तु लोकतंत्र की राजनीति में जाति प्रथा को अपना आधार बना कर सत्ता की लोलुपता ने जाति-उन्माद उत्पन्न कर दिया है।

इस तरह जातिवाद की समस्या आज हमारे सम्पूर्ण सामाजिक एवं आर्थिक जीवन को विषाक्त कर रही है, परन्तु इसका सम्भवतः सबसे बड़ा दुष्परिणाम यह है कि जातिवाद ने एक स्वस्थ राष्ट्रीय जीवन के विकास में गम्भीर बाधाएं उत्पन्न कर दी है। जातिवाद तथा प्रजातंत्र मौलिक रूप से एक-दूसरे की विरोधी व्यवस्थाएं है जिसके फलस्वरूप हमारी प्रजातांत्रिक प्रणाली के सामने एक गम्भीर खतरा उत्पन्न हो गया है। प्रजातंत्र एक ऐसी प्रणाली है जिसमें संवैधानिक रूप से सभी व्यक्तियों को समान अधिकार देकर उन्हें अपने व्यक्तित्व को विकसित करने के अवसर प्रदान किए जाते है। इसमें व्यक्ति की जाति, धर्म, आर्थिक स्थिति तथा परिवार आदि को कोई महत्व नहीं दिया जाता। राज्य की दृष्टि में सभी का महत्व समान होता है। प्रजातंत्र स्वयं जनता द्वारा चलाया जाने वाला शासन है, इसलिए इस प्रणाली में देशवासियों के बीच बन्धुत्व, सहयोग, सहायता और त्याग का विशेष महत्व है। जातिवाद मूल रूप से ही प्रजातंत्र के सिद्धान्तों का विरोध करता है। प्रजातंत्र के विकास के लिए जिस भ्रातृत्व तथा पारस्परिक सहयोग की आवश्यकता सबसे अधिक है, जातिवाद की भावना ने सभी जातीय समूहों को एक-दूसरे का विरोधी बनाकर उसके मार्ग में बड़ी बाधा उत्पन्न कर दी है।

स्पष्टतया जातिवाद ने जाति के महत्व को बढ़ावा देकर और समाज को छोटी-छोटी इकाइयों में विभाजित करके विद्वेष, विपन्नता, घृणा, अलगाव और पक्षपात को प्रोत्साहन दिया है। इस तरह इसने सामाजिक एकीकरण के रास्ते में अनेक बाधाएं खड़ी कर दी है। जातिगत बन्धनों ने व्यक्ति को बहुत सी रूढ़ियों, परम्पराओं और झूठे विश्वासों से इस तरह जकड़ रखा है कि वह साधारणतया

अपनी स्थिति में कोई परिवर्तन नहीं कर पाता। इससे सामाजिक एवं राजनैतिक प्रगति सदैव के लिए रुक जाती है। जातीय आधार पर चुनावों में जीते जनता के प्रतिनिधि राष्ट्रीय हितों की अपेक्षा जातीय हितों को अधिक महत्व देते हैं। इससे राष्ट्र कमजोर होता है। संकीर्णता बढ़ती है तथा नैतिकता का ह्रास होता है। जातिवाद ने ईमानदारी, कुशलता और न्याय के सिद्धान्तों को दुर्बल बनाकर पक्षपात, शोषण और अन्याय की नींव रख दी है।

राष्ट्रीय जीवन में जातिवाद के दुष्परिणामों को स्पष्ट करते हुए डा. घूरिए ने लिखा है कि, "यह जातिवाद की भावना ही है जो दूसरी जातियों के प्रति विरोध उत्पन्न करती है और राष्ट्रीच चेतना में वृद्धि के लिए दूषित वातावरण का निर्माण करती हैं। यह जातिवाद ही है जिसके विरुद्ध हमें लड़ना है और इसे पूर्णतया समाप्त कर देना है।.......... यदि जातिवाद को कम करने की समस्या हल न हुई तो इसका परिणाम यह होगा कि एक बड़ी संख्या में ऐसे संगठित समूह उत्पन्न हो जाएंगे जो दूसरों के हितों पर कुठाराघात करके अपने हितों को बढ़ाएंगे। इसके फलस्वरूप तीव्र जातीय संघर्ष प्रारम्भ हो जाएगा।"[1] इससे स्पष्ट होता है कि जातिवाद के दुष्परिणामों से बचने के लिए इस समस्या से शीघ्र छुटकारा पाने के लिए प्रयत्न करना आवश्यक है। यह समस्या विश्व के सभी देशों में किसी न किसी रूप में विद्यमान है अतः विश्व के सभी मनीषी तथा समाज सुधारक इस व्यवस्था से चिन्तित हैं।

## असमानता

औद्योगिक क्रान्ति एवं आर्थिक प्रगति की दौड़ ने आज विश्व को दो छोर पर लाकर खड़ा कर दिया है। एक तरफ विकसित एवं धनी देश हैं तो दूसरी तरफ विकास की आस लगाए निर्धन देश। इस प्रगति से धनी अधिक धनी तथा निर्धन और अधिक निर्धन होता जा रहा है। इस तरह हर समाज में भी चाहे वह विकसित देश हो या अविकसित धनी तथा निर्धन के बीच विभाजन रेखा दिखाई देती है। अमीरी और गरीबी में वृद्धि हो रही है। वैभवशाली, मध्यम वर्ग तथा वंचित निम्न वर्ग में समाज बंट गया है। गरीबी निम्न भूखिया वर्ग में अधिक है। उपभोगवाद के कारण सब दुःखी है। अमीरी-गरीबी के अन्तर को कम करने तथा गरीबी निवारण के लिए साम्यवाद, पूंजीवाद, कल्याणवाद तथा राज्य के भी कानून लगे हैं परन्तु समस्या का समाधान होता दिखाई नहीं देता। अमीर वर्ग द्वारा

---

[1]जी.एस. घूरिये, कास्ट, क्लास एण्ड आपुकेशन, चैप्टर XII।

गरीबों का शोषण जारी है। इस अमीरी गरीबी के सम्बन्ध में अपना विचार व्यक्त करते हुए मार्क्स ने कहा कि यह मानवकृत है अतः इसका समाधान सम्भव है। इसके लिए उसने वर्ग संघर्ष, हिंसक क्रान्ति को उचित बताया। इसके विपरीत गांधी ने गरीबों में स्वाभिमान उत्पन्न करके अपने को उत्पादक कार्यों में लगाकर समृद्धिशील बनाने का विचार जागृत किया। यह असमानता ही आज सभी सामाजिक संघर्षों के मूल में है। चोरी, डकैती, भ्रष्टाचार आदि अपराध इसीलिए सामान्यतया होते रहते है कि लोग अपेक्षाकृत अच्छा जीवन व्यतीत कर सके। अतः इस असमानता को दूर करने के लिए प्रत्येक देश तथा विश्व के लोग प्रयासरत हैं। यह समस्या केवल एक देश या क्षेत्र से सम्बन्धित नहीं है। यह जागतिक समस्या है। अतः इस समस्या का उचित समाधान होना आवश्यक है।

## मालिक-मजदूर तथा मैनेजर

श्रमिक साम्यवाद में मानव को अपमानित करने का यह भी एक कारण है। मजदूर तथा श्रमिक श्रम करते हैं तथा यह उत्पादक वर्ग से सम्बन्धित है। शारीरिक श्रम करना एक हीन कार्य समझा जाता है। उत्पादन कार्य चाहे कृषि से सम्बन्धित हो या उद्योग से अथवा अन्य किसी से पूंजीवाद में मालिक और मजदूर की उपस्थिति अनिवार्य है। इसी मालिक वर्ग को समाप्त करने के लिए कार्ल मार्क्स ने साम्यवाद, समाजवाद की व्यवस्था की कल्पना को साकार किया और इसी तारतम्य में रूस आदि देशों में साम्यवादी अर्थव्यवस्था लागू की गयी, परन्तु वहाँ भी मालिक की जगह मैनेजर आ गया। मैनेजर पूंजीवाद में भी था परन्तु वहां यह निस्तेज था, परन्तु साम्यवादी अर्थव्यवस्था में जहां मजदूरों का राज्य था वहां कालान्तर में एक प्रबल मैनेजर वर्ग उत्पन्न हो गया और पुनः मजदूर एवं मैनेजर का वर्ग खड़ा हो गया। विश्व का कोई भी ऐसा देश नहीं है जहां प्रत्यक्ष एवं परोक्ष रूप में मजदूर एवं मालिक-मैनेजर न विद्यमान हों। इससे मजदूर या श्रमिक को निम्न श्रेणी एवं घृणित समझा गया तथा श्रम करना गुलामी की निशानी बन गयी। कितने अन्तर्राष्ट्रीय प्रयास हुए, संस्थाएं बनी, परन्तु इसका निराकरण नहीं हो पाया। यह मनुष्य मात्र के लिए कलंक की बात है।

इस सम्बन्ध में महात्मा गांधी का विचार सम्मान योग्य है। उनका कहना था कि श्रम करना एक पवित्र कार्य है तथा शारीरिक श्रम एक पूजा है। पूजा करने वाला व्यक्ति समाज में पूज्य है। शारीरिक श्रम सभी को करना अनिवार्य होना चाहिए। गांधी जी ने इस कलंक के निराकरण हेतु प्रभावशाली उपाय प्रस्तुत

किया जिसे डिग्निटी ऑफ लेबर कहते हैं। गांधी जी का विचार था कि खादी, कुटीर उद्योगों तथा कृषि में मालिक, मज़दूर तथा मैनेजर सभी समाहित है। काम न करके केवल उपभोग करना श्रेष्ठ कार्य नहीं है। यही गांधी दर्शन है।

## बीमारी

आरोग्य के नियमों की जानकारी न होने के कारण अज्ञानतावश मनुष्य विविध प्रकार की बीमारियों से ग्रसित होता जा रहा है। प्राकृतिक नियमों का उल्लंघन, शारीरिक श्रम न करना, पौष्टिक आहार का अभाव, अधिक स्वाद के लिए स्वास्थ्य के लिए हानिकारक वस्तुओं का सेवन, गन्दे वातावरण में रहने, प्रदूषित पानी पीने, आहार-विहार के नियमों का पालन न करने, प्रदूषित वायु आदि के सेवन से मनुष्य रोगग्रस्त होकर निर्बल हो जाता है। मनुष्य कैन्सर, टी.वी., मधुमेह, हृदय की दुर्बलता, गुर्दा रोग, मस्तिष्क ज्वर जैसे रोगों से पीड़ित होता जा रहा है। इसके मूल में औद्योगिक क्रान्ति, दरिद्रता तथा अज्ञानता है। मनुष्य का सम्बन्ध प्राकृतिक जीवन से अलग हो गया। इस औद्योगिक सम्यता की होड़ में पानी, हवा, धूप, धरती, वनस्पतियां, पशु-पक्षी, नदी-पर्वत आदि से मनुष्य का सम्बन्ध कटता जा रहा है। धुआं, प्रदूषण, गन्दगी, मिलावटी खाद्य पदार्थ, अप्राकृतिक वस्तुओं के सेवन से मनुष्य अस्वस्थ होता चला जा रहा है। आरोग्य के नियम जानता ही नहीं। गांधी जी ने रचनात्मक कार्यक्रम में आरोग्य के नियम की जानकारी का कार्यक्रम भी रखा है। स्वस्थ रहकर 100 वर्ष जीने की प्राकृतिक कल्पना भी की गयी है। मनुष्य का वैभवशील समाज में दौड़ना स्वयं में एक बीमारी है। आज के वैज्ञानिक बीमारी पैदा करके उसे रोग के निराकरण हेतु शोध करते हैं। अतः पाश्चात्य पद्धति से इस औद्योगिक नए जीवन में बीमारी से मुक्ति पाना सम्भव नहीं है। यदि गांधी जी के विचारों को आत्मसात किया जाय तो 100 वर्ष तक जीवित रहा जा सकता है।

## प्रकृति का शोषण

मनुष्य पूर्णतया प्रकृति पर निर्भर है। हमारे प्राचीन ग्रन्थों में प्रारम्भ से हीं क्षिति, जल, पावक, गगन, समीरा, पंच तत्व मिलि बनी शरीरा की कल्पना की गयी है। मनुष्य को जीने के लिए ऑक्सीजन हमें वृक्षों से प्राप्त होती है। भोजन, वायु, धूप आदि जीवनदायिनी शक्तियां प्रकृति के घटकों धरती, सूर्य, चन्द्रमा, आकाश आदि से प्राप्त कर मनुष्य जी रहा है। धरती के अन्दर अपार खनिज का भण्डार छिपा हुआ है। मनुष्य धरती के अन्दर से लोहा, कोयला, पेट्रोल, पानी,

सोना, चांदी आदि खनिज पदार्थों को निकाल कर उद्योगों का सृजन करके आरामदायिनी वस्तुओं का उत्पादन-उपभोग करता है, परन्तु प्रकृति के अन्धाधुन्ध शोषण से मनुष्य अपने को नष्ट करने का सामान स्वयं एकत्र करता जा रहा है। प्रकृति के विवेकहीन शोषण से वातावरण इतना प्रदूषित हो गया है कि ऑक्सीजन के अभाव में मनुष्य का सांस लेना मुश्किल हो गया है। वृक्ष नष्ट होते जा रहे हैं, जंगल समाप्त होने से जीव-जन्तु नष्ट होते जा रहे हैं इससे प्रतिरोधी शक्तियां समाप्त होती जा रही हैं। अन्न, शाक, सब्जी, फल, दूध आदि प्राकृतिक साधनों के अकुशल प्रयोग से प्रदूषित होते जा रहे हैं। इससे मनुष्य के स्वास्थ्य में गिरावट आती जा रही है तथा उसकी आयु घटती जा रही है। वह निरन्तर मृत्यु के करीब आता जा रहा है। चारों तरफ गन्दगी तथा विनाश का वातावरण है। प्रकृति बाध्य होकर मानव संहार करेगी। हवा का अकाल, पानी का अकाल, स्वास्थ्य का अकाल, महामारी का कुप्रभाव, अन्न का अभाव आदि से मनुष्य पीड़ित होगा। अतः आवश्यक है कि मनुष्य प्रकृति का अंधशोषण बन्द करे। अन्यथा मनुष्य अपना विनाश रोक नहीं पाएगा। इस विनाश से बचने के लिए संयम आवश्यक है। 1934 में बिहार में भूकम्प की स्थिति को देखकर गांधी जी ने कहा था कि मनुष्य को प्रकृति का शोषण बन्द कर देना चाहिए अन्यथा प्रकृति के प्रकोप का इसी तरह सामना मनुष्य को करना होगा। अगला प्रकोप इस प्रकोप से भी भयानक हो सकता है। पृथ्वी के अन्दर से पानी, लोहा, सोना, चांदी, कोयला, अभ्रक आदि खनिज पदार्थों को आवश्यकता से अधिक निकाल कर पृथ्वी को खोखला बनाया जा रहा है। साथ ही पर्वतों से, पृथ्वी से वृक्षों को काट कर पृथ्वी को नंगा किया जा रहा है। इससे जीवनदायिनी, ऑक्सीजन का अभाव तो होगा ही साथ ही भूमि क्षरण होगा जिससे सारी मिट्टी वर्षा होने से नदियों के माध्यम से समुद्र में चली जाएगी, समुद्र ऊँचा हो जाएगा पृथ्वी दब जाएगी जिससे भूकम्प आयेगा, जल प्लावन होगा तथा प्रलय की स्थिति उत्पन्न हो जाएगी। इस तरह प्रकृति को विवेकहीनता तथा गलत नियोजन से होने वाले शोषण से बचाना होगा। इस समस्या से विश्व के समस्त समाजशास्त्री, राजनेता, दार्शनिक एवं बुद्धिजीवी चिन्तित हैं। अतः आवश्यकता इस बात की है कि वे सब उपाय अपनाएं जाए जिससे प्रकृति का आवश्यकता से अधिक शोषण न हो सके। इस तरह से आर्थिक विकास का आयोजन होना चाहिए जिसमें मानव कल्याण अधिकतम हो, पर्यावरण का विनाश न्यूनतम हो तथा मनुष्य का प्रकृति के साथ उचित सन्तुलन बना रहे।

## अति भौतिकता तथा अति आध्यात्मिकता

भौतिकता तथा आध्यात्मिकता दोनों मर्यादित तथा सन्तुलित ढंग से मानव के लिए कल्याणकारी है, परन्तु इनका सन्तुलन नष्ट हो गया है। चिन्तकों एवं धर्म ग्रन्थों ने भी उस सम्बन्ध में विवाद उत्पन्न किया। प्रथम धर्म ग्रन्थों का प्रभाव बहुत बढ़ा, इसलिए उन्होंने आध्यात्म एवं नैतिकता पर बहुत बल दिया, भौतिकता के प्रतीक रोटी की उपेक्षा थी जैसे—यदि बाइबिल को प्रतीक माने तो उसमें यह विवरण है कि मनुष्य को मात्र रोटी ही नहीं चाहिए। यह धर्म ग्रन्थों की आवाज है। दूसरी ओर भौतिकता के प्रतीक कार्ल मार्क्स ने कहा कि मनुष्य को केवल रोटी ही चाहिए, धर्म नहीं चाहिए, आध्यात्मिकता नहीं चाहिए। इस प्रकार धर्म ग्रन्थ के प्रतीक बाइबिल ने तथा भौतिकता को प्रतीक कार्ल मार्क्स ने दोनों में द्वन्द्व उत्पन्न कर दिए तथा भौतिकता से मानव समाज त्रस्त हो गया। इसके निराकरण हेतु भारतीय संस्कृति और भारतीय विचारधारा के प्रतिनिधि महात्मा गांधी ने इन द्वन्द्वात्मक विचारों को छोड़कर एक नया—तीसरा विचार दिया। गांधी जी का चिन्तन था कि मनुष्य को रोटी भी चाहिए। उनके विचार में भौतिकता, आध्यात्मिकता एवं नैतिकता का सन्तुलन पाया जाता है। गांधी जी आध्यात्म एवं नैतिकता की रोटी चाहते हैं। इसीलिए गांधी जी दरिद्र नारायण की पूजा करते हैं। दरिद्रता प्रतीक है भौतिकता का तथा नारायण प्रतीक है आध्यात्मिकता का। गांधी जी के इस विचार से एक संयम एवं विवेक पैदा होता है। सादा जीवन उच्च विचार की धारणा से मनुष्य का जीवन सुखमय होता है। भौतिकता के पीछे दौड़ लगाने वाले अज्ञानी एवं विवेकहीन हैं। उनका जीवन चिन्ता और अभाव में रोते ही बीतेगा। अतः विश्व को अति भौतिकवाद से मुक्त कराना आवश्यक है। आज विश्व में दोनों विचार अशान्ति एवं द्वन्द्व का कारण बने हैं। गांधी-दर्शन यहां विश्व का मार्ग दर्शक बन सकता है। यदि इस पर विचार नहीं किया गया तो अति भौतिकवाद की दौड़ मनुष्य को विनाश की तरफ ले जाने में नहीं हिचकेगी। अतः इस वैश्विक समस्या पर ध्यान एवं मनन करना आज की महती आवश्यकता है।

## पारिवारिक विघटन

आज के भौतिकवादी संसार की एक विडम्बना यह है कि कौटुम्बिक सम्बन्धों में शिथिलता आती जा रही है। औद्योगीकरण एवं नगरीकरण ने इस समस्या को बढ़ावा दिया है। माता-पिता, भाई-बहन, पुत्र-पौत्र के पारस्परिक सम्बन्ध में प्यार, त्याग के मीठे, शान्त मानवीय मूल्यों का बन्धन होता है। इस सम्बन्ध से परिवार के सुख का आनन्द सभी भोगते हैं। माता सभी को खिलाकर आनन्दित

होती है और अन्त में कुछ ही खाकर अपार सुख का अनुभव करती है और यहां तक कि भूखी रह जाने पर भी वह अगाध सुख भोगती है। परिवार में कोई भूखा या दुःखी नहीं रहता, सभी पारिवारिक सुरक्षा से संरक्षित रहते हैं। दुःख तथा बीमारी में सभी लोग सेवा करते हैं। रोजगार तथा बेरोजगार सभी मिल-जुल कर एक ही छत के नीचे समान रूप से सुख से रहते हैं। यह कौटुम्बिक सम्बन्ध स्वर्ग के सुख की कल्पना साकार करता है। व्यक्ति पर परिवार का नियंत्रण रहता है। इससे वह दुर्व्यवसन तथा असामाजिक कार्यों में लिप्त रहने से बचता है।

परन्तु आज अति भौतिकता की दौड़ ने इस परमसुखी सम्बन्ध को बाजार में परिवर्तित कर दिया है। पुत्र-पिता से भोजन का मूल्य चुकाने की आशा करता है तथा पिता, पुत्र से भोजन का बिल चुकता करवाता है। आज सारे सम्बन्ध बाजार में बन रहे हैं परन्तु कौटुम्बीकरण में पारिवारिक मूल्य सार्थक होता है।

समाज की सुख शान्ति तथा व्यक्ति के चरित्र निर्माण में परिवार संस्था ही सर्वोत्तम भूमिका निभाती है। विडम्बना यह है कि यह गुणात्मक संस्था आज लुप्त होती जा रही है। अब समाजवाद, साम्यवाद, कल्याणकारी राज्य तथा अन्य संस्थाओं द्वारा परिवार की इस कमी की पूर्ति की जा रही है परन्तु यह संस्थाएं सुखदायक होने के बजाय दुःखदायक हो गयी हैं।

गांधी जी ने इसी परिवार को आर्थिक, राजनैतिक, सामाजिक, सांस्कृतिक गतिविधियों का केन्द्र माना है तथा कौटुम्बीकरण के विचार को महत्व प्रदान किया है तथा पुनः परिवारीकरण का विचार हमारे समक्ष रखा है। यही पारिवारीकरण, कौटुम्बीकरण, राष्ट्रीयकरण, साम्यवाद, समाजवाद, पूंजीवाद का विकल्प बन कर सभी को सुखी,तथा स्वस्थ बनाएगा और इसी से समाज एवं राष्ट्र सुखी होंगे। विश्व शान्ति स्थापित होंगी।

## लोकतंत्र की विडम्बना

आज भारत जैसे देशों में लोकतंत्र वास्तव में भीड़तंत्र, संस्थातंत्र, सम्प्रदायवाद, जातिवाद, अलगाववाद, क्षेत्र एवं भाषावाद के जाल में फंस कर एक भ्रष्ट विद्रूप शक्ल में हमारे सामने आया है। तिजोरी वाला, लाठी वाला अर्थात् धन एवं गुण्डई द्वारा इस तंत्र की पूर्णाहुति हो रही है। प्रथम तो लोकतंत्र इस भ्रष्ट दुनिया में सम्भव ही नहीं, द्वितीय, रूसो की सामान्य इच्छा को इसका प्राण मानकर उसे नष्ट भ्रष्ट कर दिया जा रहा हैं। राजशाही अब लोकशाही बन कर आ गयी है। लोकतंत्र का भ्रष्ट रूप आज सामने है। यह अब व्यक्ति, समाज एवं राष्ट्र के लिए

कष्टकारक हो गया है। इसके स्वरूप तथा इसके दुःखद कार्य के निराकरण हेतु मात्र गांधी विचार की लोकनीति ही प्रभावी हो सकती है। वास्तव में राज्यतंत्र कई स्वरूप लेकर प्रारम्भ से आज तक मानव समाज के समक्ष छाया है। प्राचीन भारत में राजा के बड़े पवित्र कार्य थे—प्रजा को, जनमानस को सभी प्रकार के सुख प्रदान करना राजा का कर्तव्य था। इसलिए राजा पूज्य था। पश्चिमी देशों में राजा थे, बादशाह थे, परन्तु उन पर नीति और नियमों का नहीं था। नियन्त्रण वे स्वयं नियामक थे। इसलिए वह प्रजा को अधिक सुखी नहीं बना सकते थे। पश्चिम में भी विचारक उत्पन्न हुए उन्होंने राज्य की कल्पना की उसके अधिकार एवं कर्तव्य बताए। कुछ ने राज्य विहीनसमाज की परिकल्पना की, राज्यतंत्र को कष्टमूलक बताया परन्तु आज राजशाही के रूपान्तरण के रूप में लोकतंत्र के लिए लोकशाही का प्रचलन अधिकांश राष्ट्रों में है। परन्तु इस लोकतंत्र की अपनी विडम्बना है। इसके पीछे स्वतन्त्रता, समता और बन्धुत्व का सुखदायी विचार है परन्तु इसका एक दुखःदायी स्वरूप भारत जैसे देशों में विद्यमान है। इन भारत जैसे लोकतंत्र वाले देश में राजनीति बिना सिद्धान्त के है। गांधी जी ने बिना धर्म की राजनीति को बन्ध्या स्त्री के समान माना है। लोगों के पास श्रमहीन धन है, नैतिकता विहीन व्यापार है, चरित्रनिरपेक्ष शिक्षा है, संवेदनाहीन विज्ञान है, विवेकहीन आनन्द है। यह आज के लोकतंत्र का नंगा नाच है। इस लोकतंत्र में पुलिस बढ़ी, सुरक्षा घटी, न्यायालय बढ़े, न्याय घटा, विद्यालय बढ़े, ज्ञान घटा, कार्यालय बढ़े कार्य घटा, नेता बढ़े नेतृत्व घटा, अधिकारी बढ़े व्यवस्था घटी, यही नहीं गरीबी बढ़ी, बेरोजगारी बढ़ी, विषमता बढ़ी, किसानों को उचित दाम नहीं मिलता, मजदूर का पेट नहीं भरता, कारीगर को काम नहीं मिलता।

लोकशाही में लोकशाही की यह विडम्बना है। नियोजित आर्थिक विकास में भी अरबों-खरबों का धन पूंजीपतियों/व्यावसायियों के हाथों में चला गया। अधिकारियों ने अपनी जेबें भरी, ठेकेदारों तथा इंजीनियरों तथा नेताओं के हाथ में धन पहुंच गया। सामान्य जनता जिसके लिए धन का प्रयोग किया जाना था तक उस उस धन का लाभ पहुंचा ही नहीं। इस धन के दुरुपयोग को रोकने के लिए गांधी के ग्रामसभा तथा ग्राम पंचायत का विचार प्रभावकारी हो सकता है। इन्हीं के हाथों में धन दिया जाना उचित होगा। गांधी जी की इस व्यवस्था में लोकतंत्र का व्याप्त यह भ्रष्ट स्वरूप शुद्ध हो सकता है। ग्राम स्वराज्य ही एकमात्र इसका विकल्प है।

## व्यक्ति एवं समाज की विसंगतियां

अच्छे व्यक्ति से ही अच्छे समाज का निर्माण होता है। समाजरूपी संस्था की मूल इकाई व्यक्ति ही है। आज व्यक्ति तथा समाज के द्वन्द्व ने पूंजीवाद तथा साम्यवाद के मध्य एक विवाद खड़ा कर दिया है। समाज बड़ा है या व्यक्ति। कुछ का विचार है कि समाज को सशक्त बना दो, व्यक्ति ठीक हो जाएगा। कुछ का विचार है कि व्यक्ति को शुद्ध व सशक्त बना दो, समाज ठीक हो जाएगा। व्यक्ति ही संचालक है: रिंग मास्टर है। समाज का मूल प्राण है। उचित दिशा में यही स्थायी प्रयास उचित होगा।

इस सम्बन्ध में गांधी जी का दर्शन है कि मनुष्य के गुणों में सामाजिक मूल्यों को पिरो देना ही कल्याणकारी होगा। यही स्थायी समाधान होगा। यहां व्यक्ति एवं समाज की विसंगतियां दूर हो सकती है।

## मानवीय मूल्यों का ह्रास

मानवीय मूल्यों के ह्रास से आज सारा विश्व ग्रसित है। प्रेम, करुणा, दया, सहृदयता, संवेदनशीलता, भ्रातृत्व एवं बन्धुत्व आदि सारे गुण आज समाज से तिरोहित हो रहे हैं।

राजनैतिक मूल्यों ने आज इन सब मूल्यों को अपने में आत्मसात कर लिया है। रक्षण, पोषण, शिक्षण के कार्य राज्य ने अपने हाथ में लेकर मनुष्य को गुलाम तथा राज्याश्रित बना दिया है। रानी राजा को विष देकर, बेटा बाप को जहर देकर, एक नेता दूसरे नेता को समाप्त करके राजसत्ता को पाने की होड़ में लगा है। इससे मानवीय मूल्यों की रक्षा नहीं हो सकती।

धार्मिक मूल्य भी अब प्रदूषित हो गये है। भगवान् से व्यक्ति अब अपनी विजय मांगता है। दूसरों की सम्पत्ति हड़पने, अपने को सम्पत्तिवान्, सत्तावान् बनने की प्रार्थना करता है। अपने कुकृत्यों का संरक्षण चाहता है। दंगा, कत्ल, धर्म के नाम पर करता है। इससे भी मानवीय मूल्यों की प्राप्ति अब सम्भव नहीं है।

बाजार मूल्य ही अब व्यापक हो गया है। मानवता, नैतिकता, सत्य सभी बाजार में बिक रहे हैं। मानव श्रम, मानव शरीर, मानव बुद्धि, विवेक, प्रेम, करुणा, सभी तो बाजार में क्रय-विक्रय का रूप लेते जा रहे हैं। बाप बेटे के घर तथा बेटा बाप के घर खाना खाता है तथा उसका दाम देता है। ऐसी विषम परिस्थिति में मानवीय मूल्यों की रक्षा बाजारी मूल्यों से कमी नहीं हो सकती।

पारिवारिक मूल्य से मानवीय मूल्य की रक्षा हो सकती है, परन्तु भौतिकता के प्रलोभन में आज संयुक्त परिवार नष्ट हो रहे हैं। वृद्ध अब परिवार में तिरस्कृत हो रहे हैं। इस विकट परिस्थिति में आज भारत में कुछ शील, संकोच विद्यमान है अन्यथा तमाम विश्व के देशों में वृद्ध माता-पिता राज्य अनाथालय में भेज दिए जाते हैं। परिवार ही भारतीय संस्कृति के आधार हैं और इन्हीं से मानवीय मूल्यों को संरक्षण प्राप्त हो सकता है।

माता-पिता के त्याग, पुत्रों का स्नेह एवं उनकी श्रद्धा, बड़ों के प्रति आदर, असमर्थों का संरक्षण आदि गुणों से प्रेम, करुणा, सत्य, संवेदनशीलता, शील, संकोच का विस्तार संभव है और मानवीय मूल्यों की रक्षा पारिवारीकरण से ही सम्भव है। यही महात्मा गांधी की मान्यता थी।

**पद्धतियां**

पूंजीवाद, साम्यवाद एवं कौटुम्बिक व्यवस्था ये तीन पद्धतियां एवं व्यवस्थाएं है। पूंजीवाद के दुर्गुणों के कारण साम्यवाद का जन्म उसकी प्रतिक्रिया के रूप में हुआ। दोनों ही पद्धतियों में मनुष्य की दरिद्रता आदि के गुणों का बीज पाया जाता है। पद्धतियां मानव सुख के लिए बनायी जाती हैं। मानवीय गुणों का समाजीकरण होना चाहिए परन्तु उन गुणों, स्वभाव को नष्ट करके कोई व्यवस्था आगे नहीं बढ़ सकती। व्यक्ति एवं समाज में सन्तुलन अत्यावश्यक है। साम्यवादी पद्धति इन्हीं कमजोरियों के कारण टूटी। पूंजीवादी पद्धति भी चरमरा रही है। आज आबादी का बहुत बड़ा भाग भूखा, नंगा, असमर्थ, दरिद्रता, अपराध की प्रचुरता से कराह रहा है। यही कारण है कि दोनों ही पद्धतियां अपनी कमजोरियों के कारण ध्वस्त हो रही हैं। अब तीसरी पद्धति गांधी जी का सर्वोदय ही है जो स्थायी सुख प्रदान कर सकती है। सारे समाज में व्याप्त दुःखों का निराकरण कर सकती है।

**विज्ञान सत्ता एवं सम्पत्ति में होड़**

विज्ञान के इस युग में तरह-तरह की उन्नत तकनीकों का आविष्कार करके, प्राकृतिक संसाधनों का शोषण करके मनुष्य ने अपार सम्पत्ति का सृजन कर डाला है। सम्पत्ति की और वृद्धि हेतु समर्थ लोग तकनीकों के प्रयोग से प्रकृति तथा मनुष्य का अधिक से अधिक शोषण करने लगे हैं। इस प्रगति में कुछ सम्पत्तिवान् हो गए तथा अधिकांश लोग निर्धन तथा गरीब हो गए। इससे असन्तोष में वृद्धि तथा वर्ग संघर्ष को बढ़ावा मिला। विज्ञान ने कुछ भयभीत करने वाले विध्वंसकारी

आयुधों का आविष्कार किया और वे सत्ताधारियों के हाथ में आ गए। सत्ताधारियों द्वारा इसके दुरुपयोग से सृष्टि का विनाश तो अभी नहीं, परन्तु कुछ देशों के विनाश का प्रारम्भ हो चुका है। विज्ञान, सत्ता तथा सम्पत्ति में होड़ लग गयी है। इससे नित नवीन ऐसी परिस्थिति उत्पन्न हो रही है जिससे राष्ट्र, समाज, व्यक्ति तथा प्रकृति सभी तेजी से विनाश की ओर बढ़ रहे हैं। इसमें मनुष्यता, दया, प्रेम, सौहार्द के लिए कोई स्थान नहीं है। इस होड़ में जो भी नष्टकारी कुप्रभाव मनुष्य तथा धरती को निगल जाने वाले हैं उन पर सत्ताधारी तथा वैज्ञानिकों का नियन्त्रण अब नहीं रह गया है। विज्ञान, सत्ता तथा सम्पत्ति की इस होड़ में गरीबी नहीं घटी, बेरोजगारी नहीं घटी, विषमता नहीं घटी, किसानों को उचित दाम नहीं, मजदूरों का पेट नहीं भरता, कारीगर को काम नहीं, अब तीन वर्ग खड़े हो गए हैं।

इस तरह, आज समाज ऐसी स्थिति में आ गया है जहां अनैतिकता, भ्रष्टाचार, अनाचार, अत्याचार का बोलबाला बढ़ रहा है। बहुत ही संवेदनशील क्षेत्र विद्यालय, चिकित्सालय एवं न्यायालय जो बुद्धि, विवेक के विश्वास पर चलते हैं, उन पर से विश्वास उठता जा रहा है। सत्य, विश्वास, ईमानदारी, नैतिकता, कृतज्ञता, निष्ठा, मानवता की भावना को प्रतिस्थापित करना है तभी सच्चा समाज व राष्ट्र कायम रहेगा।

इस तरह राष्ट्रीय एवं जागतिक समस्याएं खड़ी होती जा रही है। इसका प्रलयकारी प्रभाव न पड़े इसलिए विश्व के तथा भारत के चिन्तक इन समस्याओं के समाधान हेतु तर्क-वितर्क में लगे हैं। आज विश्व की इन ज्वलन्त समस्याओं का समाधान कैसे हो, यह गम्भीर चिन्ता का विषय है।

# 2

# समस्याओं के निराकरण हेतु किये गये प्रयासों का उल्लेख

विश्व के विभिन्न क्षेत्रों में समय-समय आर्थिक, सामाजिक, राजनैतिक, सांस्कृतिक तथा धार्मिक व्यवस्थाएं उत्पन्न हुई तथा लुप्त हो गयी। इन्हीं क्षेत्र में मानवीय समाज का उत्थान भी हुआ और पतन भी। विभिन्न समस्याएं, देश, समय तथा परिस्थितियों के साथ परिवर्तित होती गयी किन्तु मानव अभाव, अज्ञान तथा अन्याय से मुक्ति नहीं पा सका है। इन समस्याओं को दूर करने के लिए बहुत प्रयास हुए किन्तु आज तक मनुष्य इनसे छुटकारा नहीं हो पाया है। संसार के अधिकांश देशों में इन समस्याओं को दूर करने के लिए क्रान्तियां भी हुई किन्तु पूंजीवादी प्रणाली की प्रतिस्पर्धा से ये क्रान्तियां सफल न हो सकी है।

विज्ञान के आविष्कार से आर्थिक समृद्धि तो बढ़ी है। नयी-नयी टेकनालाजी का उपयोग बढ़ा है किन्तु इसका सदुपयोग भी हुआ तथा कुप्रभाव भी पड़ा। संसार के मानवों की प्रमुख इच्छा रहती है कि सभी को भोजन, आवास, वस्त्र, शिक्षा, रोजगार, स्वास्थ्य की सुविधा, स्वतन्त्रता समता एवं बन्धुत्व तथा सम्मानपूर्वक जीने का अवसर प्राप्त हो। परन्तु ऐसा सम्भव नहीं हो सका, अपितु कुछ विकराल समस्याएं उत्पन्न हो गयी जिन्होंने विनाश के कगार पर पहुंचा दिया। विज्ञान ने यातायात, संचार, रेडियो, टेलीविजन, शिक्षा, अस्पताल, शक्ति के साधन आदि तो उपलब्ध कराए जिससे मानव का जीवन सुखमय हो, परन्तु दूसरी तरफ टेकनालाजी ने सम्पूर्ण मानव समाज के सामने भयावह समस्याएं उत्पन्न कर दी, जिसके निराकरण के लिए वह सतत् प्रयत्नशील है।

वर्तमान समय में पाश्चात्य संस्कृति की दानवीय शक्ति का प्रसार, भारतीय परिवेश को दबा रहा है। यह सर्व समर्थ शक्ति अमानवीयता को पुष्ट कर रही

है। उसे मात्र लाभ विज्ञान के सहारे चाहिए किन्तु ब्रह्माण्ड की शक्तियों को इसाईयत ने ग्रसित कर लिया है। जब तक हम विज्ञान को इसाईयत से अलग नहीं करेंगे, तब तक विज्ञान विनाशकारी सिद्ध होता रहेगा। इसाईयत से ग्रसित विज्ञान ने प्रकृति को पीड़ा पहुंचाना प्रारम्भ किया है जिसने वृक्षों, पहाड़ों, नदियों को नष्ट किया तथा वनस्पति विहीन धरती को बना दिया है। आज समाज को आक्सीजन के अभाव की समस्याएं, मानव जीवन के लिए कठिनाई पैदा करती जा रही है। इस प्राकृतिक शोषण से पृथ्वी को अलग करना तभी सम्भव होगा जब हम विज्ञान को इसाईयत से सुरक्षित करेंगे। इसी प्रकार पशु जगत को पीड़ा पहुंचाना, उसका विनाश करना, आदि इसाईयत के विज्ञान से हो रहा है। पशु-पक्षियों को मारना, उसका भोजन करना, उनको पृथ्वी से समाप्त कर देना विज्ञान का उद्देश्य बनता जा रहा है। पशु-पक्षियों को संसार से समाप्त कर देने का कुचक्र किया जा रहा है। इसके अतिरिक्त इसाईयत ने विज्ञान द्वारा विश्व के मनुष्यों को पीड़ा पहुंचाई है। मनुष्य ही मनुष्य को अपमानित कर रहा है, उसका सामाजिक, आर्थिक, राजनीतिक, सांस्कृतिक शोषण कर रहा है।

इस सम्पूर्ण जगत में तीन शक्तियां विराजमान है। ये है—वनस्पति, पशु-पक्षी और मानव शक्ति। इन तीनों के सन्तुलन द्वारा ही हम पृथ्वी पर सुख-समृद्धि की प्रतिष्ठा कर सकते है। इसको प्राप्त करने के लिए हमें विज्ञान को कल्याणकारी स्वरूप प्रदान करना होगा। हर प्रकार के शोषण, दोहन, प्रताड़ना, अपमान समाप्त करना होगा। विज्ञान को भारतीय कल्याणकारी स्वरूप प्रदान करना होगा, क्योंकि हम प्रकृति को भगवान् मानते है। पर्वतों, नदियों की हम पूजा करते है। धरती को हम माता मानते है जबकि इसाईयत का विज्ञान इसे नहीं मानता है। इस जगत में जितने पर्वत, नदियां, सागर हैं, वे भारतीय संस्कृति अभिन्न घटक हैं। उनका हम पूजन करते है। सारे देवी-देवता इनमें निवास करते है।

इस जगत के अन्तर्गत हम प्रत्येक वृक्ष, फूल का पूजन करते है। प्रतीक के रूप में हम तुलसी को माता कहते है। सभी वृक्षों की हम उपासना करते है, चाहे वे फलदायक हो या औषधि के लिए हो, आक्सीजन देने वाले हो, चाहे प्रदूषण मुक्त करने वाले हो जैसे पीपल, नीम, आम आदि।

पशु-पक्षी जगत की भी हम आराधना करते है क्योंकि ये भी मानव जीवन के लिए बहुत उपयोगी है। गाय हमारी माता है परन्तु इसाईयत का विज्ञान इसे जानवर ही कहता है। इसका भोजन करना ही लक्ष्य होता है। हंस, गरुड़, मोर

आदि हमारी देवी-देवताओं के वाहन है। इनका वध-निषेध है। हम अण्डज-पिण्डज तक जितने जीव है, उनके कल्याण की कामना करते है।

मानव शक्ति का एक दूसरे का दोहन करना, शोषण करना, अपमान करना, भारतीय संस्कृति में पाप माना जाता है। इसी कारण महात्मा गांधी ने दरिद्र नारायण को भगवान माना। मनुष्य वही है, जो दूसरों के लिए जीता है। दूसरों के लिए जीना और मरना मनुष्यता और मानवता यही भारतीय दर्शन है। आज विज्ञान हमें दूसरों पर जीत के लिए, दूसरों के शोषण के लिए सहायता प्रदान कर रहा है। यह विनाशकारी है, भावी सर्वनाश की पृष्ठभूमि है।

आज विश्व में उपनिवेशवाद को बढ़ावा दिया जा रहा है। भारतीय संस्कृति उसकी संवेदनशीलता, उसके मानवीय पक्ष तिरोहित हो रहे है, जिसमें एक नोचनहारी समाज, दूसरों को पीड़ा पहुंचाकर भोगवादी बनता जा रहा है। हमें आज प्रचलित लोकतंत्र, विज्ञान और सत्ता में सांस्कृतिक मूल्यों की स्थापना करनी होगी। यदि ऐसा नहीं किया गया तो निश्चित ही ये विज्ञान का सहारा लेकर पृथ्वी को पीड़ा पहुंचायेंगे। यह भोगवादी संस्कृति मानवीय कर्म, तप, करुणा, प्रेम, संवेदनशीलता को समाप्त करती जा रही है। भारतीय संस्कृति में सबको भोजन, वस्त्र, मकान, रोजगार, शिक्षा, स्वास्थ्य, स्वाभिमानपूर्वक जीने की कला,सुख-दुःख बांटने की भावना, सवै भूमि गोपाल की आदि जैसे उदात्त तत्व समाहित हैं। उसके मूलभूत सिद्धान्त हैं।

आज भारतीय संस्कृति पश्चिम की इसाईयत युक्त भोगवादी संस्कृति के प्रभाव के कारण समाप्त होती जा रही है, परन्तु गांधी जी ही ऐसे विचारक हुए जिन्होंने भारतीयता की भावना से ओत-प्रोत होकर यह कहा कि मनुष्य को भोगी न होकर, कर्मयोगी होना चाहिए। पशु-पक्षी को पीड़ा न पहुंचाने वाली मानवता को प्रधानता प्रदान किया है। आज हमारी हार्दिकता, संवेदनशीलता, दयालुता, बन्धुत्व और सभ्यता में कमी होती जा रही है। विज्ञान मनुष्य को एक ओर तो सुख दे रहा है तथा दूसरी ओर उसे निष्क्रिय भी बनाता जा रहा है। भारत में धर्म का सार तत्व प्रेम और करुणा है। दूसरों को खिलाकर अपने खाने की भावना है। दूसरों पर जीना व शोषण करना, यह पश्चिम की संस्कृति है।

आज समाज जिन मूल्यों को लेकर चल रहा है, उन मूल्यों के प्रति उपेक्षा की भावना जागृत हो गयी है। राजनैतिक मूल्यों के अनुसार सारे राष्ट्र लोकमंगल, शान्ति, सुरक्षा की भावना पर आधारित है। ये सभी राजनैतिक मूल्य समाप्त हो गए है। आज का राजनैतिक मूल्य सत्ता प्राप्त करने की दौड़ में बन चुका है।

आज का राजनैतिक चरित्र अपराधीकरण को बढ़ावा दे रहा है जिससे लोकतंत्र के आदर्शों को तिलांजलि मिल रही है। दूसरा सामाजिक मूल्य जिसमें समाज को बांधने की, अनुशासित करने की शक्ति थी, लोक लाज थी। ये मूल्य भी अब समाप्त हो गए है। राज्य का भय, समाप्त हो गया है। तीसरा मूल्य धार्मिक मूल्य है। धर्म ग्रन्थ और पूजा स्थल मनुष्य को अपने कार्य के प्रति जागरूक बनाए रखते है। उनमें करुणा, क्षमा, प्रेम, संवेदनशीलता आदि सन्निहित रहती है, ये भी अब लुप्त होते जा रहे है। ये धार्मिक मूल्य अब बदलकर दुर्भावना, अशान्ति, झगड़े, दंगे के कारण बनते जा रहे है।

भौतिक भोगवादी जीवन बड़ा प्रबल होता जा रहा है। इसी का प्रसार प्रत्येक मनुष्य कुटुम्ब, समाज, राजनीति, नैतिक नीति में समाहित हो गया है। आज का मानव बाजारु बनता जा रहा है। उसके तन, मन, बुद्धि, हृदय, मस्तिष्क सभी बाजार में बिक रहे है। वर्तमान समय में प्रचलित मूल्य में मानवता, संवेदनशीलता समाप्त हो गयी है। यह बाजार मूल्य करुणा, प्रेम, सहानुभूति को समाप्त करके जीवित नहीं रह सकता है। इन सभी का निराकरण तभी हो सकता है जबकि कौटुम्बिक मूल्य की स्थापना की जाएं। मानवीय जीवन का पारिवारीकरण हो, तभी सारे उच्च मूल्यों के साथ सारे हमारे सांस्कृतिक सम्बन्धों के साथ एक नये समाज की स्थापना हो सकेगी। इस कौटुम्बिक मूल्य के अन्तर्गत हमें मनुष्यता, नैतिकता,करुणा, प्रेम, पुरुषार्थ तथा सबके लिए जीने की भावना का आदर्श रखना होगा तभी हमारा सामाजिक जीवन, सांस्कृतिक जीवन सुखी हो सकेगा तथा संस्कृति की उदात्तता अक्षुण्ण रह पायेगी। इस कौटुम्बिक मूल्य की स्थापना से हम एक नये मनुष्य, नये समाज, एक मानवीय मूल्य और नैतिकतायुक्त सांस्कृतिक समाज का निर्माण कर सकेंगे।

वर्तमान वैज्ञानिक प्रगति से लोगों को बहुत-बहुत आशाएं थी, लेकिन विज्ञान अपनी प्राणहीनता के कारण केवल विध्वंसात्मक दानवीय ताकतों द्वारा विनाश कर रहा है। विज्ञान ने सत्ता और सम्पत्ति को बढ़ावा दिया है जिसने मनुष्य, पशु-पक्षी, वनस्पतियां, प्राकृतिक साधनों आदि का शोषण करने तथा कष्ट पहुंचाने का कार्य किया है। विज्ञान और प्रजातंत्र मानवीय नैतिक मूल्यों का प्रतिपादन नहीं कर सकते इसलिए हमें विज्ञान और मशीन को मर्यादित करना होगा।

लोकसत्ता तथा विज्ञान दोनों को ही कल्याणात्मक स्वरूप प्रदान करना होगा तभी मनुष्य तथा नये समाज की रचना हो सकेगी। विज्ञान मानवता को प्रधानता देने वाला होना चाहिए न कि विनाशक हो। सत्ता की प्रधानता न हो ताकि प्रकृति

पीड़ा, पशु पीड़ा, मनुष्य पीड़ा न हो सके। मंत्र ऐसा हो जो मनुष्य का शोषण न कर सके अर्थात् मनुष्य को मशीन न बना दें। मनुष्य को स्वस्थ रखने के लिए कुछ शारीरिक श्रम आवश्यक है।

वर्तमान विज्ञान, टेकनालाजी ने मानव समाज के समक्ष अनेक भयावह समस्याएं उत्पन्न कर दी है, जिनके निराकरण के लिए मानव बहुत ही चिन्तित है। आज जो जागतिक समस्याएं समाज के समक्ष है उनके निराकरण की ओर ध्यान दिया जा रहा है। ये समस्याएं है—

**(1) पर्यावरण प्रदूषण**—आज समाज भौतिकवादी संस्कृति से लिप्त सुख-सुविधा प्राप्ति की लालसा से औद्योगिक विकास की ओर सतत् प्रयत्नशील है। आर्थिक विकास की तीव्र दौड़ में विकेन्द्रित नियोजन एवं प्राकृतिक साधनों का युक्तिहीनता एवं निर्दयता से शोषण किया जा रहा है जिससे भौतिक पर्यावरण को नुकसान पहुंच रहा है। औद्योगीकरण की तीव्र प्रतियोगिता ने पर्यावरण प्रदूषण को जन्म दिया, जिसका प्रभाव विशेषकर विकासशील देशों में स्पष्ट रूप से दिखायी देता है। आज विश्व में धरती बचाओं की चिन्ता उत्पन्न हो गयी है। यह समस्या इतनी तीव्र गति से बढ़ती जा रही है कि मानव सहित वनस्पतियाँ, जीव-जन्तुओं के अस्तित्व समाप्त हो जायेंगे। विकास की गतिशीलता के कारण आज हवा, पानी तथा आकाश प्रदूषित हो गए है। ओजोन नष्ट हो रहा है। कार्बन डाई आक्साइड का जहर इस धरती पर तेजी से बढ़ रहा है। आवाज प्रदूषण भी मनुष्य को अन्धा तथा बहरा बनाती जा रही है।

हम लोगों को इस विलक्षण समस्या का हल ढूंढ़ना है। पूंजीवादी तथा साम्यवादी व्यवस्था ने यह प्रदूषण का जहर फैलाया है। इसका निराकरण करने के लिए हमें गांधी जी के विचारों को आत्मसात करना होगा तभी छुटकारा मिल सकेगा। गांधी जी का कथन था कि प्रत्येक मनुष्य को प्रकृति से जुड़ा रहना चाहिए। भारत में प्राकृतिक शक्तियों का शोषण करना पाप माना जाता है। यहां तो धरतीमाता, तुलसीमाता, गोमाता आदि से सम्बोधित किया जाता रहा है। पहाड़ों, वनस्पतियों, पशु-पक्षी, नदियों सभी में हमें एक दैवत्य की शक्ति का बोध होता है। हम उनकी पूजा करते है, उनमें सन्तुलन बनाए रखते है। उनका विनाश तथा पीड़ा नहीं पहुंचाते है। हमें यह ज्ञात है कि प्रकृति द्वारा प्रदत्त इन वस्तुओं से हमारा रक्षण-पोषण होता है। धरती के अन्दर अधिक पानी, खनिज पदार्थ नहीं निकलना चाहिए, उसे खोखला नहीं बनाना चाहिए। वनस्पतियों का विनाश नहीं होना चाहिए वरन् पेड़-पौधों का लगाना पुण्य का कार्य माना जाता

है। इसके अन्तर्गत आम, केला, नीम, पीपल, बरगद आदि वृक्षों की हम पूजा करते है तथा ये वृक्ष पर्यावरण प्रदूषण को दूर करने में बहुत सहायक सिद्ध होते है। इसलिए हमें चाहिए कि उक्त वनस्पतियों को लगाकर पर्यावरण प्रदूषण को दूर करें।

**(2) अपराध में वृद्धि**—आज विश्व स्तर पर चाहे वे विकसित देश हो या विकासशील देश, सभी में अपराध की समस्या एक चुनौतीपूर्ण ढंग से उठ खड़ी हुई है। समाज में आर्थिक, सामाजिक, राजनैतिक अपराधों की बढ़ती प्रवृत्ति ने मानवीय समाज के मूल्यों को हिला दिया है। विज्ञान की प्रगति ने अपराधों में वृद्धि को बढ़ावा दिया है। आज समाज में अभाव, अन्याय, मानसिक पागलपन, बेकारी, भोगवादी प्रवृत्ति ने अपराधों की संख्या में बेतहाशा वृद्धि को जन्म दिया है। आज विश्व स्तर पर हत्या, डकैती, चोरी, मिलावट, भ्रष्टाचार, अपहरण, घूसखोरी आदि विद्यमान है। इन सभी को दूर करने के लिए सभी लोग तत्पर है किन्तु सफलता प्राप्त नहीं हो पा रही है। इन सभी का निराकरण गांधी जी के विचारों द्वारा ही सम्भव हो सकेगा क्योंकि मनुष्य का विचार, विवेक, प्रेम, संवेदनशीलता, करुणा के द्वारा सम्पन्न हो सकता है। गांधी ने प्रत्येक मनुष्य की आन्तरिक भावनाओं की ओर जोर दिया है। प्रत्येक प्रतिदिन सामूहिक प्रार्थना, सामूहिक सफाई, सामूहिक व्रत को धारण करें, एकदाश व्रत प्रतिदिन प्रार्थना में गांधी दोहराते है ताकि मनुष्य सद्‌भावना, करुणा, प्रेम, सौहार्द से प्रेरित होकर दूसरों के लिए जीने का व्रत लें।

**(3) नशाखोरी**—नशाखोरी का प्रकोप आज वैभवशाली समाज से लेकर नीचे भुखिया समाज तक बढ़ गया है। मनुष्य इसका सेवन करके राक्षसी प्रवृत्ति का व्यवहार अपनाता है, जो मर्यादित नहीं है। मनुष्य सोचता कुछ और है और करता कुछ और है। इस नशे ने निरन्तर पागलों की संख्या को बढ़ाया है। ये अपराधी बनते जा रहे है। सामान्य मानव नहीं रह जाते है। यह न केवल एक राष्ट्रीय समस्या है अपितु अन्तर्राष्ट्रीय समस्या बन चुकी है। आज की भोगवादी औद्योगिक अर्थव्यवस्था ने मादक वस्तुओं को ऊंचे रहन-सहन का प्रतीक माना है। इसी से ओत-प्रोत होकर असहाय लोग, निराश लोग, अपराधी तथा फैशन वाले इसका बहुत दुरुपयोग करते जा रहे है। वर्तमान समाज में नशाखोरी एक बड़े अपराध का कारण बन चुकी है। मनुष्य अपने नैतिक तथा मानवीय गुणों को छोड़ता जा रहा है तथा विनाश के कगार की ओर बढ़ता जा रहा है। सरकार भी इसे बढ़ावा देती जा रही है क्योंकि यह सरकारी आय का एक महत्वपूर्ण साधन

बन चुकी है। शराब, गांजा, भांग, हीरोइन, मादक व्यसन, यह मनुष्य के शरीर उसके चरित्र को नष्ट करके राक्षसी वृत्ति की ओर प्रेरित करती रहती है। इन समस्याओं का निराकरण आज की औद्योगिक सभ्यता तथा संस्कृति नहीं कर सकती है। गांधी जी के मद्य निषेध कार्यक्रम को अपना कर ही हम मद्य-निषेध को सहज रूप में समाप्त कर सकते है। गांधी ने कहा कि मैं भारत का गरीब होना पसन्द करूंगा, लेकिन यह बर्दाशत नहीं कर सकता हूं कि हजारों लोग शराबी हो। गांधी का विचार था कि यदि मुझे भारत का शासक बना दिया जाएं तो पहला कदम होगा, शराब की दुकानों को बन्द करना। कारखानों के मालिकों को मजदूरी के लिए उपहार गृह और मनोरंजन गृह बनवाना ताकि मजदूरों का मनोरंजन हो सके।

**(4) दुर्घटनाएं**—आधुनिक समय में स्वचालित मशीनों के बिजली, पेट्रोल, डीजल आदि से चलने के कारण दुर्घटनाओं की संख्या लगातार बढ़ती जा रही है। यह सब औद्योगीकरण की बढ़ती हुई प्रवृत्ति का द्योतक है। प्रतिदिन हजारों व्यक्तियों की मृत्यु हवाई जहाज, सड़क वाहन, फैक्ट्री, बिजली तथा आग से हो रही है। ये सभी चीजें काफी दुखदाई सिद्ध होती जा रही है। समाज इन समस्याओं से छुटकारा पाना चाहता है। मशीनों के आविष्कार ने मनुष्यों को अन्धाधुन्ध प्रयोग में लाना प्रारम्भ कर दिया उसके कल-पुर्जो, उसकी कार्यक्षमता की जानकारी न रखते हुए भी उसका प्रयोग बिना किसी बाधा के लोग करते जा रहे है। जिससे कतिपय दुर्घटनाएं घटित होती जा रही है। इस औद्योगिक सभ्यता का यह एक दुःखद नमूना है। अक्सर इन दुर्घटनाओं में बच्चे, महिलाएं, बूढ़े, नवयुवक मरते है। इन सभी समस्याओं का समाधान गांधी जी की पदयात्रा या शारीरिक श्रम से ही सम्भव है। मनुष्य अपने हाथ पैर का विशेष रूप से प्रयोग करके ही इन दुर्घटनाओं से छुटकारा पा सकता है। मनुष्य को प्राकृतिक जीवन की ओर जाना होगा। तेज मशीन, तेज पानी, मनुष्य के विनाश का कारण बनता है। अतः दुर्घटनाओं से बचने के लिए इनका प्रयोग कम से कम हो।

**(5) निर्धनता**—निर्धनता एक आर्थिक समस्या है क्योंकि आर्थिक अभाव ही निर्धनता को जन्म देते है जबकि यह सामाजिक समस्या भी बन चुकी है क्योंकि इससे उत्पन्न सामाजिक दशाएं सामाजिक जीवन को सबसे अधिक प्रतिकूल बनाते हैं। इस समस्या से सम्पूर्ण समाज चिन्तित है। संसार के कतिपय राजनेता, समाजवेत्ता, अर्थशास्त्री, धर्माचार्य, सन्त, महात्मा, मसीहा आदि इस विकराल समस्या के निराकरण हेतु विविध प्रयास करते रहे है परन्तु इसका यथोचित

समाधान प्राप्त नहीं हो पा रहा है। संसार की निर्धनता सम्पन्नता के लिए भयावह प्रमाणित होगी। निर्धनता को दूर करने के लिए इस वैज्ञानिक युग में कोई उपाय नहीं दिखता है। वर्तमान समय में लोगों की यह धारणा बन चुकी है कि समाज से दरिद्रता से मुक्ति पाना कदापि सम्भव नहीं है। निर्धनता का निराकरण करने के लिए सर्वप्रथम स्वामी विवेकानन्द ने दरिद्र नारायण का प्रयोग किया है, उसी दरिद्र नारायण को महात्मा गांधी ने भगवान माना है। गांधी जी का विश्वास था कि दरिद्र नारायण की पूजा करना प्रत्येक व्यक्ति के लिए अनिवार्य है। दरिद्र नारायण की सेवा करके ही हम निर्धनता की समस्या से मुक्त हो सकते है। निर्धनता की समस्या का यदि निराकरण नहीं किया गया तो कोई भी राष्ट्र या समाज जीवित नहीं रह सकता है।

गांधी जी का कहना था कि मैं स्वराज्य प्राप्ति के लिए काम कर रहा हूं....... "उन करोड़ों बेरोजगार तथा मेहनतकश लोगों के लिए जिन्हें एक जून का खाना भी नसीब नहीं होता और जो थोड़े से नमक के साथ रोटी खाकर गुजारा कर रहे है।"[1] वास्तव में इन सभी के केन्द्र में दरिद्र नारायण के उत्थान तथा ग्रामों का विकास सन्निहित है।

**(6) बेकारी**—जब एक व्यक्ति को अपने जीवन निर्वाह के लिए कोई कार्य नहीं मिलता है तो उस व्यक्ति को बेरोजगार कहा जाता है। बेकारी से निराशा व्यक्ति के मन में उठती है। आत्महत्याएं भी इन्हीं के कारण बढ़ती जा रही है। पूंजीवादी तथा साम्यवादी देशों में भी बेकारी है। विशेष रूप से भारतवर्ष में सर्वाधिक रूप से देखने को प्राप्त होती है। इसके कारण मनुष्य पागल होता जा रहा है। दो वक्त खाना न मिलने के कारण लोग अपराधी प्रवृत्ति की ओर अग्रसर होते जा रहे हैं। आज के औद्योगिक सभ्यता के युग में इस समस्या का समाधान असम्भव सा लगता है। बेकारी की स्थिति किसी देश में राजनैतिक अस्थिरता को भी जन्म देती है। बेकारी की स्थितियां कभी-कभी इतना विकराल रूप धारण कर लेती है कि वे क्रान्ति का रूप धारण कर लेती है। बेकारी से सामाजिक, राजनैतिक एवं आर्थिक वातावरण प्रदूषित होता है। समाज के लोगों की यह धारणा है कि बेकारी तो रहेगी, क्योंकि इसका निराकरण सम्भव नहीं दिखता है। परन्तु भारत में बेकारी की स्थिति को दूर करने के लिए गांधी जी विकेन्द्रित अर्थव्यवस्था को साकार करना होगा जिससे छोटे-छोटे उद्योग-धन्धों से तथा स्वस्थ जीवन-यापन

1. यंग इण्डिया, 26 मार्च, 1939।

के लिए ग्रामीणकरण से बेकारी को दूर किया जा सकता है। प्रत्येक गांव में छोटे-छोटे लघु एवं कुटीर उद्योग स्थापित किए जाएं ताकि कोई बेकार न रहे। कृषि, पशुपालन, छोटे उद्योग से गांव सुखी योजना द्वारा आसानी से बेकारी की स्थिति दूर हो सकती है।

**(7) असमानता**—विश्व का चाहे विकसित देश हो या विकासशील देश, सभी में अमीरी और गरीबी के बीच युद्ध छिड़ा हुआ है जिसका परिणाम यह है कि आज अमीर और अमीर होते जा रहे है और गरीब और गरीब होता जा रहा है। इस अमीरी-गरीबी के बीच निरन्तर दूरी बढ़ती जा रही है जो देश की अर्थव्यवस्था को प्रभावित करते जा रहे हैं। समाज आज सुखिया (वैभवशील), दुःखिया (मध्यम वर्ग), भूखिया (निर्बल वर्ग) में बंट गया है। गरीबी का प्रतिशत इस भूखिया वर्ग में अधिक है तथा उपभोक्तावाद के कारण ये वर्ग सबसे अधिक अपने को दुःखी मानता है। इनके कल्याण के लिए साम्यवाद, पूंजीवाद तथा राज्य के कानून लगे है, परन्तु यह समस्या निरन्तर बढ़ती जा रही है। इसका प्रमुख कारण है कि समाज का एक नोचनहारी वर्ग है। उसके निराकरण हेतु गांधी जी के विचार पूर्णतया उपयुक्त दिखाई पड़ते है। प्राचीन काल से आधुनिक काल तक समाज में गरीबी तथा अमीरी में लोग बंटे हुए है। पहले अमीरी और गरीबी भगवान् द्वारा प्रदत्त मानी जाती रही है। परन्तु कार्ल मार्क्स ने इस विचारधारा का पूर्ण विरोध किया और बताया कि अमीरी और गरीबी यह मानव द्वारा बनायी गयी कृति है, इसलिए इसका निराकरण सम्भव है। यह वर्ग-संघर्ष, हिंसक क्रान्ति द्वारा ही सम्भव हो सकता है। गांधी जी ने इस असमानता को दूर करने के लिए गरीबों में स्वाभिमान उत्पन्न करके अपने को उत्पादक और समृद्धशील बनाने का विचार दिया तथा अमीरों को अपने धन का उपयोग गरीबों के लिए समर्पित भाव से देने को कहा, ताकि गरीबी से छुटकारा पाया जा सके। गांधी जी के विचारों से ओत-प्रोत होकर आचार्य विनोबा भावे ने भू-दान यज्ञ में सम्पत्तिदान, साधनदान, समृद्धिदान, जीवनदान और ग्रामदान का एक आन्दोलन प्रारम्भ किया। इस प्रकार हम असमानता को दूर कर सकते है।

गांधी ने समाज में प्रत्येक व्यक्ति को पहले उत्पादक बनाने का उपक्रम किया, और तब उपभोग का। समाज सफाईकर्मों के कार्य को हेय दृष्टि से देखता था। गांधी जी सभी को स्वच्छा कार्य सौंपा ताकि विषमता दूर हो तथा कार्य महत्ता स्थापित हो।

**(8) धार्मिक उन्माद**—आज सारी मानवता को इन धार्मिक उन्मादों से पीड़ा हो रही है। विभिन्न धार्मिक सम्प्रदाय जब तक वैचारिक आधार पर एक दूसरे से पृथक् रहते हैं, तब तक इनसे सामाजिक संगठन के लिए कोई खतरा उत्पन्न नहीं होता है किन्तु जब विभिन्न सम्प्रदाय के लोग अपने धार्मिक हितों की आड़ में राजनैतिक तथा आर्थिक स्वार्थों को पूरा करने में जुट जाते है, तभी सामाजिक संगठन के लिए गम्भीर खतरा उत्पन्न हो जाता है। ईसाई तथा इस्लाम धर्म अपनी कट्टरता के कारण सभी देशों को प्रताड़ित कर रहे है। ये धर्म अपने को सम्प्रदायवाद में परिवर्तित करके जबरदस्ती धन का प्रलोभन कर सम्प्रदाय परिवर्तित करा रहे है। इसमें दंगा, खून खराबा हो रहा है। सारी मानवता को इन धार्मिक उन्मादों से पीड़ा हो रही है। इस जघन्य पाप को कैसे रोका जाय, यह बड़ी समस्या है। ऐसा लगता है कि लोकतंत्र, साम्यवाद, भौतिकवाद आदि सभी समाप्त होकर दुनिया में इस्लाम, हिन्दू, बौद्ध—तीन खेमे में बँटकर धार्मिक उन्माद से सम्प्रदायिक राज्य बनेंगे। ये धार्मिक उन्माद राजनीति में घुसकर भारत में गन्दगी का स्वरूप धारण कर रहे है। स्वार्थी राजनेता इस धार्मिक उन्माद को बढ़ावा देकर राजनैतिक लाभ पाने की साजिश कर रहे है, जिससे साम्प्रदायिक दंगे भड़क रहे है। इस सम्प्रदायवाद ने भारत-पाक का विभाजन तक करवा डाला।

भारत में तो साम्प्रदायिकता के जहर ने तो इतना जटिल रूप ले लिया है कि इसे केवल एक या दो कारणों के आधार पर समझा नहीं जा सकता है। अतीत में मुसलमानों और अंग्रेजों के साथ चाहे कोई भी नीति अपनायी गयी रही हो, परन्तु आज कुछ नवीन परिस्थितियां भी साम्प्रदायिक तनाव के प्रति बहुत कुछ सीमा तक उत्तरदायी रही है। साम्प्रदायिकता की समस्या ने भारत में राष्ट्रीय एकता, सांस्कृतिक एकीकरण तथा सामाजिक प्रगति के मार्ग में गम्भीर समस्या उत्पन्न कर दिया है। साम्प्रदायिकता ने अपने दुष्प्रभावों से देश को कमजोर बनाया है।

गांधी जी इस राष्ट्रीयता के लिए मन्दिर, मस्जिद, गिरजाघर तथा गुरुद्वारा को साथ लेकर चलते रहे है। आरम्भ में तो धार्मिक उन्माद रहे परन्तु भौतिक, औद्योगिक, वैज्ञानिक, आधुनिक तकनीकी के आविष्कार और विकास के साथ धार्मिक उन्माद एक नये भोगवादी समाज के कारण कमजोर पड़ते गए।

भारतीय संस्कृति के रक्षक गांधी जी ने धर्म को मानव कल्याण हेतु सर्वधर्म समभाव का विचार दिया। उनके अनुसार सभी धर्मों के मूल तत्व प्रेम, करुणा,

संवेदनशीलता, तथा कल्याण करना है। गांधी का मत था कि देश को, समाज को धर्मों तथा वर्गों के आधार पर विभाजित नहीं किया जा सकता है। सभी धर्मों का समान आदर करना मानवीय कर्तव्य है क्योंकि सभी धर्मों के मूल में कोई अन्तर नहीं है, चाहे कोई भी धर्म हो। इसलिए धर्मों के आधार पर किसी तरह का भेद-भाव सर्वथा अनुचित है। सभी लोग, चाहे किसी भी धर्म के हो, भेदभाव भुलाकर एक साथ मिलकर अपने कर्तव्यों का पालन करें तथा मानवता की रक्षा करे।

**(9) जाति उन्माद**—धार्मिक उन्माद ने भारत-पाकिस्तान को अलग किया। धरती बँटी, अब मताधिकार की गन्दी राजनीति ने समाज को जाति के आधार पर बांटा जिससे जातीय उन्माद आज गांव-गांव, घर-घर समाज में व्याप्त हो गया है। हिंसक तरीके के आधार पर जातीय झगड़े उत्पन्न किए गए, जो देश की अस्मिता के लिए विघटनकारी है। इस जातीय उन्माद को दूर करने के लिए राष्ट्रीयता, नैतिकता, सामाजिकता की भावना को जागृत करना है। बन्धुत्व तथा भाई चारे का भाव उत्पन्न हो, गांवों में सहभावना का विकास हो, इसके लिए गांधी जी के 'ग्राम स्वराज्य' की धारणा को अपनाना होगा, जिससे जातीय उन्माद को आसानी से दूर किया जा सकता है। जातीय उन्माद वास्तव में धार्मिक उन्माद का पैदा किया गया उन्माद है। विश्व के सभी देशों में किसी न किसी समय में समाज में एक तरह जाति प्रथा रही है, और कहीं-कहीं वंश के आधार पर भी रही है। भारत में वर्ण-व्यवस्था, कार्य के आधार पर रही है, अर्थात् जो जिस योग्य बौद्धिक, शारीरिक, मानसिक स्तर का रहा हो उसी के अनुसार कार्य निर्धारित रहा है जबकि वर्तमान औद्योगिक विकास के कारण कार्य के अनुसार नयी व्यवस्था का उदय हुआ है। डॉक्टर, इंजीनियर, कलाकार आदि नामों से समाज विभूषित हो रहा है। इन सभी समस्याओं का निराकरण करने के लिए हमें गांधी जी के ग्राम स्वराज्य और सर्वोदय दर्शन का पालन करना होगा। स्वराज्य से तात्पर्य देश की बहुसंख्यक जनता के शासन से है। गांधी का ग्राम स्वराज्य जाति या धर्म के भेदों को स्थान नहीं देता है। स्वराज्य सबके कल्याण के लिए होगा। गांधी के ग्राम स्वराज्य में जितना किसी राजा के लिए होगा, उतना ही किसानों का होगा। जितना किसी धनवान् या जमींदार के लिए होगा, उतना ही भूमिहीन खेतिहर के लिए, जितना हिन्दुओं के लिए होगा, उतना मुसलमानों के लिए होगा उसमें जाति, धर्म के आधार पर भेदभाव के लिए कोई स्थान नहीं होगा। इसी से इस जातीय उन्माद की समस्याओं का सही ढंग से निवारण हो सकता है।

**(10) रंग भेद तथा लिंग भेद**—वर्तमान समय में रंग भेद तथा लिंग भेद की समस्या विश्वव्यापी बन चुकी है। कहीं काले-गोरे का भेद, तो कहीं स्त्री-पुरुष का भेद, कहीं गोरे श्रेष्ठ काले निम्न में सभी स्थितियां समाज के लिए कलंक बन चुकी है। इससे समाज में हीनता की भावना जागृत होती है। घृणा का वातावरण बनता है। यूरोप के देशों द्वारा गोरे होने के कारण अफ्रीका, भारत आदि देशों में उतने गोरे नहीं है, काले रंग वाले देश कहकर उपेक्षित किया जाता है तथा रंग भेद के कारण अपने को श्रेष्ठ मानते है। महात्मा गांधी ने इस समस्या का निराकरण अफ्रीका से लेकर भारत तक किया है। इसके अलावा जहां तक लिंग भेद का सवाल है, वहां भारतीय संस्कृति और गांधी ने नारी को सर्वश्रेष्ठ स्थान प्रदान किया अर्थात् समाज में नारी को पूज्य बताकर उसका सम्मान बढ़ाया तथा लिंग भेद में होने वाली हीनता को भी समाप्त किया है।

**(11) मालिक-मजदूर में विभिन्नता**—समाज में मजदूर तथा श्रमिक शारीरिक श्रम करता है और उत्पादक वर्ग होता है। आर्थिक समानता के लिए काम का अर्थ है पूंजी और मजदूरी के बीच के झगड़ों को हमेशा के लिए मिटा देना। अर्थात् मुट्ठी भर लोगों के हाथ में राष्ट्र की सम्पत्ति का बड़ा भाग होना। उनकी सम्पत्ति कम करना, दूसरी ओर करोड़ों लोग जो अधपेट खाते है, नंगे रहते है, उनकी सम्पत्ति में वृद्धि करना है।[1] मालिक तथा मैनेजर उसका स्वामी होता है। शारीरिक श्रम करना छोटा कार्य माना जाता है। उत्पादन कार्य चाहे कृषि का हो या उद्योग का हो सभी में पूंजीवाद में मालिक और मजदूर होते है। इस मालिक की स्थिति को समाप्त करने के लिए मार्क्स ने साम्यवाद, समाजवाद की व्यवस्था की। रूस में साम्यवादी अर्थव्यवस्था लागू की, लेकिन वहां भी मालिक की जगह मैनेजर आ गया। गांधी जी ने इस भिन्नता को समाप्त करने का प्रयास किया। उनका विचार था कि सभी लोगों को शारीरिक श्रम करना चाहिए। श्रम करके ही उसका पुरस्कार प्राप्त करना चाहिए। खादी, कुटीर उद्योगों तथा कृषि में मालिंक मजदूर मैनेजर सभी समाहित हो जाते है। गांधी का विश्वास था कि प्रत्येक व्यक्ति को काम करके ही उपभोग करना चाहिए। गांधी की कल्पना थी कि मालिक ही मजदूर और मजदूर ही मालिक होगा, ऐसी टेक्नॉलोजी चरखा या छोटे मशीनों के रूप में दी। इसलिए विकेन्द्रित अर्थव्यवस्था पर जोर दिया।

**(12) अतिभौतिकता और अति आध्यात्मिकता**—समाज में अतिभौतिकता तथा अति आध्यात्मिकता दोनों ही मानव के लिए अकल्याणकारी है। आज इन

---

1. रचनात्मक कार्यक्रम, 1959, पृ. 40-42.

दोनों का सन्तुलन नष्ट हो गया है। विचारकों तथा धर्म ग्रन्थों ने एक विवाद उत्पन्न कर दिया है। धर्म ग्रन्थों का प्रभाव एक ओर बढ़ा जिससे उन्होंने अध्यात्म और नैतिकता पर जोर दिया। भौतिकता के प्रतीक रोटी ने केवल रोटी की अपेक्षा किया। बाइबिल को प्रतीक रूप में माना जाए तो यह दिखाई देता है कि मनुष्य को केवल रोटी ही नहीं चाहिए। यह धर्म ग्रन्थों का कथन है जबकि मार्क्स ने स्पष्ट रूप से कहा कि मनुष्य को रोटी ही चाहिए, धर्म नहीं चाहिए, आध्यात्मिकता नहीं चाहिए। इन सभी समस्याओं के निराकरण के लिए हमें गांधी के विचारों को आत्मसात करना होगा। गांधी ने बताया कि मनुष्य को रोटी भी चाहिए। इस विचार में भौतिकता, नैतिकता, आध्यात्मिकता का सन्तुलित स्वरूप पाया जाता है। गांधी दरिद्र नारायण की पूजा करते हैं। दरिद्रता प्रतीक है भौतिकता का और नारायण प्रतीक हैं आध्यात्मिकता के। मनुष्य का सादगी का जीवन सुखमय होता है। भौतिकता के पीछे दौड़ लगाने वाले अज्ञानी और पागल है, उनका जीवन चिन्ता और अभाव में रोता रह जायेगा। संसार को अति भौतिकवाद से मुक्त कराने के लिए गांधी जी के विचारों से सीख लेनी चाहिए।

**(13) विनाशकारी विज्ञान**—विज्ञान की प्रगति से यह प्रसन्नता हुई कि समाज से अकाल, आपदा को दूर किया जा सकेगा। कोई भूखा, दुःखी नहीं होगा। इस विज्ञान ने रेल, मोटर, टेलीफोन, बिजली, टेलीविजन, रेडियो, वस्त्र, लोहा आदि के उपयोग को बढ़ाया। परन्तु विशाल फैक्ट्रियों द्वारा पेट्रोल, केमिकल्स, प्रकृति के शोषण विनाश द्वारा पेड़-पौधों के विनाश द्वारा पर्यावरण प्रदूषण की समस्या खड़ी कर दी है जिससे धरती बचाओ की समस्या उत्पन्न हो गयी है। इन समस्याओं का निराकरण गांधी जी के विचारों द्वारा ही सही रूप में किया जा सकता है। गांधी ने स्वावलम्बी बनने, शारीरिक श्रम करने, मशीनों का उपयोग कम करने, स्वच्छ वातावरण में कार्य करने पर जोर दिया है।

**(14) मानवीय मूल्यों का ह्रास**—वर्तमान विश्व में मानवीय मूल्यों के ह्रास के कारण समाज में प्रेम, करुणा, सहृदयता, संवेदनशीलता, भ्रातृत्व, बन्धुत्व के सारे गुण तिरोहित होते जा रहे हैं। इन मूल्यों की तो समाप्ति होती जा रही है और राजनैतिक मूल्यों का प्रादुर्भाव होता चला आ रहा है। यहां रक्षण, पोषण, शिक्षण का कार्य राज्य अपने हाथ में लेकर मनुष्य को गुलाम तथा राज्य का आश्रित बनाता जा रहा है। भारत में इस विकट स्थिति में भी कुछ शील संकोच की स्थिति वर्तमान है जबकि अमेरिका आदि विकसित देशों में वृद्ध माता-पिता को राज्य अनाथालय में भेज दिया जाता है। भारतीय संस्कृति ही मानवीय मूल्यों

को संरक्षण प्रदान करती रहती है। गांधी के माता-पिता के त्याग, पुत्रों का स्नेह एवं उनकी श्रद्धा, बड़ों के प्रति आदर, असमर्थों को संरक्षण आदि गुणों के द्वारा प्रेम, करुणा, सत्य, संवेदनशीलता, शील, संकोच का विस्तार सम्भव है। मानवीय मूल्यों की रक्षा केवल परिवार के माध्यम से ही सम्भव है।

**(15) विज्ञान सत्ता और सम्पत्ति में होड़**—विज्ञान ने टेक्नोलोजी का आविष्कार करके, स्वयं प्राकृतिक साधनों का शोषण करके अपार सम्पत्ति का सृजन कर डाला है। इसलिए सम्पत्ति की और वृद्धि हेतु सामर्थ्यवान लोग टेक्नोलोजी के प्रयोग से अधिक प्रकृति तथा मनुष्य का शोषण करने लगे। थोड़े से ही सम्पत्तिवान् हुए शेष दरिद्र, गरीब हो गए। इसने समाज में असन्तोष फैलाकर वर्ग युद्ध की स्थिति बना दिया है। इसके कारण, राष्ट्र, समाज, व्यक्ति, प्रकृति सभी विनाश की ओर तेजी से बढ़ने लगे है। विज्ञान, सम्पत्ति एवं सत्ता की होड़ में गरीबी नहीं घटी, बेरोजगारी नहीं घटी, विषमता नहीं घटी, किसानों को उचित मूल्य प्राप्त नहीं हुआ, कारीगर को काम नहीं मिला वरन् तीन वर्गों का जन्म हुआ, ये हैं सुखिया, दुखिया, भूखिया। इनके कुप्रभाव को रोकने के लिए गांधी जी ने बिल्डिंग फ्राम वीलू पर विशेष जोर दिया और दुनिया में विशेष कर जो भूखियों का विशाल जनसमूह है उन्हीं के आर्थिक-सामाजिक, राजनैतिक उद्धार के लिए प्रत्येक देश अपने नियोजन द्वारा कार्य करें। सारा विज्ञान उन्हीं के प्रयोग में लाया जाए, उन्हीं को ऊंचा उठाकर शासन व्यवस्था में हिस्सा दिया जाए ताकि विज्ञान द्वारा सत्ता और सम्पत्ति में होड़ लगाने वालों में प्रतिस्पर्धा न हो सके।

**(16) अस्पृश्यता का अभिशाप**—वर्तमान समाज में विशेषकर हिन्दू धर्म में जो अस्पृश्यता की समस्या देखने को मिलती है, वह एक अमिट कलंक है। यह समस्या हमारे लोगों में तब आई होगी जब हम अपने पतन की चरम सीमा पर रहे होंगे। मैं यह मानता हूं कि यह समस्या एक भयंकर अभिशाप है और यह अभिशाप जब तक हमारे साथ रहेगा तब तक मुझे लगता है कि इस पावन भूमि में हमें जो भी तकलीफ सहना पड़े, वह हमारे इस अपराध का, जिसे हम आज भी कर रहे हैं, उचित दण्ड होगा। गांधी का विचार है कि मजदूरी करने वाले वर्गों को सैकड़ों वर्षों से सभ्य समाज से अलग रखा गया है और उन्हें नीचा दर्जा दिया गया है, उन्हें शूद्र कहा गया है। जिस शब्द का अर्थ यह किया गया है कि वे दूसरे वर्गों से नीचे है।[1] हिन्दू धर्म में अस्पृश्यता का वर्तमान रूप ईश्वर और मनुष्य के खिलाफ किया गया एक भयंकर अपराध है। प्रारम्भ में अस्पृश्यता स्वच्छता के नियमों में से एक थी और भारत के बाहर दुनिया के कई हिस्सों में

आज भी उसका यही रूप है। भंगी को कभी भी अस्पृश्य न माना जाये बल्कि उसे अपना भाई माना जाये। हमें चाहिए कि हम उसे इस गन्दगी को साफ करने का मौका दें, बल्कि इस कार्य में उसकी सहायता भी करें तथा फिर उसे समाज के किसी भी सदस्य की तरह स्वीकार करें।

**(17) कौटुम्बिक शिथिलता**—किसी भी समाज में माता-पिता, भाई-बहन, पुत्र-पौत्र के पारस्परिक सम्बन्ध में प्यार, त्याग के मीठे मानवीय मूल्यों का सम्बन्ध होता है। इन्हीं सम्बन्धों के कारण परिवार के सभी सदस्य सुख-आनन्द को प्राप्त करते है। माता सभी को खिलाकर खुश होती है, भूखे रह जाने पर भी अपार सुख भोगती है। परिवार का कोई भी सदस्य भूखा नहीं रहता है। बीमारी की स्थिति में सभी लोग सेवा भावना से मदद करते है। परन्तु आज की भौतिक वादी युग में इस सुख सम्बन्धों को बाजारों में परिवर्तित कर दिया गया है। समाज की सुख-शान्ति की यह संस्था सर्वोत्तम है, परन्तु ये भी समाप्त होते जा रहे है। अब साम्यवाद, समाजवाद एवं कल्याणकारी राज्य द्वारा इन संस्थाओं द्वारा परिवार की कमी को पूरा किया जा रहा है। गांधी जी का विचार था कि परिवार को आर्थिक, राजनीतिक, सामाजिक, सांस्कृतिक केन्द्र मानकर कौटुम्बिकरण की कल्पना साकार करे। यही कौटुम्बिकरण-परिवारीकरण, राष्ट्रीयकरण, साम्यवाद, समाजवाद, पूंजीवाद का विकल्प बनकर सभी को सुखी स्वस्थ, शान्त वातावरण प्रदान करेगा जिससे समाज एवं राष्ट्र सुखी होगा तथा विश्व शान्ति स्थापित हो सकेगी। प्रत्येक देश आज समुदाय में बंट गया है जैसे कृषि और उद्योग का समुदाय, बाजार का समुदाय, राज्य का समुदाय, समाज, धर्म, कुटुम्ब का समुदाय। इन समुदायों में मात्र संवेदनशीलता, करुणा तथा स्नेह की कमी है जो गांधी जी के कौटुम्बिक भावना से दूर की जा सकती है।

गांधी जी ने कृषि संस्कृति और ऋषि संस्कृति को साथ-साथ चलाने की महत्ता को स्वीकार किया तथा ग्राम स्वराज्य की भावना को लेकर गांव को आधार माना और उन्होंने ग्राम स्वराज्य की कल्पना हमारे सम्मुख रखी। इस ग्राम स्वराज्य की झलक गांधी के ''मेरे सपनों का भारत'' नामक किताब में प्राप्त होती है। गांधी ने आवश्यकता और लोभ के बीच अन्तर स्पष्ट किया है। हर आदमी की आवश्यकता पूर्ण करने का सामर्थ्य पृथ्वी में है लेकिन एक भी आदमी के लोभ को पूरा करने की शक्ति इस धरती में नहीं है। आज हमारे देश में जो आर्थिक, राजनैतिक, सामाजिक, नैतिक, आध्यात्मिक संकट उत्पन्न हुए, उसके मूल में हमारे नेताओं का पश्चिमी देशों के प्रति मोह है जबकि गांधी ने

इस मोह का त्याग करने तथा अपने स्रोतों से इन समस्याओं को दूर करने पर बल दिया है।

ये जातिगत समस्याएं न केवल भारत में व्याप्त है बल्कि विश्व स्तर पर देखने को मिलती है। इन समस्याओं का समाधान विश्व के सभी देश अपनी-अपनी आवश्यकता के अनुरूप किया करते हैं। ये समस्याएं पूर्ण रूप से समाप्त नहीं हो पाती है। इस समस्या का निराकरण गांधी जी के आदर्शों तथा सिद्धान्तों के द्वारा ही सम्भव हो सकता है क्योंकि सभी जातिगत समस्याओं का समाधान गांधी के सबै भूमि गोपाल की तथा दरिद्र नारायण को भगवान् मानने से सम्भव है। मनुष्य वही है जो दूसरों के लिए जीता है। दूसरों के लिए जीना और मरना मनुष्यता और मानवता यही मानवीय दर्शन है। गांधी ने स्पष्ट तौर पर यह माना कि मनुष्य को भोगी न होकर, कर्मयोगी होना चाहिए, पशु-पक्षी को पीड़ा न पहुंचाए यही मानवता है। गांधी का विचार था कि धर्म का सार तत्व प्रेम और करुणा है। दूसरों को खिलाकर, अपने खाने की भावना जागृत करना है। गांधी ने पर्यावरण प्रदूषण, नशाखोरी, अस्पृश्यता, जाति उन्माद, बेकारी, असमानता, निर्धनता, धार्मिक उन्माद, धर्म भेद, लिंग भेद विनाशकारी विज्ञान पर रोक लगाने के लिए विभिन्न सुझाव दिए, जिनका पालन करने से इन समस्याओं का समाधान आसानी से किया जा सकता है।

# 3

# विश्व के अन्य प्राचीन एवं अर्वाचीन विचारकों का उल्लेख

विश्व के प्राचीन एवं अर्वाचीन विचारकों ने ''सार्वजनिक कल्याण'' के पक्ष में अपनी धारणा व्यक्त की है ताकि सम्पूर्ण समाज का कल्याण हो सके। इस सन्दर्भ में कुछ प्रमुख एवं अर्वाचीन विचारकों की धारणा का अध्ययन करना महत्वपूर्ण होगा। इसी अध्ययन के क्रम में निम्नलिखित विचारकों के विचारों का विश्लेषण करना उचित प्रतीत होता है।

### (1) रूसो की सामान्य इच्छा की धारणा

राजनीतिशास्त्र के प्रमुख लेखक रूसो ने ''सामान्य इच्छा'' के सम्बन्ध में अपने विचार व्यक्त करते हुए कहा है कि प्रत्येक मनुष्य में दो प्रकार की इच्छा होती है—

(क) विशेष इच्छा

(ख) सार्वजनिक इच्छा

**(क) विशेष इच्छा**—यह इच्छा मनुष्य में मानवोचित गुणों के कारण होती है। यह इच्छा व्यक्तिगत, स्वार्थी, क्षणिक एवं अस्थायी होती है।

**(ख) सार्वजनिक इच्छा**—यह इच्छा मनुष्य के नागरिक कर्तव्य बोध को व्यक्त करती है।[1] यह इच्छा शाश्वत विवेकपूर्ण तथा सार्वजनिक कल्याण हेतु होती है। यह बहुजन हिताय एवं बहुजन सुखाय की अवधारणा की द्योतक है। इस प्रकार सार्वजनिक इच्छा, सभी नागरिकों की वह इच्छा है जो अपने व्यक्तिगत हितों की कामना न कर सार्वजनिक कल्याण की कामना करती है। यह सभी के कल्याण के लिए, सभी की आवाज है।[2]

इस तरह यह कथन इस धारणा पर आधारित प्रतीत होता है कि सार्वजनिक इच्छा, सार्वजनिक कल्याण पक्ष पर जोर देती है तथा समाज के सभी वर्गों के आर्थिक हितों को ध्यान में रखकर की जाती है।

''जो तत्व इच्छा को सामान्य बनाता है, वह इसे रखने वाले व्यक्तियों की संख्या नहीं, अपितु वह सार्वजनिक हित है, जो उन्हें एकता के सूत्र में गूंथता है।[3] इस प्रकार हम देखते हैं कि जो इच्छा सार्वजनिक हितों को ध्यान में रखकर जनसामान्य को एकता के सूत्र में बांधती है, वही इच्छा वास्तव में सामान्य इच्छा होती है। सभी का कल्याण हो इसको ध्यान में रखकर किया गया कार्य सामान्य इच्छा अथवा सार्वजनिक इच्छा को व्यक्त करता है।''

रूसो का विचार था कि ''जो कोई सामान्य इच्छा का पालन नहीं करता, वह आज्ञा पालन के लिए समस्त समाज द्वारा बाध्य किया जा सकता है। इसका अर्थ इससे अधिक कुछ नहीं है कि उसे स्वतन्त्र होने के लिए बाध्य किया जायेगा।''[4] इससे यह स्पष्ट होता है कि सभी व्यक्तियों को सामान्य इच्छा का पालन करना चाहिए तथा समाज द्वारा उन्हें उन इच्छाओं को करने के लिए बाध्य भी किया जा सकता है।

''सामान्य इच्छा सदैव न्यायोचित होती है और सदैव सार्वजनिक हित के लिए प्रयत्नशील रहती है।''[5] यह समाज के सभी लोगों के कल्याण को ध्यान में रखकर लागू की जाती है जो कि न्यायोचित होती है। यह समाज के सभी वर्गों के लोगों को सभी यथासम्भव सुलभ सुविधाएं उपलब्ध कराती है तथा उनके जीवन स्तर में सुधार करने पर बल देती है।

इस प्रकार रूसो की सामान्य इच्छा का आधार राज्य है, जनसमूह की इच्छा है, शक्ति नहीं। सार्वजनिक कल्याण पर बल देता है, मनुष्य की हीन प्रवृत्तियों पर रोक लगाता है। स्वार्थ की जगह परमार्थ की सीख देता है।

### (2) टॉलस्टाय के विचार

विश्व में दो महान चिन्तक मार्क्स तथा दूसरे टॉलस्टाय हुए। आधुनिक भारत के महान चिन्तक देश के अग्रणी समाज सुधारक एवं राजनीतिज्ञ गांधी को टॉलस्टाय के विचारों ने बहुत अधिक प्रभावित किया था। गांधी जी ने 'सर्वोदय' के विचार, जो कि टॉलस्टाय ने बताया था कि सभी का उदय हो, के आधार पर विकसित किया। इस महान चिन्तक टॉलस्टाय ने सर्वोदय की परिकल्पना के आधार पर ही

समाज का विकास करने की इच्छा व्यक्त की थी, जिसे आगे चलकर गांधी ने अपने विचारों में समाहित कर लिया।

टॉलस्टाय की धारणा थी कि प्रत्येक व्यक्ति को अपने हाथ से श्रम करके ही जीवन व्यतीत करना चाहिए। उन्होंने विचार व्यक्त किया कि समाज की असमानता को दूर करने के लिए निम्नलिखित बातें जरूरी है—

1. जमीन पर किसानों का स्वतन्त्र अधिकार रहे।
2. किसान, मजदूरों को चाहिए कि वे असहयोग करें। इस असहयोग की प्रेरणा गांधी को टॉलस्टाय से मिली और असहयोग गांधी मार्ग का प्रमुख साधन बन गया।
3. किसान समझ लें कि जमीन की हवा, पानी सूर्य की भांति है, किसी व्यक्ति की नहीं।
4. इस उद्देश्य की प्राप्ति का मार्ग है—सत्याग्रह, असहयोग एवं अहिंसा।

उक्त विचार को देखने से स्पष्ट होता है कि टॉलस्टाय ने यह स्पष्ट तौर पर बताया कि मनुष्य को अपने हाथ से श्रम करके जीवन व्यतीत करना चाहिए। जमीन पर किसानों का पूर्ण अधिकार होना चाहिए। सम्पूर्ण धरती किसी व्यक्ति की नहीं, सभी लोगों की है। समाज की असमानता को समाप्त करने के लिए सत्याग्रह, असहयोग तथा अहिंसा का सहारा व्यक्ति को लेना चाहिए तभी समाज की असमानता को आसानी ने दूर किया जाता है। इस तरह सादा जीवन एवं उच्च विचार का दर्शन गांधी जी को टॉलस्टाय की देन है।

### (4) जॉन रस्किन का विचार

जॉन रस्किन के विचारों का अध्ययन गांधी जी ने दक्षिणी अफ्रीका के प्रवास के दौरान किया। उनके इस दर्शन से कि धन की अपेक्षा मनुष्य अधिक महत्वपूर्ण है। गांधी जी के विचारों में महान परिवर्तन आया। गांधी जी के मन में उठने वाले बहुत से संशयों का समाधान रस्किन की प्रसिद्ध पुस्तक ''अन टू दि लास्ट'' नामक पुस्तक को पढ़कर हुआ। जोहान्स बर्ग स्टेशन पर पोलक ने रस्किन की पुस्तक को गांधी जी के हाथ में दी थी। गांधी जी ने अपनी 'आत्मकथा' नामक पुस्तक में रस्किन की इस पुस्तक का उल्लेख करते हुए स्वयं लिखा है कि इसने ''जादू कर दिया''। इस तरह पुस्तक ने महात्मा गांधी को बहुत प्रभावित किया। इस पुस्तक की तीन बातें महत्वपूर्ण है—

(क) व्यक्ति का श्रेय समष्टि के श्रेय में ही निहित है।

(ख) वकील का काम हो, चाहे नाई का, दोनों का मूल्य समान ही है। कारण प्रत्येक व्यक्ति को अपने व्यवसाय द्वारा अपनी जीविका चलाने का समान अधिकार है।

(ग) मजदूर, किसान या कारीगर का जीवन सच्चा और सर्वोत्कृष्ट जीवन है।

"डाक्टर, लेखक या सिपाही देश की जितनी सेवा करते हैं, उतनी ही सेवा फावड़ा, कुदाली लेकर मेहनत करने वाला मजदूर भी करता है। इसलिए सरकार का कर्तव्य हो जाता है कि वह देश के हर युवक और युवती को ऐसी शिक्षा दे, जिसमें औद्योगिक शिक्षा की व्यवस्था रहे और वह हर एक की सहायता करें।"
—रस्किन

रस्किन का विचार था कि हर आदमी के लिए शरीर श्रम करना अनिवार्य होना चाहिए। हर एक व्यक्ति के पास काम रहे, कोई आलसी न रहे, बेकार न रहे। श्रम की मजदूरी का आधार मांग एवं पूर्ति की कमी या बेशी न रहे, लाभ कमाना उद्देश्य न रहे, वरन् सबको जरूरत के अनुसार प्राप्त हो। सम्पत्ति का राष्ट्रीयकरण होना चाहिए तथा शिक्षा को सर्वोच्च स्थान मिलना चाहिए।

वास्तव में रस्किन की पुस्तक का नाम "अन्तिम आदमी का भला" था। जो यह मानती थी कि वर्तमान समाज में जो अवांछित तत्व है उन्हें दूर करके, अच्छा समाज बनाया जाय। रस्किन की ऐसी मान्यता थी कि समाज को जो बिगाड़ने वाले तत्व है, उन पर प्रतिबन्ध लगाया जाए ताकि अच्छे समाज का नव-निर्माण किया जा सके जिससे देश तथा समाज का उत्थान हो सकें। रस्किन की पुस्तक में पहला अध्याय "सम्मान की जड़ें" थी जिसमें इस बात की व्याख्या की गयी थी कि सत्य के बिना कोई सम्मान प्राप्त नहीं हो सकता। इस प्रकार हम यह देखते हैं कि रस्किन ने भी 'सत्य' के महत्व को पहले ही वर्णित किया था, जिसे आगे चलकर गांधी जी ने अपने विचारों में समाहित कर लिया। रस्किन अर्थशास्त्र को कोई विज्ञान नहीं कहते थे। वास्तव में इन्हीं विचारों का प्रभाव मार्क्स-गांधी पर पड़ा जिससे नये समाज की रचना में उन्होंने महत्वपूर्ण सहभागिता अपनायी।

**प्राचीन भारतीय अर्थव्यवस्था**

प्राचीन भारत में कई ऐसे विचारक हुए जिन्होंने अपने आर्थिक विचारों तथा कार्यों से समाज को एक नयी व्यवस्था एवं दिशा प्रदान की तथा नये आर्थिक

समाज की कल्पना को साकार बनाया। जिनमें प्रमुख रूप से मनु, शुक्र, भीष्म, आचार्य कौटिल्य तथा कामन्दकी प्रमुख रूप से थे। इन लोगों ने इस प्रकार से व्याख्या की है—

**(1) मनु का आर्थिक विचार**—सृष्टि के विकास के साथ मानव ने भी अपने जीवन को उन्नत एवं सुखमय बनाने का प्रयास किया। मानव ने उद्योग के बल पर बड़े-बड़े कार्य किये। जीवन के लिए आवश्यक सामग्रियों की खोज की जिसमें कृषि प्रमुख थी।

मनु ने जीविका को चार भागों में विभक्त किया—

(1) ऋत्

(2) अमृत

(3) मृत

(4) प्रमृत[1]

**(1) ऋत**—किसानों के खेतों में फसल कटने के पश्चात् छूटे हुए अन्न को पाना ऋत् कहलाता है।

**(2) अमृत**—बिना मांगे जो मिल जाए, उसे अमृत कहते है।

**(3) मृत**—भिक्षा मांगकर जो मिलता है उसे मृत कहते है।

**(4) प्रमृत**—कृषि से उत्पन्न होने वाले अर्थ को अमृत कहा।

जिस आजीविका को करने में सम्मान तथा सत्य बना रहे, वही वृत्ति सर्वोत्तम मानी जाती है। जीवन की रक्षा के लिए मनुष्य को कुछ न कुछ कार्य करना पड़ता है, किन्तु उस जीविका से कोई लाभ नहीं है जिसको करने से सुख और प्रसन्नता न मिल सके।

दूसरों का अहित करने या दूसरों को कष्ट पहुंचा कर यदि अपनी आजीविका चलायी जाय, वह ठीक नहीं है। निन्दनीय कार्यों से रोजी चलाना उचित नहीं है। मनु ने बताया कि ''वाणिज्य को झूठ बोलने के कारण सत्यानृत कहा गया है, उस जीविका से भी अपना जीवन-निर्वाह किया जा सकता है। सेवावृत्ति को श्ववृत्ति माना गया है। अतः उस वृत्ति का परित्याग कर देना चाहिए।''[1]

मनुष्य को आजीविका के लिए कभी भी समाज के विरुद्ध कार्यों को नहीं करना चाहिए। ऐसा करने पर सामाजिक नियमों का उल्लंघन होगा तथा समाज

पर बुरा प्रभाव पड़ता है। इस प्रकार की स्थिति होने पर देश के आर्थिक विकास का मार्ग अवरुद्ध हो जाता है जिसका परिणाम होगा कि समाज के लोगों की सही मार्गों को छोड़कर, गलत मार्गों की ओर जाने की प्रवृत्ति होगी।

मनु ने बताया कि जीविका के लिए समाज विरुद्ध कार्यों, का कभी भी आश्रय ग्रहण न करें।[1]

भारतीय परिप्रेक्ष्य में व्यक्ति, समाज तथा राष्ट्र की कल्याणकारी भावनाओं को ध्यान में रखते हुए धर्म अर्थात् अच्छे नियमों का परिपालन करने के लिए अर्थ को आध्यात्मिक दृष्टिकोण से चारों पदार्थों में दूसरा स्थान दिया गया जिससे व्यक्ति, राष्ट्र एवं समाज का उल्लंघन न कर सके। यह वास्तव में आर्थिक विकास करने, आर्थिक प्रगति तथा योजनाओं को सफल बनाने हेतु अच्छे शासक के होने पर बल देता है। मनु ने समाज की अर्थव्यवस्था को सुदृढ़ करने के लिए, मानवीय सिद्धान्तों पर 'अर्थ' संग्रह करने की व्यवस्था दी है।

मनु ने 'अर्थ' के महत्व पर जोर दिया है तथा इस बात पर भी जोर देते थे कि बुरे कार्यों तथा उपायों द्वारा अर्थ की प्राप्ति को भी बुरा माना है। मनु का विचार था कि भिक्षा मांग कर या चोरी करके कोई भी व्यक्ति समाज या राष्ट्र अपनी आर्थिक उन्नति नहीं कर सकता है।

मनु का विचार था कि आर्थिक संकट पैदा न हो इसके लिए बढ़े हुए 'अर्थ' को समाज के अच्छे लोगों में वितरण कर देना चाहिए। उसका कहना था कि "अप्राप्य अर्थ को प्राप्त करने का प्रयत्न करें, प्राप्त अर्थ की यत्नपूर्वक रक्षा करे, रक्षित अर्थ की वृद्धि के लिए यत्न करें और अधिक वृद्धि से प्राप्त हुए अर्थ को सत्पात्रों में वितरण कर दें।"[2] इस प्रकार हम देखते हैं कि अर्थ संग्रह करने से प्रजा में सही वितरण, उचित संग्रह और वास्तविक रूप में अर्थ की वृद्धि होती है। इस प्रकार की अर्थ नीति में शोषण, प्रताड़ना की भावना नहीं दिखायी देती।

मनु कहता था कि "बगुले के समान अर्थ प्राप्ति का चिन्तन करें, शेर के समान पराक्रम करें, भेड़ियों के समान शत्रुओं का संहार करें और खरगोस के समान बुद्धिमत्ता से संकटों से पार हो जाएं।"[1]

'अर्थ' प्राप्त करने वाले व्यक्ति तीनों वेदों (ऋग्वेद, यजुर्वेद और सामवेद) को त्रयी के ज्ञाता से अध्ययन करें, दण्डनीति आन्वीक्षकी और वार्ता को सीखें।[2]

सुखमय जीवन व्यतीत करने तथा संकटकालीन स्थिति से बचने के लिए मनुष्य 'अर्थ' का संग्रह करता है। साहस, धैर्य और अर्थ के बल पर मनुष्य

संकटों से मुक्त हो जाता है। अर्थ मनुष्य विपत्ति से बचने के लिए तथा परिवार की रक्षा के लिए इकट्ठा करता है। इसमें प्रमुख रूप से आत्मरक्षा ज्यादा आवश्यक है क्योंकि अपनी रक्षा होने पर ही हम दूसरों की रक्षा कर सकते हैं। मनु ने बताया है कि "आपत्ति के लिए धन की रक्षा करनी चाहिए, धन से स्त्री, पुत्रादि की रक्षा करें और धन एवं पुत्रादि से अपनी रक्षा करें।"[3]

इस प्रकार अपनी और अन्य आश्रितों की रक्षा करने के लिए अर्थ एकत्रित किया जाता है। संसार को चलाने के लिए भी अर्थ की बहुत आवश्यकता पड़ती है। प्राचीन काल से आधुनिक काल तक कोई भी कार्य अर्थ के बिना नहीं हो सकता है। बिना अर्थ का सांसारिक सुख कोई भी व्यक्ति नहीं पा सकता है।

प्राचीन विचारक मनु ने 'वार्ता' को अर्थ प्राप्ति का मूल स्रोत या साधन माना है। 'वार्ता' में कृषि, वाणिज्य और गोरक्षा को 'वार्ता' नाम से सम्बोधित किया गया है। वैदिक काल से ही भारत एक कृषि प्रधान देश रहा है। जहाँ आवश्यक जीवन उपयोगी कृषि का उत्पादन करके ही लोगों का पालन-पोषण होता रहा है। आधुनिक समय में भी कृषि के महत्व को स्वीकारा गया है। उद्योग के बल से ही व्यक्ति, इस कृषि को उपजाऊ बनाकर पशुओं से प्राप्त अधिक खाद देकर, अच्छी प्रकार हल चलाकर उत्पादन बढ़ाता है।

'गीता' में भी कृषि के महत्व को स्वीकारा गया तथा कहा गया कि "प्राणियों की उत्पत्ति अन्न से बतायी गयी है और अन्य की उत्पत्ति कृषि और वृष्टि से होती है।"[1]

प्राचीन भारतीय विचारकों के अनुसार कृषि की उन्नति, सुरक्षा तथा अधिक उत्पादन पर यदि व्यक्ति ध्यान देगा तो किसी भी आवश्यक वस्तु के प्राप्त होने में कठिनाई नहीं उत्पन्न होगी। कृषि द्वारा अन्न का उत्पादन तभी अधिक किया जा सकता है जबकि पशु पाले जाएं। कृषि एवं पशु के सहयोग से मनुष्य जिस उत्पादन को बढ़ाता है, उन सभी का उपभोग स्वयं ही नहीं कर लेता वरन् अपनी आवश्यकतानुसार उपभोग करता है, शेष जो भाग कृषक के पास रह जाता है वह दूसरों के लाभ के लिए तथा अपने अर्थ की प्राप्ति के लिए व्यापार करके लाभ प्राप्त करता है। वाणिज्य की वृद्धि होने पर अन्न तथा अर्थ की आवश्यकतानुसार दोनों आदान-प्रदान कर लेते हैं। ब्याज पर ऋण लेने को 'कुसीद' कहा गया है। किसी समाज या राष्ट्र की जब अपनी आर्थिक स्थिति सुदृढ़ होगी, तभी वह दूसरों को अपने अर्थ लाभ के लिए 'कुसीद' पर अर्थ दे सकता है।

पशु का कृषि तथा मनुष्य के जीवन में अत्यन्त महत्वपूर्ण स्थान है। प्राचीन भारतीय आर्थिक विचारक मनु ने गोचर भूमि छोड़ने की व्यवस्था दी है।

"पशुओं की रक्षा करना, दान देना, यज्ञ करना, वेदों का अध्ययन करना, व्यापार करना, ब्याज (कुसीद) एवं कृषि करना वैश्यों के कार्य है।"[2]

प्राचीन काल में कर के निर्धारण के सम्बन्ध में मनु ने जो विचार दिए वह यह थे—

"क्रय-विक्रय, मार्ग-व्यय, भोजन पर होने वाले व्यय को, मार्ग रक्षा के व्यय और सम्यक् प्रकार के हानि-लाभ को ध्यान में रखकर ही राजा व्यापारियों पर कर लगावें।"[1]

वर्तमान समय में व्यापारियों पर हानि-लाभ का ध्यान रखते हुए कर लगाये जाते है जबकि प्राचीन भारत में सभी लोगों को ध्यान में रखकर 'कर' लगाये जाते थे।

## राष्ट्र की आय का मुख्य स्रोत

प्राचीन काल में राजा का राज्य से आय का मुख्य साधन 'कर' ही था। अच्छे व्यवहार करने वाले, न्याययुक्त आचरण वाले और विश्वासपात्र व्यक्तियों के द्वारा ही कर एकत्र किये जाते थे। कर को एकत्र करके राजा राज्य की आर्थिक स्थिति को सुधारने का प्रयास करता था।

मनु का कहना था कि "विश्वासी व्यक्तियों के द्वारा ही वार्षिक कर एकत्र कराना चाहिए जो कर लेने में प्रजा के साथ न्याय का व्यवहार करे और शासक स्वयं प्रजाजन से पिता के समान व्यवहार करें।"[2]

राज्य में कर की वसूली में यह देखा जाता था कि शासक के शासनाधिकारी द्वारा अपनी स्वार्थी और लोभी मनोवृत्तियों के कारण प्रजा को कष्ट पहुचाएं जाते है। इसलिए मनु ने राजा को 'कर' वसूली के लिए अच्छे व्यक्तियों के चयन पर जोर देने की बात कही है जिससे राज्य की आय की वृद्धि सुचारु रूप से बढ़ सके।

किसी भी राज्य का शासक बिना कर के अपने कोष की वृद्धि, शासन का कुशल संचालन और संकट के समय जनता एवं राष्ट्र की रक्षा ठीक प्रकार से नहीं कर सकता है। अच्छे शासक उन्हीं को माना जाता है जो प्रजा की आर्थिक स्थिति को देखकर 'कर' लगाता है। व्यक्ति की आय के अनुसार कर लगेगा तो वह दे सकता है यदि पीड़ा देकर अर्थ दोहन करेगा तो वह नष्ट हो जायेगा।

## (2) आचार्य शुक्र

प्राचीन भारतीय आर्थिक विचारकों में शुक्राचार्य का नाम विशेष रूप से लिया जाता है। आचार्य शुक्र का जिक्र शान्तिपर्व में अनेक स्थानों पर देखने को मिलता है। इनका कहना था कि नीति के द्वारा ही कुशल मनुष्य अपना व्यवहार एवं मर्यादा को बनाए रखता है। नीति का जानकार अपनी सुख-सुविधाओं के समक्ष दूसरों के सुख-दुःखों का भी ध्यान रखता है। शुक्र का विचार है कि "समस्त जगत का उपकार करने वाला एवं धर्म, अर्थ, काम और मोक्ष का मूल ही यह नीतिशास्त्र माना गया है।"[1] मानव जीवन में अर्थ का महत्व दिया है और पुरुष को अर्थ का दास कहा है किन्तु अर्थ को किसी का दास नहीं माना।

शुक्र ने कहा "यह मनुष्य अर्थ का दास है और अर्थ किसी का दास नहीं है। अतः अर्थ चाहने वाले व्यक्ति को सर्वदा यत्न करना चाहिए।"[2]

संसार में अर्थ के बिना कोई कार्य प्रारम्भ नहीं किया जा सकता। अर्थ से ही धर्म, काम और मोझ, ये तीनों प्राप्त होते है।[3]

धर्म और अर्थ दोनों को जगत के व्यवहार में अच्छा माना गया है। यदि दोनों में किसी एक को छोड़कर कार्य किया जाता है तो वह सुख और शान्ति को देने वाला नहीं होता है। जिस कार्य में धर्म और अर्थ नहीं, वह कार्य निरर्थक है।[1]

शुक्र यह मानता था कि जो धन केवल स्त्री, पुत्र आदि के लिए एकत्र किया हो, वह केवल उपभोग के लिए होता है और वह नरक को देने वाला होता है न कि सुख को देने वाला होता है।[2]

शुक्र यह मानता था कि समाज में जो धन व्यक्ति अपने परिवार के लिए संग्रह करता है, उसके सुख के उपभोग के लिए करता है, वह नरक को देने वाला होता है। वास्तव में धन न केवल अपने लिए ही वरन् सम्पूर्ण समाज के सुख और कल्याण के लिए इकट्ठा किए जाएं, ताकि सभी का कल्याण हो सकें।

शुक्र का यह मानना था कि एक निश्चित अवधि के बाद उपभोग करने वाला भूमि का स्वामी बन जाता है। ऐसा होने से समता की भावनाओं का उदय होता है जिससे सभी को भोजन, वस्त्र और आवास की सुविधा प्राप्त हो सके।

विश्व में मानव को जीने के लिए जीविका चाहिए। प्रत्येक व्यक्ति की रोजी-रोटी की समस्या का समाधान राजा द्वारा ही किया जाना चाहिए। प्रत्येक

व्यक्ति को उसके परिश्रम के अनुसार कार्य देना होगा। शुक्र ने कहा कि जिससे भृत्य का भरण-पोषण हो सके, उसे वैसी ही भृति (नौकरी) में लगाना चाहिए।[3]

समाज में जब मनुष्यों को जीवनयापन के अनुरूप कार्य नहीं मिलेगा तो जीवनयापन करना कठिन हो जायेगा।

शुक्र आर्थिक व्यवस्था में काम करने वालों को विश्राम करने तथा भोजनावकाश देने तथा उनकी सुख-सुविधाओं को देने के पक्षधर थे, ताकि श्रमिकों का कल्याण हो सकें तथा जीवन स्तर में सुधार हो सके।

शुक्र का कहना है कि राजा को आर्थिक व्यवस्था में काम करने वाले व्यक्ति की सुख-सुविधाओं का ध्यान रखना आवश्यक है तभी अर्थव्यवस्था को तीव्र गति से आगे बढ़ाया जा सकता है तथा मानव का कल्याण सम्भव है।

प्राचीन काल में भी भविष्य की आजीविका चलाने के लिए मनुष्य को पेंशन की सुविधा प्रदान की गयी थी। शुक्र ने बताया कि ''जिस सेवक ने राजा की सेवा करते हुए अपने जीवन के 40 वर्ष पूर्ण कर लिए, राजा ऐसे व्यक्ति को अब बिना सेवा लिए वेतन का आधा भाग आजीवन पुरस्कार (पेंशन) के रूप में दें।''[2]

इन तथ्यों को देखने से यह स्पष्ट होता है कि प्राचीन काल में भी लोगों को पेंशन की सुविधा राजा द्वारा प्रदत्त करायी गयी थी ताकि अवकाश ग्रहण करने के उपरान्त लोगों का जीवनयापन, सुख से व्यतीत हो सके। इस प्रकार हम यह देखते है कि शुक्र के समय भी ''सामाजिक कल्याण'' पक्ष पर जोर दिया जाता रहा है तथा वृद्धावस्था में पेंशन की सुविधा भी लोगों को प्राप्त थी, ताकि जीवनयापन ठीक से हो सके।

### (3) आचार्य भीष्म

आचार्य भीष्म ने भी समाज की अर्थव्यवस्था में 'कर' लगाने के सम्बन्ध में बताया कि अधिक कर लगाने से व्यापारी वर्ग कार्य नहीं करेगा। भीष्म का विचार था कि ''क्रय-विक्रय का ध्यान रखते हुए, वस्तुओं को लाने तथा ले जाने में जो मार्ग व्यय हुआ हो, उसमें काम करने वालों का भी व्यय (वेतन) देकर उसके लाभ-हानि को दृष्टि में रखते हुए ही व्यापारियों पर कर लगना चाहिए।''[1]

भीष्म ने बताया कि ''जल की जोंक जैसे शरीर का रक्त चूस लेती है उसी प्रकार अच्छे शासक को कोमलता के साथ राष्ट्र से 'कर' लेना चाहिए। जिस

प्रकार बाघिन अपने बच्चों को दांत में पकड़कर इधर-उधर ले जाती है, उनके शरीर को न काटती है और न पीड़ा ही देती है, उसी प्रकार राजा को प्रजा से 'कर' लेना चाहिए।''[2]

भीष्म ने 'शान्तिपर्व' नामक पुस्तक में यह स्पष्ट किया है कि राजा को अच्छे व्यवहार तथा कोमलता के साथ प्रजा से कर लेना चाहिए, उन्हें प्रताड़ित करके नहीं। इसके लिए उन्होंने यह बताया कि जिस प्रकार बाघिन अपने बच्चों को मुंह में पकड़कर एक स्थान से दूसरे स्थान बिना पीड़ा पहुँचाएं ले जाती है, उसी प्रकार राजा को भी प्रजा को पीड़ा पहुंचाएं बिना ही कर की वसूली करनी चाहिए।

समाज को आतंकित कर राजा अधिक दिन सुखी नहीं रह सकता। यदि अच्छा शासक जनता पर अनुग्रह करता हुआ कर लेता है तो प्रजा 'कर' देने में दुख का अनुभव नहीं करती है। अधिक दुःखी करके कर लेने पर प्रजा भी असत्य का मार्ग अपनाती है। भीष्म ने धर्मराज युधिष्ठिर को अपने विचार बताते हुए कहा है कि ''राजा को यह चाहिए कि वह सम्पूर्ण प्रजा पर अनुग्रह करता हुआ, उससे 'कर' ग्रहण करें। वह राजा दीर्घकाल तक प्रजा को पीड़ा देकर उस पर विद्युत के समान गिरकर अपना प्रभात्र अर्जित न करें।''[3]

भीष्म ने राजा को यह भी सलाह दिया कि प्रजा से अनुग्रह विनय करके ही 'कर' प्राप्त करना चाहिए। कष्ट पहुंचाकर यदि 'कर' वसूला गया तो वह अधिक दिनों तक राज्य नहीं कर पायेगा। 'कर' वसूली में समय-समय पर कठिनाई का सामना करना पड़ता है।

प्राचीन भारत में ग्रामीण संगठन को सुचारु रुप से चलाने के लिए ग्राम अधिपति को अधिकार प्रदान किए गए थे जिसमें गांव में जो आय और खाद्य सामग्री की उपज हो, उस सबको ''ग्राम अधिपति'' अपने पास रखें।[1]

महाभारत शान्तिपर्व में भीष्म ने कहा है कि कृषि, गोरक्षा, वाणिज्य एवं इसी प्रकार के अन्य व्यवसायों को योग्य अधिकारी पुरुषों के द्वारा पूर्ण कराना चाहिए।[2] प्राचीन काल में भारत में अधिक कुशलता से कार्य करने, अधिक उत्पादन की वृद्धि के लिए और राष्ट्रीय एकता में वृद्धि के लिए कृषि, सहभागिता, सहकारी पशुपालन और इन सहकारिता समितियों द्वारा उत्पादित वस्तुओं को सहकारी व्यापारिक प्रतिष्ठानों द्वारा क्रय-विक्रय का कार्य होता था। कृषि, गोरक्षा और यह सम्पूर्ण लोगों का जीवन है।

इन सभी तथ्यों को देखने से यह स्पष्ट होता है कि भीष्म अधिक 'कर' न लगाने पर जोर देते थे ताकि व्यापारी वर्ग सुचारू रूप से उत्पादन प्रक्रिया को आगे बढ़ा सकें। इन्होंने राजा को यह भी सलाह दिया कि 'कर' कोमलता के साथ वसूल किया जाना चाहिए न कि जोर जबरदस्ती से अन्यथा समाज में कयास की स्थिति उत्पन्न हो सकती है। राजा को समाज पर आतंक फैला कर 'कर' नहीं वसूलना चाहिए। इस प्रकार राजा को उदार होकर नम्रता का व्यवहार करते हुए समाज से 'कर' लेना चाहिए, तभी समाज का उद्धार होगा।

## (4) कौटिल्य

प्राचीन भारतीय आर्थिक विचारकों ने 'अर्थ' को जगत में सुव्यवस्था स्थापित करने के लिए आवश्यक माना है। 'अर्थ' राज्य की व्यवस्था को चलाने का एकमात्र साधन है। कौटिल्य ने 'अर्थ' को धर्म का मूल माना है। अर्थ का मूल साधन, राज्य को माना गया है।[1] अर्थ के द्वारा ही व्यक्ति संसार में सभी प्रकार की शक्ति का संचय कर सकता है। कौटिल्य ने बताया कि प्रजा का सुख, राजा का सुख है और प्रजा के हित में ही राजा का हित है। अपने आपको प्रिय लगने वाले कार्यों को करना, राजा का हित नहीं, अपितु प्रजा के प्रिय कार्यों को करना ही राजा का अपना प्रिय हित है।[2] इस तथ्य को देखने से स्पष्ट हो जाता है कि "प्रजा के सुख" को ही सर्वोपरि माना गया है तथा प्रजा के हित में ही राजा का हित भी होगा। कौटिल्य ने 'प्रजा' के हित को ही प्रमुखता प्रदान किया है। उद्योग ही अर्थ प्राप्ति का मूल कारण है और अनुद्योग अनर्थ का कारण है।[3]

अर्थ प्राप्ति से ही मनुष्य का जीवन मंगलमय हो सकता है। अर्थ रहित व्यक्ति जिन्दगी भर दुखित रहता है। राष्ट्र की आर्थिक उन्नति तभी सम्भव होगी, जबकि राज्य में उद्योग-धन्धों का विकास हो। जो शासक उद्योगी होता है वह अपने उद्योग के फल से समस्त कार्य और सम्पदा को प्राप्त कर लेता है।[4] 'अर्थ' राज्य की व्यवस्था को चलाने का एकमात्र साधन है। कौटिल्य ने 'अर्थ' को धर्म का मूल माना है।[5] अर्थ का मूल साधन राज्य को ही माना है। किसी भी समाज को चलाने के लिए 'अर्थ' की महत्वपूर्ण भूमिका रहती है। इसी के द्वारा उद्योग-धन्धों का विकास होता है तथा लोगों को रोजगार के अवसर प्रदान होते है।[1]

कौटिल्य ने कहा है कि कृषि की उन्नति और कृषि को अच्छे साधनों के द्वारा उत्पादन योग्य बनाने के लिए सीताध्यक्ष को चाहिए कि वह कृषि शास्त्र, वृक्षायुर्वेद का ज्ञाता हो या इन सब विधाओं को जानने वाले व्यक्ति को अपना

सहायक नियुक्त करें और उसके पश्चात् सब प्रकार के धान्य, पुष्प, फल सब्जियां, कन्द-मूल, कलिक्य, वेलवाली सब्जियां, क्षोभसन कपास आदि के बीजों का समय के अनुसार संग्रह करें।[2]

इस प्रकार हम यह देखते हैं कि उस समय भी कृषि को उन्नत करने तथा अच्छे कृषिगत पदार्थों के उत्पादन पर बल दिया जाता रहा है।

कौटिल्य का कहना था कि किसान राष्ट्र में आदर भाव से देखा जाता था। कृषि की उन्नति और कृषि उद्योग से ही, धन-धान्य प्राप्ति होती है। कौटिल्य ने बताया कि कई बार हल से जोतकर अपनी भूमि को दास लोगों से मजदूरी पर काम करने वालों और अपराधी पुरुषों के द्वारा बुझावे।[4] इस प्रकार हम यह देखते हैं कि कृषि जीवन के लिए बहुत महत्वपूर्ण समझा जाता था। हल, बैल और अच्छे बीज उत्पादन के लिए उत्तम माना जाता था।

कौटिल्य ने बताया कि जिन फसलों को बोने में कम परिश्रम लगे और अधिक अन्न की प्राप्ति हो, उस फसल को उत्तम फसल मानते थे जैसे—धान, गेहूं आदि।[4] गन्ने की खेती को सबसे अधम माना गया क्योंकि इसको बोने में सबसे अधिक बाधाएं है और यह अधिक व्यय कारक है।[1] गीता में तो यहां तक कहा गया है कि सम्पूर्ण प्राणी अन्न से ही उत्पन्न होते है।[2] इस प्रकार की बातों को जानने के बाद हम इस निष्कर्ष पर पहुंचते है कि अन्न मानव जीवन की रक्षा के लिए आवश्यक है। अन्न प्राप्ति का उपाय कृषि ही है।

### (5) प्रकृतिवादी तथा गांधी

प्रकृतिवादियों ने उत्पादन में अतिरेक का विचार रखा। इनका मानना है कि व्यय को नये धन की उत्पत्ति में से घटा देने पर जो बचत रहती है, वह नयी उत्पत्ति है। यह नयी उत्पत्ति बचत की उत्पत्ति का अतिरेक कहलाती है। प्रकिृतिवादियों का विश्वास है कि बचत केवल कृषि से ही प्राप्त होती है अन्य किसी भी व्यापार से नहीं। कृषि ही एकमात्र उत्पादक धन्धा है शेष सभी अनुत्पादक धन्धे है। क्वैने का मत है कि वाणिज्य कृषि का ही एक अंग है। उद्योग तथा वाणिज्य अपना लाभ कृषकों को लौटा देते है और कृषि नये धन की उत्पत्ति करती है। ये राज्य के कार्यों को मर्यादित रखना चाहते थे। राज्य प्राकृतिक संस्थाओं में हस्तक्षेप न करें। जनता को प्राकृतिक नियम की शिक्षा प्रदान करें। कृषि का उत्पादन बढ़ाने में सहायता प्रदान करें। गांधी जी का विश्वास सत्य तथा अहिंसा पर केन्द्रित रहा तथा करुणामूलक सिद्धान्त होने के कारण मानवीकृत दृष्टि गांधी जी की अर्थनीति का केन्द्र बिन्दु रही है।

### (6) एडम स्मिथ तथा गांधी

एडम स्मिथ का विचार था कि श्रम ही सम्पत्ति है। उनका कहना था कि न तो धातु और न ही कृषि ही सम्पत्ति का साधन है। वरन् श्रम सम्पत्ति का साधन है। इस प्रकार एडम स्मिथ ने श्रम को अधिक महत्व प्रदान किया है। एडम स्मिथ का कहना है कि ''वार्षिक श्रम ही किसी राष्ट्र का वह कोष है जिसके द्वारा मूलत: जीवन की समस्त आवश्यकताओं तथा सुख-सुविधाओं की पूर्ति होती है जिसका कि वह वर्ष भर उपभोग करता है और उसमें सदैव उसी श्रम को तात्कालिक उत्पत्ति तथा अन्य राष्ट्रों को उसके विनिमय द्वारा खरीदी गयी सामग्री भी सम्मिलित रहती है। इनका मानना है कि किसी भी वस्तु का उत्पादन बिना श्रम के नहीं हो सकता है।''[1]

इस तरह, एडम स्मिथ ही एक ऐसे अर्थशास्त्री थे जिन्होंने श्रम को महत्ता प्रदान किया। श्रमिक ही सारे समाज का पोषण देता है। गांधी जी ने श्रम को पारिभाषित करते हुए बताया है कि श्रम का कोई प्रतिमूल्य नहीं हो सकता है। श्रम तो मानव की एक सांस्कृतिक आवश्यकता है। एडम स्मिथ ने श्रम के साथ-साथ श्रम विभाजन का भी प्रतिपादन किया। जिस व्यक्ति में जिस कार्य के प्रति रुचि हो, वही करें। कार्य का बंटवारा योग्यता तथा रुचि के अनुसार होना चाहिए तभी कार्यक्षमता को बढ़ाया जा सकता है। गांधी जी ने समाज में श्रम को प्रतिष्ठापूर्वक स्थापित किया तथा बताया कि मानव का कल्याण श्रम के द्वारा ही वास्तविक रूप से किया जा सकता है। गांधी ने शारीरिक श्रम के योगदान पर विशेष जोर दिया तथा यह बताया कि श्रमिकों का शोषण बिल्कुल नहीं होना चाहिए।

### (7) माल्थस तथा गांधी

बढ़ती हुई जनसंख्या की समस्या 18वीं शताब्दी से ही चली आ रही है। माल्थस ने बढ़ती हुई जनसंख्या पर रोक लगाने की बात की अन्यथा मानव को अत्यन्त कष्ट का सामना करना पड़ेगा। माल्थस का कहना था कि जिस व्यक्ति के माता-पिता अपने बच्चों को पर्याप्त भोजन नहीं दे सकते है तथा समाज उन्हें समुचित रोजगार के अवसर प्रदान नहीं कर सकता, उसे जीवित रहने का कोई भी अधिकार नहीं होना चाहिए। प्रकृति की ओर से उसके सामने विनाश के बादल आच्छादित हो जाते है। जैसे युद्ध, बाढ़, भूकम्प, महामारी आदि।

गांधी जी भी जनसंख्या वृद्धि पर रोक लगाने के हिमायती थे। उनका कहना था कि जनसंख्या की वृद्धि को नैतिक तरीकों से रोका जा सकता है। इस नैतिकता

से एक तो अत्मसंयम की शक्ति बढ़ती है फिर पुरुषार्थ का विकास भी संयम से ही होता है। मानवीय श्रम को विकसित करने के लिए भी संयम आवश्यक है।[1]

## (8) रिकार्डो तथा गांधी

रिकार्डो ने लगान-सिद्धान्त का प्रतिपादन कर एक लगान प्राप्त करने वाले वर्ग का वर्णन किया। इसे अनुत्पादक आय मानकर परोक्ष रूप से एक अनुत्पादक वर्ग का सृजन समाज के समक्ष रखा। गांधी ने इस वर्ग को अपने को भूमि का स्वामी न मानकर केवल भूमि का खातेदार मानने की बात कही क्योंकि यही उचित मार्ग है। भूमि की समस्या का समाधान का आधार वर्ग संघर्ष नहीं है वरन् अहिंसात्मक पद्धति तथा वर्ग सहयोग को बढ़ाना है।

## (9) आदर्शवादी अर्थशास्त्री तथा गांधी

एडम स्मिथ, माल्थस तथा रिकार्डो ने परम्परावादी विचारधारा की विशाल व्याख्या की है, किन्तु इसमें कुछ असंगतियां या कमियां रह गयी थी, जिन्हें दूर करना अत्यन्त आवश्यक था। सिसमाण्डी प्रथम अर्थशास्त्री थे जिन्होंने जटिल औद्योगिक तथा यंत्रवत जीवन के बारे में नवीन विचार दिया। इन्होंने समाज के गरीब तथा दुःखी लोगों के हित में अपने विचार दिए। ''ग्रे'' का कहना है कि ''सिसमाण्डी अर्थशास्त्री की अपेक्षा आचार शास्त्री अधिक थे। वे यह मानते थे कि अर्थशास्त्र का ध्येय केवल सम्पत्ति बटोरना नहीं है उसका ध्येय है मानव को अधिकतम सुखी बनाना। जो अर्थशास्त्र मानव की प्रसन्नता में वृद्धि नहीं करता, वह अर्थशास्त्र ही नहीं है।''[1] इन्होंने अर्थशास्त्र को मानवशास्त्र से सम्बद्ध किया है। आधुनिक समय में गांधी जी ने भी इसी जीवन पद्धति को आधार मानकर कार्य किया है।

सेन्ट साइमन का यह मानना था कि ''समृद्धि का मूल आधार है धनोत्पादन और धनोत्पादन के लिए अनिवार्य आवश्यकता है औद्योगिक विकास।''[2] यह उद्योगवाद ही भावी समाज की रचना का आधार हो सकता है। वे समाज को दो वर्गों में बांटते थे एक श्रमिक तथा दूसरा आलसी वर्ग। गांधी जी की अर्थव्यवस्था विकेन्द्रित व्यवस्था पर आधारित थी। वे समाज से उत्पादक तथा उपभोक्ता वर्ग के भेद को समाप्त करना चाहते है।

## (11) राष्ट्रवादी विचारधारा और गांधी

राष्ट्रवादी विचारधारा का अभ्युदय सर्वप्रथम जर्मनी से प्रारम्भ हुआ जब जर्मनी की आर्थिक स्थिति काफी पिछड़ी हुई थी तथा ब्रिटेन काफी आगे था। ब्रिटेन में औद्योगिक क्रान्ति हो चुकी थी तथा उसका विदेशी व्यापार विदेशों में फैल रहा

था किन्तु ऐसी स्थिति नहीं थी कि इंग्लैण्ड का औद्योगीकरण किया जाए, जिसका परिणाम हुआ कि जर्मनी का शोषण होने लगा। उसी समय फ्रेडरिक लिस्ट जैसे राष्ट्रवादी विचारक ने आर्थिक विकास पर जोर देना प्रारम्भ किया। इनका मानना था कि प्रत्येक देश को अपना आर्थिक विकास, देश, काल एवं परिस्थिति के अनुसार करना चाहिए। जो देश पिछड़े हैं, उन्हें संरक्षण प्रदान करना चाहिए लिस्ट का कहना है कि ''एडम स्मिथ के अनुयायी इस बात को भूल गए कि उन्होंने जिस विश्व की कल्पना कर रखी वह विश्व में कहीं भी अस्तित्व में था ही नहीं।''[1] इस विचारक का मत है कि विश्व के भिन्न-भिन्न राष्ट्र एक सी आर्थिक स्थिति में नहीं है। कुछ राष्ट्र तो पूर्णतः कृषि प्रधान है और कुछ पूर्णतः उद्योग प्रधान। सबकी एक समान आर्थिक नीति नहीं होती। लिस्ट का यह मानना था कि उत्पादक शक्तियों में दो शक्तियाँ ही प्रधान है। एक तो उद्योग-धन्धों का विकास तथा दूसरा नैतिक तथा सामाजिक सुख स्वातन्त्र्य प्रदान करने वाली संस्थाओं का विकास करना।

जबकि गांधी ने जो अर्थव्यवस्था का स्वरूप हमारे सामने रखा है वह भारतीय संस्कृति एवं सभ्यता पर आधारित है। इनका अर्थशास्त्र वर्णाश्रम धर्म पर आधारित है। इन्होंने ''स्वदेशी'' की अवधारणा हमारे सामने रखी है, उसमें विदेशी वस्तुओं के प्रति घृणा नहीं वरन् स्वदेशी वस्तुओं के उत्पादन तथा उपभोग पर बल देने की बात कही गयी है। भारतीय अर्थव्यवस्था का विकास विकेन्द्रित संरचना पर करने की बात की गयी है। गांधी का कहना है कि यदि किसी विदेशी उद्योग से या माल मंगाने से भारतीय उद्योगों को नुकसान पहुंचता है तो उस पर संरक्षण द्वारा रोक लगायी जानी चाहिए। हमारी अर्थव्यवस्था ऐसी हो जिसमें सभी को पूर्ण रूप से काम मिले। गांधी जी ने ''स्वदेशी'' का आन्दोलन देश में चलाया ताकि लोग देश में ही बनी वस्तुओं का उपभोग करें। गांधी का राष्ट्रवाद सत्य तथा अहिंसा पर आधारित था। हम उत्पादन, व्यापार या लाभ के लिए न करें, वरन् उपभोग के लिए करें।

### (12) मार्क्सवाद और गांधी

मार्क्स मजदूरों के देवता माने जाते हैं। पूंजीवादी अर्थव्यवस्था में जिस तरह मजदूरों का शोषण होता है, उसका परिणाम होता है कि समाज में असमानता एवं वर्ग भेद की स्थिति उत्पन्न हो जाती है जितना विश्लेषण वैज्ञानिक तथा तथ्यपूर्ण मार्क्स ने किया, उतना किसी भी पूर्ववर्ती विचारक ने नहीं किया था। मार्क्स ने

एक नवीन विचारधारा हमारे सामने रखी जिसमें पूंजीपतियों के समूल नाश की बात की गयी है तथा समाज में मजदूर वर्ग ही होगा, उसी का शासन देश पर होगा। मार्क्स ने हिंसात्मक क्रान्ति को अनिवार्य माना है। इन्होंने श्रम की महत्ता को प्रमुखता प्रदान किया। मार्क्स ने शोषण का स्पष्ट स्वरूप हमारे सामने रखा जबकि गांधी ने मार्क्स की विचारधारा से आगे बढ़कर बताया कि जैसा साधन होगा, साध्य भी वैसा ही होगा। यदि मार्ग हिंसा का है तो जो फल मिलेगा वह भी हिंसामय होगा। इसलिए गांधी ने साम्ययोगी समाज की रचना पर जोर दिया तथा अहिंसक मार्ग पर चल कर ही सच्चा समाजवाद प्राप्त हो सकता है। गांधी ने थातेदारी का सिद्धान्त हमारे सामने रखा जिससे अमीर-गरीब के बीच जो भेद-भाव था, वह समाप्त हो जायेगा।

गांधी ने साम्ययोगी समाज की कल्पना की थी जिसमें वर्ग-विहीन, शासन-विहीन, शोषण विहीन समाज होगा। मार्क्स ने साम्यवाद की अन्तिम स्थिति की जो रूपरेखा हमारे समक्ष रखी उसमें राज्य समाप्त जायेगा, उसी को गांधी ने साम्ययोगी समाज कहा है। गांधी ने मार्क्स के भौतिकवादी, हिंसात्मक तरीके को आध्यात्मिकता, नैतिकता एवं अहिंसा का स्वरूप प्रदान किया।

## (13) अन्य समाजवादी विचारक

समाजवादी विचारधारा के प्रणेता मार्क्स रहे हैं। मार्क्स के उपरान्त अनेक विचारक ऐसे हुए जिन्होंने इसमें अनेक परिवर्तन किए है। जर्मनी के विचारक वर्नस्टाइन मार्क्स के शिष्य थे किन्तु उनके विचारों में मतभेद रखते थे। इनका विश्वास व्यावहारिक मार्ग की ओर झुकने, समस्याओं का शान्तिपूर्ण ढंग से समाधान करने में था। राज्य के प्रति उनकी प्रवृत्ति अनुकूलतापूर्ण थी और प्रशासनिक सुधार पर जोर देते थे। दूसरे विचारक अक्सेविच क्रोपाटकिन थे जिनका कहना है कि ''आओ जनता में बिखर जाओ, उसके भीतर जाकर रहो, उसे शिक्षित बनाओं और उसका विश्वास प्राप्त करो।'' इनका विश्वास था कि समाज में सबके सुख का एकमात्र उपाय है निःसम्पत्तिकरण। विपुल धन, नगर, भवन, खेती की जमीन, कारखाने, जल और स्थल मार्ग तथा शिक्षा, व्यक्तिगत सम्पत्ति न रहें और एकाधिकार प्राप्त लोग इनका स्वेच्छापूर्वक उपभोग न कर सके। इनका कहना है कि संसार में जन्म लेने वाले प्रत्येक व्यक्ति को कम से कम वे सुविधाएं प्राप्त हो जिसमें प्रत्येक व्यक्ति कोई उपयोगी व्यवसाय सीखकर उसमें प्रवीण हो सके, दूसरा वह बिना किसी मालिक की आज्ञा के और बिना भूस्वामी को अपनी कमाई का

अधिकांश भाग अर्पण किए स्वतन्त्रतापूर्वक अपना रोजगार प्राप्त कर सके जबकि गांधी ने देश में विकेन्द्रित अर्थव्यवस्था की स्थापना पर बल दिया ताकि बढ़ती हुई जनसंख्या को पर्याप्त रोजगार के अवसर प्रदान हो सके।

## आधुनिक भारतीय आर्थिक विचारक

### (1) दादाभाई नौरोजी

आधुनिक भारतीय आर्थिक विचारक नौरोजी एक सफल सामाजिक कार्यकर्ता थे। इन्होंने भारतीय समाज की निर्धनता और अंग्रेजी शासन की आर्थिक शोषण की नीति को दूर करने पर बल दिया। इन्होंने इन समस्याओं से ओत-प्रोत एक पुस्तक लिखी जिसे "निर्धनता और भारत में अब्रिटिश राज्य'। इन्होंने भारतीय निर्धनता को गम्भीरता से लिया तथा यह बताया कि यहां की प्रमुख समस्या निर्धनता की है। अंग्रेजी शासन स्थापित होने पर देश की आय, आयात-निर्यात की स्थिति गिरती हुई चली जा रही थी। अर्थाभाव के कारण जीवन स्तर में गिरावट का क्रम जारी हो गया था। इन सभी का कारण अंग्रेजों द्वारा यहां के धन का दुरुपयोग करना था। उत्पादन इतना नहीं हो पाता था कि उत्पादक पूरे वर्ष, उसका उपभोग कर पाएं। नौरोजी ने "विदेशगमन सिद्धान्त" का प्रतिपादन किया जिसमें स्पष्ट शब्दों में आर्थिक एवं सामाजिक क्षेत्रों में अपने लेखों तथा भाषणों द्वारा इस शोषण तथा दबाव की प्रवृत्तियों को उजागर किया। यही नहीं इन्होंने "पावर्टी, एण्ड ब्रिटिश रूल इन इण्डिया" नामक पुस्तक में भी इन्हीं सम्बन्धों पर प्रकाश डाला है।

नौरोजी यह जानते थे कि भारत अपनी आर्थिक स्थिति सुदृढ़ किए बिना स्वतन्त्रता की प्राप्ति नहीं कर सकता। राष्ट्र, सैनिक और अस्त्र-शस्त्र के बल पर शक्तिशाली माना जाता है। यदि यह स्थितियां उन्नत दशा में नहीं है तो अर्थाभाव के कारण नष्ट हो जाती है। वे मानते थे कि आर्थिक व्यवस्था सुदृढ़ होने पर हो व्यक्ति अपनी उन्नति कर सकता है। विकास निर्माण तथा अभ्युदय को भी काफी तेजी से आगे बढ़ाया जा सकता है।

अशोक मेहता के अनुसार "एक ओर मार्क्स" "दास कैपिटल" की रचना करके एक वर्ग द्वारा दूसरे वर्ग के शोषण का विश्लेषण कर रहे थे, वही नौरोजी द्वारा एक देश (ब्रिटेन) द्वारा दूसरे देश (भारत) के शोषण पर चिन्तन हो रहा था।"[1] नौराजी ने ब्रिटिश शासन के शोषण व दोहन के विरुद्ध कड़ी आवाज उठायी। भारत में दरिद्रता का विशद विवेचन करते हुए उन्होंने राष्ट्रीय आय का निर्धारण और उत्सारण सिद्धान्त का विवेचन किया।

## (2) महादेव गोविन्द रानाडे के विचार

किसी देश की समृद्धि के लिए 'अर्थ' का होना नितान्त आवश्यक है। समाज एवं राष्ट्र की आर्थिक स्थिति खराब होने पर देश का विकास अवरुद्ध हो जाता है। प्राचीन भारतीय विचारकों ने आर्थिक विकास का मुख्य आधार कृषि बताया। मनुष्य के जीवन में खाद्य सामग्री प्राप्ति का एकमात्र साधन भूमि ही है। कृषि की अव्यवस्था तथा उसका पिछड़ापन ही, भारतीय निर्धनता का प्रमुख कारण था। आज स्वतन्त्र भारत की सरकार आत्मनिर्भर होने के लिए कृषि के विकास पर जोर दे रही है किन्तु अंग्रेजों ने कृषि के विकास के लिए कोई भी कार्य नहीं किया। उस समय भूमि वितरण व्यवस्था भी ठीक नहीं थी। कृषि कार्य करने वाले कृषिहीन तथा न जानने वालों के पास कृषि का क्षेत्र अधिक था। रानाडे राष्ट्रीयता के भावों को जागृत कराकर, भूमि की समस्याओं को हल कराकर, उत्पादन की वृद्धि कर, भारत की स्थिति को नियोजित आर्थिक पद्धति पर प्रतिष्ठित करना चाहते थे। रानाडे आर्थिक परतन्त्रता को दूर करने के लिए "कल्याणकारी राज्य" के पक्षधर थे। इनका विश्वास था कि कल्याणकारी राज्य, समाज के सभी वर्गो का आर्थिक उत्थान करेगा तथा जीवन स्तर में सुधार लायेगा।

रानाडे ने भारतवर्ष की दुर्दशा पर "एसेज आन इण्डियन पोलिटिकल इकोनॉमी" पुस्तक लिखी। इन्होंने पाश्चात्य सिद्धान्तों को आंख बन्द कर भारत में लागू किए जाने का विरोध किया। देश तथा काल पर विचार करके ही सिद्धान्तों का व्यवहार होना चाहिए। उन्होंने मुक्त वाणिज्य नीति का विरोध किया। ब्रिटेन भारतीय दरिद्रता के लिए उत्तरदायी है। भारतीय उद्योग, कृषि, व्यापार सभी नष्ट किए जा रहे है, साधन विपन्न बनाए जा रहे है, भारतीय बैंकों का अभाव है।

## (3) गोपाल कृष्ण गोखले के विचार

गोखले अपनी आंखों के समक्ष अंग्रेजी सरकार द्वारा किये जा रहे मनमाने आर्थिक शोषण को देखकर, अत्यधिक दु:खी हुए और उन्होंने अपने आर्थिक विचार देशवासियों को बताया। वे शान्तिपूर्ण ढंग से आर्थिक स्थिति में सुधार करने पर जोर देते थे। गोखले का विचार था कि बजट को रखते समय, भारतीय समाज की आवश्यकताओं का ध्यान अवश्य रखा जाए। गोखले प्रजा से प्राप्त 'कर' का उपयोग उन्हीं क्षेत्रों में कल्याणकारी कार्यों में खर्च करने के हिमायती थे।

### (4) रमेशचन्द दत्त के विचार

रमेशचन्द दत्त ने अंग्रेजी सरकार को अपने आर्थिक सुधारों द्वारा अवगत कराया तथा भारत की आर्थिक स्थिति की दयनीयता पर भी प्रकाश डाला। वे कौटिल्य के इस मत से अवश्य प्रभावित थे कि प्रजा के सुख से ही राजा का सुख निहित होता है। रमेशचन्द भी इसी के सुख पर बल देते थे। रमेशचन्द ने भूमि सुधार पर विशेष बल दिया। इसके अतिरिक्त इन्होंने बढ़ती हुई जनसंख्या को रोजगार के अवसर प्रदान करने के लिए लघु एवं कुटीर उद्योगों के विकास पर जोर दिया। इन्होंने "इकोनॉमिक हिस्ट्री ऑफ इण्डिया" पुस्तक लिखा जिसमें भारतीय आर्थिक इतिहास का सुव्यवस्थित ढंग से वर्णन किया गया है। इन्होंने राजनीति और अर्थशास्त्र को एक तुला के दो पलड़े बताया। इन्होंने अपनी पुस्तक में भारतीय किसानों की दुर्दशा, जमींदारों का शोषण, अंग्रेजी सरकार की अव्यवस्था, कर का भारी दबाव, ग्रामीण कुटीर उद्योगों के अभाव आदि का उल्लेख किया है। साथ ही जनसाधारण में बढ़ती हुई निर्धनता की प्रवृत्तियों पर भी जोर दिया गया है।

रमेशचन्द ने दरिद्रता के बड़े वृहद् स्वरूप का चित्रण किया है। इसके प्रभाव पर गांधी ने लिखा है कि "इस पुस्तक द्वारा वे जान सके हैं कि मैनचेस्टर के मिल उद्योग ने किस प्रकार भारत के ग्राम-उद्योगों को नष्ट करके देश को निर्धन बनाया।"[1] इंग्लैण्ड ने अपनी व्यापारिक और औद्योगिक नीति से भारतीय उद्योगों को नष्ट करके बेकारी का सृजन किया है जिसका परिणाम हुआ कि यहां का एकमात्र व्यवसाय कृषि रह गया, वह भी अनावृष्टि, अतिवृष्टि के कारण, अकाल पर अकाल का शिकार होती है। ब्रिटिश शासन उस पर भी विविध करों के माध्यम से उसे भी नष्ट कर रहा है। इसलिए ग्रामोद्योग को प्रोत्साहन दिया जाय, भूमि सुधार किया जाय, सिंचाई की समुचित व्यवस्था हो, दुर्भिक्ष और संकट से भारतीयों को मुक्त किया जाय, सार्वजनिक ऋण कम किया जाय, सैनिक व्यय में कटौती की जाये। अंग्रेजों के स्थान पर उच्च पदों पर भारतीयों को रखा जाय, तभी समाज का कल्याण हो सकता है।

### (5) आचार्य विनोवा भावे

महात्मा गांधी के मार्ग पर चलने वाले आचार्य विनोवा भावे ने इनके कार्यों को आगे का दिशा निर्देश दिया तथा जीवन भर गांधी के आदर्शों का प्रचार एवं प्रसार करते रहे हैं। विनोवा का कहना है कि इस जमाने में जो राज्य होता है, वह राज्य नहीं प्राज्य होता है। वह राज्य लोगों का है।[1] पहले के जमाने में जो

लोगों को दबाता था, वही राजा होता था। जंगल के प्राणियों को जो खा सकता था, वह मृगराज। इस प्रकार की राज्य सत्ता अब नहीं चलेगी। अब राज्य सत्ता, सेवा की सत्ता होगी।

गांव में जो बुद्धिमान, सम्पत्तिमान और समझदार लोग होंगे, वे ही गांव के अभिभावक बन जायें और गांव की सेवा करके गांव को राज्य बनाएं। वे इस तरह से काम करे तो निश्चित रूप से फिर ग्रामराज्य से रामराज्य की कल्पना साकार होगी। विनोवा ने समाज के सामने एक दान परम्परा को स्थापित किया है जिसमें भूदान, सम्पत्ति दान, साधन दान, कूप दान, बुद्धि दान, जीवनदान तथा ग्रामदान है। इन सभी का मूलभूत उद्‌देश्य ग्राम स्वराज्य की स्थापना करना है।

विनोवा का ग्रामदान अर्थात् गांव की सभी भूमि सबकी है, किसी एक की नहीं है इसीलिए विनोवा ने कहा कि ''सबै भूमि गोपाल की''। विनोवा का कहना था कि समाज में चाहे हवा हो, पानी हो, भूमि हो, सब कुछ भगवान् का है।[2] भूमि की सेवा करना प्रत्येक का नैतिक धर्म है। ग्रामदान के लिए यह आवश्यक होता है कि भूमिस्वामी प्रेम तथा सौहार्दपूर्ण वातावरण में भूमिहीनों के लिए अपनी भूमि दान करें तथा गांव के लिए त्याग की भावना जागृत करें। भूमिहीन भी जो श्रम ग्रामदान में करें, वह गांव के विकास के लिए करे, तभी ग्रामों का विकास सम्भव हो सकेगा।[1]

विनोवा ने भूमिदान यज्ञ का नाम साम्ययोग रखा है। इसी साम्ययोग की आधारशिला पर विनोवा सर्वोदय समाज की स्थापना करना चाहते थे।

''सर्वोदय'' पद्धति किसी व्यक्ति विशेष का ही हित नहीं चाहती वरन् सम्पूर्ण समाज का उदय हो या हित हो, यह चाहती है। आज विश्व में तीन प्रमुख विचारधाराएं देखने को मिलती है। एक तो पूंजीवाद की, जो पुराना विचार हो गया है यह क्षमता पैदा करना चाहती है, दूसरा विचार समाजवाद है तथा तीसरा साम्यवाद। यह साम्यवाद जो सबको समान महत्व का मानते हुए, सभी चीजें उपलब्ध या प्रदान करने का लक्ष्य रखता है।

साम्ययोग यह मानता है कि मानव में एक ही आत्मा समान रूप से पायी जाती है। यह मानव-मानव में भेद नहीं करता है। यह इस बात पर जोर देता है कि मानव की जो आत्मा में विकास सम्भव है, वह दूसरे प्राणियों की आत्मा में नहीं हो सकता है।

"थातेदारी" का विचार एक प्रकार की वैचारिक क्रान्ति को जन्म देता है। यह स्पष्ट करता है कि हम अपनी चीजों पर जो मालिकी मानते, वह गलत है। यह मान्यता है कि हमारे पास जो भी शक्तियां विद्यमान है वह समाज की सेवा के लिए न कि व्यक्तिगत स्वार्थ की पूर्ति के लिए। सारे समाज के हित में कार्य करना ही, वास्तव में किया गया कार्य होता है।

साम्ययोग के अन्तर्गत हम यह देखते हैं कि हमारे पास जो भी शक्तियां विद्यमान है, वह हमारी नहीं, वरन् समाज के हित के लिए है। समाज का कोई भी व्यक्ति, जो अपनी शक्ति भर समाज का कार्य करता है, वही रोटी पाने का हकदार होता है। नैतिक मूल्यों के समान, आर्थिक मूल्यों में भी श्रम का मूल्य समान होना चाहिए। चाहे वह शारीरिक श्रम करे या बौद्धिक श्रम, किन्तु समाज में आज बौद्धिक श्रम करने वालों को अधिक भुगतान किया जाता है।

विनोवा का यह कहना है कि कुछ विचारक भूदान-यज्ञ को साम्यवाद विरोधी मानते हैं, परन्तु वास्तव में ऐसा कुछ भी नहीं दिखायी देता है। भूदान-यज्ञ तो वास्तव में रचनात्मक कार्यों, को प्राथमिकता प्रदान करता है, वे ग्राम रचना, तालीम में परिवर्तन चाहते है। भूदान का विचार अमीर-गरीब, सब पर लागू होता है। जब एक एकड़ रखने वाला व्यक्ति अपनी मालकियत समाज के हित के लिए छोड़ेगा तो निश्चित रूप से हजार एकड़ वालों को भी अपनी भूमि छोड़नी पड़ेगी, तभी अमीर-गरीब के बीच अन्तर को कम किया जा सकता है तथा सामाजिक न्याय, सभी को समान रूप से प्रदान किया जा सकता है।

## सन्दर्भ

1. दी सोशल कन्ट्रेक्ट : बुक 1, अध्याय 7.
2. वेपर, पृ. 144.
3. दी सोशल कन्ट्रेक्ट, बुक 2, अध्याय 2.
4. वही, बुक 1, अध्याय 7.
5. दी सोशल कन्ट्रेक्ट, बुक 2, अध्याय 3.
6. गांधी जी, आत्म कथा।
7. मनुस्मृति, 4 अध्याय, श्लोक 5.
8. मनुस्मृति, 4 अध्याय, श्लोक 6.
9. मनु., 4/11 पूर्वार्ध।
10. मनु., 7/99.
11. मनु., 7/106.

12. मनु., 7/43.
13. मनु., 7/213.
14. गीता, 3/14.
15. मनु., 1/90.
16. मनु., 7/127.
17. मनु., 7/80.
18. शुक्रनीति, 1/5.
19. शुक्रनीति, 1/108.
20. शुक्रनीति, 4/1284.
21. शुक्रनीति, 3/2.
22. शुक्रनीति, 4/119.
23. शुक्रनीति, 2/392.
24. शुक्रनीति, 3/397.
25. शुक्रनीति, 2/402.
26. महाभारत, शान्तिपर्व, 87/13.
27. वही, 88/5.
28. वही, 120/44.
29. महाभारत, शान्तिपर्व, 87/6.
30. वही, 88/27.
31. चाणक्यसूत्र, 3.
32. कौटिल्य अर्थशास्त्र, 1 अधिकरण, 19 अध्याय, 39 श्लोक।
33. कौटिल्य, 1/19/50.
34. कौटिल्य, 1/19/41.
35. चाणक्यसूत्र 2.
36. चाणक्यसूत्र 3.
37. कौटिल्य, 2/24/1.
38. वही, 2/24/2.
39. वही, 2/24/27.
40. कौटिल्य, 2/24/29, 30.
41. गीता, अध्याय 3, श्लोक 14.

42. एडम स्मिथ, वेल्थ ऑफ नेशन्स, खण्ड 1, अध्याय 8.

43. मो.क. गांधी, ''कुत्सित जीवन और दाम्पत्य विमर्श'', पृ. 47.

44. ग्रे, डेवलपमेंट ऑफ इकोनॉमिक डाक्ट्रिन, पृ. 280.

45. लिस्ट, ''नेशनल सिस्टम ऑफ पोलिटिकस इकोनामी'', पृ. 193.

46. अशोक मेहता, डेमोक्रेटिक सोशलिज्म, पृ. 111-112.

47. गांधी, हिन्द स्वराज्य, सर्वसेवा संघ, राजघाट, वाराणसी।

48. विनोवा, कोटीपाम (श्रीकाकुलम्) 9 अगस्त, 1955.

49. ग्रामदान क्या है ? ग्राम स्वराज्यमाला, सर्वसेवा संघ, वाराणसी, 1965, पृ. 7.

50. विनोवा, सर्वोद्य और साम्यवाद, सर्वसेवा संघ, वाराणसी, पृ. 33.

51. वही, पृ. 35.

# 4

# कार्लमार्क्स के साम्यवादी विचारों का विश्लेषणात्मक अध्ययन

विज्ञान के इतिहास में मार्क्स ने जिन महत्वपूर्ण बातों का पता लगा कर नाम अमर किया हैं, उनमें से हम दो की व्याख्या कर रहे हैं—

पहला तो विश्व इतिहास की अवधारणा में मार्क्स द्वारा लाया गया आमूल परिवर्तन है। पहले का विचार, इतिहास की इस अवधारणा को मानता था कि सभी प्रकार के ऐतिहासिक परिवर्तनों का मूल कारण, मनुष्यों के परिवर्तनशील विचारों से ही प्राप्त होगा तथा राजनैतिक परिवर्तन की भूमिका को भी महत्वपूर्ण मानता था। केवल फ्रांसिसी और कुछ अंग्रेज इतिहासकारों की नवीनतम शाखा में विश्वास था कि कम से कम मध्ययुग में सामाजिक एवं राजनैतिक प्रभुत्व के लिए उदीयमान बुर्जुआ वर्ग का सामन्ती अमीर वर्ग के संघर्ष, यूरोप के इतिहास की प्रेरक शक्ति रही है। मार्क्स ने यह सिद्ध कर दिया कि अब तक का सारा इतिहास वर्ग संघर्षों का इतिहास है।[1]

मध्य युग में सामन्ती शासन का आधार छोटे-छोटे कृषक समुदायों को स्वावलम्बी बनाना था, जो अपनी आवश्यक आवश्यकता की सभी वस्तुओं का उत्पादन कर लेते थे जिसमें विनिमय का पूर्ण रूप से अभाव था। नगरों के विकास के साथ दस्तकारी और परस्पर व्यापार का विकास हुआ जो कि पहले आन्तरिक क्षेत्र में सीमित था। इन सबके साथ बुर्जुआ वर्ग का विकास हुआ। मध्य युग में ही इन्होंने सामन्ती अवस्थाएं लड़ कर एक विशेषाधिकार प्राप्त श्रेणी के रूप में दर्जा प्राप्त कर लिया। 15वीं शताब्दी के बाद से यूरोप के बाहर की दुनिया का पता चलने पर बुर्जुआ वर्ग ने अपना व्यापार और अधिक व्यापक बना लिया जिसका परिणाम हुआ कि उद्योग-धन्धों को प्रेरणा मिली। अब दस्तकारी का

स्थान फैक्ट्रियों ने ले लिया जो बड़े पैमाने पर उत्पादन करने लगी जो कि भाप से चलने वाले इंजन के आविष्कार से सम्भव हो पाया जिसका परिणाम हुआ कि बुर्जुआ वर्ग ने सामाजिक शक्ति तथा आर्थिक शक्ति दोनों का ही अधिकाधिक मात्रा में केन्द्रित कर लिया।

सम्पूर्ण इतिहास की गति, वर्ग संघर्षों तथा वर्ग विरोधों की रही है। शासक और शासित, शोषक और शोषित वर्गों का अस्तित्व बराबर रहा है यह मानव जाति के अधिकांश भाग शोषण की कहानी है। ऐतिहासिक नेतृत्व सर्वहारा वर्ग के हाथ में चला गया है ऐसे वर्ग के हाथ में चला गया है जो अपनी समग्र स्थिति के कारण सम्पूर्ण वर्ग—शासन, सम्पूर्ण दासता एवं सम्पूर्ण शोषण का अन्त करते ही अपने को मुक्त कर सकता है। सामाजिक उत्पादक शक्तियां इतनी विकसित हुई कि बुर्जुआ वर्ग की शक्ति के बाहर हो गयी तथा उसे सर्वहारा वर्ग ले ले ताकि समाज का प्रत्येक सदस्य न केवल सामाजिक सम्पदा के उत्पादन में, बल्कि वितरण और प्रबन्ध में हाथ बटा सके।

मार्क्स ने जिस दूसरी महत्वपूर्ण बात पर जोर दिया वह थी पूंजी तथा श्रम के सम्बन्धों पर। उनका मत था कि वर्तमान समाज में उत्पादन की मौजूदा पूंजीवादी पद्धति के अन्तर्गत किस तरह पूंजीपति, मजदूर का शोषण करता है। वास्तव में समस्त सम्पदा और समस्त मूल्य का स्रोत श्रम ही है। तभी से यह समस्या उठी कि मजदूर अपने श्रम से जिस मूल्य के परिमाण को उत्पन्न करता है, वह पूरा का पूरा उसे नहीं मिलता, बल्कि उसका एक अंश पूंजीपति को दे देना पड़ता है। मार्क्स का विचार था कि समाज की वर्तमान पूंजीवादी पद्धति में दो वर्ग है—एक पूंजीपति वर्ग जिसके हाथों में उत्पादन और जीवन निर्वाह के साधन है, दूसरी ओर सर्वहारा वर्ग है जिसके पास इन दोनों साधनों से वंचित रहने के कारण, बेचने के लिए केवल एकमात्र अपनी श्रमशक्ति है, जिसे जीवन निर्वाह के स्तर को प्राप्त करने के लिए उसे बेचना पड़ता है।

**यूरोपियाई समाजवाद—वैज्ञानिक समाजवाद का अग्रदूत**

विश्व के महान स्वप्नद्रष्टा पृथ्वी पर सुख समृद्धि से भरपूर जीवन में विश्वास करते थे, उन्हें यूरोपियाई समाजवादी कहा जाता था। इन्होंने भावी आदर्श समाज की कल्पना की थी। वास्तव में यूरोपियाई समाजवाद के बारे में कतिपय विचारकों ने अपने तर्क प्रस्तुत किए जो इस प्रकार से है—

अंग्रेज मानवतावादी चिन्तक टामस मोर (1478-1535), इतालवी दार्शनिक तोम्मासो काम्पोनेल्ला (1568-1639), अंग्रेज दार्शनिक रार्बट ओबेन (1771-1758), रूसी विचारक विस्सारिओन वेलीन्स्की (1811-1848)।

टामस मोर—यूरोपियाई समाजवाद के संस्थापक रहे हैं। इन्होंने "यूरोपिया" नामक पुस्तक लिखी है। इस पुस्तक में इन्होंने शोषण से मुक्त एक ऐसे सर्वथा नये अभूतपूर्व और आदर्श समाज का वर्णन किया है जिसमें सभी काम करते हैं, सभी सुखी है। उत्पादन के साधनों पर निजी स्वामित्व में सामाजिक अन्याय होने के कारण, सामाजिक स्वामित्व पर बल देते थे। वास्तव में 19वीं सदी के आरम्भ तक इंग्लैण्ड और फ्रांस में बुर्जुआ क्रान्तियां सम्पन्न हो चुकी थी और पूंजीवाद का विकास तेजी से होने लगा था। औद्योगिक सर्वहारा वर्ग की संख्या में निरन्तर वृद्धि हो रही थी। समाज का बुर्जुआ वर्ग तथा उत्पादन के साधनों से वंचित रहने वाले सर्वहारा वर्ग में अधिकाधिक मात्रा में ध्रुवीकरण होता गया जिसका परिणाम हुआ कि मजदूर वर्गों की स्वतः स्फूर्त कार्यवाहियां होने लगी।

सेन-सीमोन ने श्रम को सामाजिक जीवन का मुख्य अंग माना था तथा सर्वहारा वर्ग तथा वह बुर्जुआ वर्ग के बीच मेल-मिलाप पर बल देता था। राबर्ट ओवेन दस्तकान परिवार में पैदा हुए, इन्होंने औद्योगिक क्रान्ति का पूरा लाभ उठाया तथा सामाजिक सुविधाएं उपलब्ध करवायी जैसे झोपड़ियों में रहने वाले मजदूरों को आरामदेह आवास, बच्चों को स्कूली शिक्षा, शिशु गृह, खाद्यान्न आपूर्ति आदि।

**वैज्ञानिक समाजवाद के निर्माता—मार्क्स और एंगेल्स**

यूरोपियाई समाजवाद सामाजिक विकास के प्रश्नों का सही उत्तर ठीक से नहीं दे पाये जिसको आगे चलकर कार्ल मार्क्स (1818-1883) एंगेल्स (1820-1895) ने दिया। इन लोगों ने यह उत्तर समाजवाद के दो महान खोजों—इतिहास की भौतिकवादी व्याख्या तथा बेशी मूल्य के सिद्धान्त के आधार पर दिया।[1]

मार्क्स एंगेल्स ने उत्पादन साधनों के केन्द्रीयकरण और मुट्ठीभर लोगों के हाथों में सम्पत्ति के संकेन्द्रण जैसे पूंजीवादी उत्पादन के विकास की विशेषताओं की व्याख्या की। बुर्जुआ वर्ग ने लगभग एक सदी में बहुसंख्यक तथा शक्तिशाली उत्पादक शक्तियों का निर्माण किया जितना कि पूर्ववर्ती पीढ़ियों ने किया था। पूंजीवाद का अन्तर्विरोध—उत्पादन के सामाजिक स्वरूप और उत्पादन के साधनों पर निजी स्वामित्व को लेकर हुआ।

एंगेल्स ने सामाजिक विज्ञान में मार्क्स की खोज के महत्व को इस प्रकार से व्यक्त किया है—"जैसे जैव प्रकृति में डार्विन ने विकास के नियम का पता लगाया था, वैसे ही मानव इतिहास में मार्क्स ने विकास के नियम का पता लगाया। राजनीति, विज्ञान, कला, धर्म आदि में लगने से पूर्व मानव जाति को

खाना-पीना, पहनना-ओढ़ना और सिर के ऊपर साया चाहिए।'' इसलिए जीविका के तात्कालिक भौतिक साधनों का उत्पादन किसी युग में या किसी जाति द्वारा उपलब्ध आर्थिक विकास की मात्रा का वह आधार है जिस पर राजकीय संस्थाएं, कानूनी धारणाएं और यहां तक कि धर्म सम्बन्धी धारणाएं भी विकसित होती है। इसलिए इस आधार के प्रकाश में ही इन सम्बन्धी व्याख्या की जा सकती है न कि इससे उल्टा, जैसाकि अब तक होता रहा है।[1]

मार्क्स ने भौतिक परिस्थितियों से आर्थिक परिस्थितियों को पृथक् करके यह सिद्ध किया कि आर्थिक परिस्थितियां ही अन्ततः समाज के विकास को निर्धारित करती है।[2]

किसी भी समाज में भौतिक कार्यकलाप ही लोगों के अन्य कार्यकलाप को निर्धारित करते हैं। ये ही सामाजिक सम्बन्धों को निर्धारित करते है। इतिहास की भौतिकवादी व्याख्या, सामाजिक सत्ता को प्रमुखता प्रदान करती है। मार्क्स एंगेल्स ने सामाजिक आर्थिक प्रणाली की धारणा का प्रतिपादन किया जिसका तात्पर्य है कि सामाजिक विकास की एक निश्चित अवस्था में समाज।

मानव जाति के ऐतिहासिक विकास के सामान्यीकरण के आधार पर मार्क्सवाद ने ऐतिहासिक प्रगति की अवस्थाओं के अनुसार निम्न सामाजिक आर्थिक प्रणालियां निर्धारित की है। आदिम कम्यूनमूलक, दास स्वामित्व वाली, सामन्तवादी, पूंजीवादी। सामाजिक आर्थिक प्रणालियों में क्रमिक परिवर्तन सर्वप्रथम नयी उत्पादक शक्तियों और पुरानी पड़ चुकी उत्पादन सम्बन्धों के बीच बैरभावपूर्ण अन्तर्विरोध की वजह से होते है। इन सबके बीच टकराव का समाधान सामाजिक क्रान्ति के आधार पर होता है। उत्पादन पद्धति, ऐतिहासिक विकास का निर्धारक कारक है जबकि वर्ग और वर्ग संघर्ष, इस विकास की प्रेरक शक्ति है।[3]

श्रमिकों की कंगाली का स्रोत राजनीति के ऊपरी ढांचे में नहीं वरन् समाज की आर्थिक परिस्थितियों में होता है। उत्पीड़न और शोषण से मजदूर वर्ग और समूचे मेहनतकशों की मुक्ति मुख्यतः उत्पादन पद्धति और आर्थिक क्षेत्र में क्रान्ति से जुड़ी हुई है।

मार्क्सवाद ने पूंजीवाद से समाजवाद में संक्रमण सम्पन्न करने में समर्थ एक सामाजिक शक्ति सर्वहारा वर्ग की खोज की। सर्वहारा वर्ग का आविर्भाव और विकास, भौतिक उत्पादन, उद्योग के विकास से जुड़ा हुआ है। सर्वहारा वर्ग, औद्योगिक उत्पादन और उत्पादक शक्तियों के विकास में निर्णायक भूमिका अदा

करता है। वह समाज द्वारा उत्पादित उत्पादों के एक भारी हिस्से का निर्माण करती है। वह जटिल मशीनों का इस्तेमाल करने वाले बड़े उद्यमों में श्रम करता है। उद्योग का विकास मजदूरों की संख्या में वृद्धि लाता है। सर्वहारा वर्ग की भूमिका बढ़ती है जबकि इसके उल्टे, बुर्जुआ वर्ग, उत्पादन से अधिकाधिक दूर हटता जाता है और उसके विकास में बाधा डालने वाला का एक वर्ग बन गया है।

मार्क्स ने सर्वहारा वर्ग को एक सुसंस्कृत रूप से क्रान्तिकारी वर्ग माना है। पूंजीवादी समाज में अपनी वस्तुगत स्थिति अर्थात् सर्वहारा वर्ग, उत्पादन साधनों का स्वामी नहीं होता है, वरन् अपने श्रम को बेचता है और उसके श्रम के बड़े भाग को पूंजीपति अपने मुनाफे के रूप में हस्तगत कर लेता है। सर्वहारा वर्ग, हर शोषण के खिलाफ संघर्ष करता है, सभी मेहनतकशों और शोषितों के क्रान्तिकारी संघर्ष की अगुआई करता है।

मार्क्स एंगेल्स ने इतिहास की भौतिकवादी व्याख्या मूलतः सामाजिक जीवन के नये आधारों पर आधारित है, जो इस प्रकार से है—

1. समाज का इतिहास, विकास की ऐतिहासिक प्रक्रिया है।
2. सामाजिक जीवन की प्रक्रियाओं का विश्लेषण सामाजिक-आर्थिक प्रणाली की धारणा पर आधारित है।
3. उत्पादन का सामाजिक स्वरूप हस्तगत के निजी पूंजीवादी स्वरूप से टकराता है।
4. उत्पादक शक्तियों और उत्पादन सम्बन्धों के बीच टकराव, वैरभावपूर्ण वर्गों के बीच संघर्ष में व्यक्त होता है तथा सामाजिक क्रान्ति के माध्यम से हल होता है।
5. वर्ग-संघर्ष बैरभावपूर्ण वर्गों के ऐतिहासिक विकास की प्रेरक शक्ति है।

लाक्स के अनुसार "मार्क्स के दिनों में इतिहास में से सृजनात्मक तत्वों की खोज निकालना सबकी अपेक्षा अधिक नूतन तथा साहसपूर्ण बात थी। अब तो बहुत से इतिहासवेत्ता ऐतिहासिक घटनाओं के कारणों का अध्ययन करने में दिलचस्पी ले रहे है। मार्क्स ने ऐसा कुछ करने का प्रयास किया, जिसे इतिहासकार या अर्थशास्त्रियों ने उस समय तक नहीं किया था।"[1]

लेनिन ने यह बताया कि लोग अपना इतिहास स्वयं बनाते है लेकिन उनके अभिप्रेरण या सामूहिक लोगों के अभिप्रेरण किस प्रकार बनते है, विरोधी विचारों

तथा प्रयासों के कारण क्या होते है? समग्र समुदायों के बीच विद्यमान ये संघर्ष कुल मिलाकर कितने हैं, जीवन के उन भौतिक साधनों के उत्पादन के लिए, जो मानव की समस्त ऐतिहासिक गतिविधि के आधार बनते है, वास्तविक स्थितियां क्या है तथा इन स्थितियों के विकास के क्या नियम है?[2]

मार्क्स ने ''दि पावर्टी आफ फिलासफी'' में स्पष्ट किया है कि अर्थशास्त्री बताते हैं कि उल्लिखित सम्बन्धों की अवस्था में उत्पादन कैसे होता है लेकिन वे यह नहीं बताते है कि स्वयं वे सम्बन्ध ही कैसे पैदा हुए अर्थात् उन्हें जन्म देने वाली ऐतिहासिक गतिविधि की वे व्याख्या नहीं करते है।[3]

एंगेल्स ने मार्क्स के विचारों की व्याख्या करते हुए स्पष्ट किया है कि समस्त सामाजिक परिवर्तनों तथा राजनीतिक क्रान्तियों के अन्तिम कारण मनुष्यों के मस्तिष्क में शाश्वत सत्य तथा न्याय सम्बन्धी, उनकी गहरी अन्तर्दृष्टि में नहीं खोजे जाने चाहिए, वरन् उत्पादन पद्धति तथा विनिमय व्यवस्था में आए परिवर्तनों में ढूंढ़े जाने चाहिए। ये कारण दर्शन में नहीं सम्बन्धित काल की आर्थिक प्रणाली में खोजे जाने चाहिए।[1]

हैरी डब्लू. लेडलर ने इतिहास की भौतिकवादी के सम्बन्ध में स्पष्ट किया है कि किसी काल विशेष में समाज के आर्थिक सम्बन्ध के आधार वे साधन हैं जिनमें स्त्री, पुरुष अपना जीवन निर्वाह करते हैं, आवश्यक वस्तुएं पैदा करते है, विनिमय वितरण करते है तथा समाज की प्रगति की रूपरेखा निर्धारित करते है।[2]

प्रो. बोबर ने मार्क्स के सम्बन्ध में स्पष्ट बताया कि उत्पादन इतिहास का अथ और इति है। बाकी सब कुछ तो निश्चय ही सुप्रकट प्रसंग से बाहर की बात है। अन्य अभिकरणों द्वारा किये गये कुछ परिवर्तनों, कुछ प्रतिगति या द्रुतगति के अलावा उत्पादन पद्धति का इतिहास का एकमात्र कारण रही है।[3]

**बेशी मूल्य का सिद्धान्त**

मार्क्सवाद के विचारों की दूसरी महत्वपूर्ण उपलब्धि बेशी मूल्य का सिद्धान्त है जिसके परिणामस्वरूप वैज्ञानिक समाजवाद की स्थापना हुई। मार्क्स के इस सिद्धान्त की व्याख्या एंगेल्स ने किया है कि पूंजीवादी उत्पादन प्रणाली और उसके अंतर्गत होने वाले मजदूर के शोषण का आधार बिना भुगतान किए हुए अदत्त श्रम का हस्तान्तरण है। अगर पूंजीपति अपने मजदूर की श्रम शक्ति को बाजार में बिकने वाले माल के रूप में पूरा दाम देकर खरीदता है तो भी वह उससे, जितना वह उस पर खर्च करता है, उससे अधिक मूल्य निकाल लेता है।

इस बेशी मूल्य से ही मूल्यों के वे परिमाण बनते है जिनसे सम्पत्तिधारी वर्गों के बीच में निरन्तर बढ़ती हुई पूंजी की राशि एकत्र होती जाती है।[1] बेशी मूल्य उजरती मजदूर द्वारा अपनी श्रम शक्ति के मूल्य के ऊपर निर्मित मूल्य है जिसे पूंजीपति बिना किसी मुआवजे के हस्तगत कर लेता है।

मार्क्स की मान्यता थी कि पूंजीवाद के अन्तर्गत कार्य दिवस में काम के घण्टे, श्रम के इस औसत घण्टे से अधिक होंगे, जिनमें श्रमिक के जीवन निर्वाह की चीजें पैदा की जा सके। इस अतिरिक्त घण्टे में वह जो मूल्य पैदा करता है वह बेशी मूल्य होता है अर्थात् श्रमिकों द्वारा उत्पादित मूल्य। लेकिन जो स्वयं प्राप्त नहीं कर पाते, क्योंकि उनकी मजदूरी तो उनके जीवन निर्वाह मूल्य के बराबर होती है।[2]

मार्क्स ने बताया कि हमारे पूंजीपति के सामने दो उद्देश्य है—प्रथम तो वह प्रयोग मूल्य पैदा करना चाहता है जिसका विनिमय मूल्य होता है। दूसरा—ऐसी वस्तुएं पैदा करना चाहता है जिनका मूल्य, उसके उत्पादन में प्रयुक्त सभी वस्तुओं के कुल मूल्य से अधिक हो। अर्थात् पूंजीपति का उद्देश्य एक प्रयोग मूल्य ही पैदा करना नहीं, वरन् एक वस्तु भी पैदा करना होता है, न केवल प्रयोग मूल्य वरन् मूल्य, न केवल मूल्य वरन् इसके साथ-साथ बेशी मूल्य भी पैदा करना होता है।[3]

मार्क्स का यह मानना है कि सामान्य तथा औसत लाभ वस्तु को उसके वास्तविक मूल्य से अधिक नहीं, वरन् सामाजिक मूल्य पर बेचने से होता है।[4]

वास्तव में बेशी मूल्य के सिद्धान्त का प्रतिपादन करके मार्क्स ने पूंजीवादी शोषण के रहस्य को उद्घाटित किया। पूंजीपति उत्पादन का संगठन करते हुए उत्पादन साधनों तथा श्रम शक्ति खरीदने पर एक निश्चित धनराशि खर्च करती है, उसका एकमात्र उद्देश्य होता है कि उससे कहीं अधिक धनराशि अर्थात् बेशी मूल्य को पाना जितना कि प्रारम्भ में उसने लगाया था। श्रम शक्ति की यह विशिष्टता है कि मजदूर अपनी श्रम प्रक्रिया में बेशी मूल्य का निर्माण कर सकता है। पूंजीपति श्रमिक को उससे अधिक श्रम करने के लिए बाध्य कर सकता है जितना कि श्रम शक्ति के मूल्य के पुनरुत्पादन के लिए जरुरी होती है। मार्क्स का विचार है कि बेशी मूल्य पूंजीवादी अर्थतन्त्र का हृदय तथा आत्मा है। पूंजीपति जब सम्पूर्ण बेशी मूल्य वसूल करता है तो वह श्रमिक का पूर्ण शोषण होता है। श्रम शक्ति का मूल्य आजीविका के उन साधनों के मूल्य द्वारा निर्धारित होता है,

जो मजदूर के सामान्य कार्य-कलाप और उसके परिवार के भरण-पोषण के लिए, शिक्षा और सांस्कृतिक जरुरतों की पूर्ति के लिए आवश्यक होती है। श्रम शक्ति के मूल्य का आकार समाज के विकास के साथ परिवर्तित होता रहता है तथा अलग-अलग देशों के आर्थिक विकास के स्तर, राष्ट्रीय विशिष्टताओं तथा ऐतिहासिक विकास पर निर्भर करता है।

बेशी मूल्य के सिद्धान्त की खोज मार्क्स ने अपनी महत्वपूर्ण कृति "पूंजी" (19वीं सदी के पांचवे दशक से लेकर 1883 तक) में की। मार्क्स ने इसमें पूंजीवाद के विकास का विश्लेषण तथा क्रान्तिकारी स्वरूप की व्याख्या की है।[1] मार्क्स ने शोषणकारी सार तथा मजदूर वर्ग एवं बुर्जुआ वर्ग के बीच वैरभावपूर्ण अन्तःविरोधों के कारण पर प्रकाश डाला है। मार्क्स के इतिहास की भौतिकवादी व्याख्या और बेशी मूल्य के सिद्धान्त ने समाजवादी क्रान्ति, पूंजीवादी उत्पादन पद्धति के विनाश और समाजवाद की अनिवार्यता को वैज्ञानिक स्वरूप प्रदान किया। वास्तव में "समाजवाद किसी सूझ-बूझ वाले मस्तिष्क की आकस्मिक खोज का फल न रह गया, अब वह ऐतिहासिक रूप से विकसित दो वर्गों, सर्वहारा वर्ग और बुर्जुआ वर्गों के संघर्ष का अनिवार्य परिणाम माना जाने लगा।"[1]

लेनिन ने मार्क्स के विचारों की व्याख्या करते हुए कहा कि यह "समाजवादी समाज के निर्माता के रूप में सर्वहारा वर्ग की विश्व ऐतिहासिक भूमिका का स्पष्टीकरण है।"[2] इस कथन से स्पष्ट है कि लेनिन ने मार्क्स के विचारों पर अपना मत व्यक्त करते हुए स्पष्ट किया कि सर्वहारा वर्ग की प्रमुख भूमिका, समाजवादी समाज के निर्माता के रूप में की जाती है।

वास्तव में किसी भी समाज में मजदूर वर्ग ही ऐसा वर्ग है जो शोषण प्रणाली को समाप्त करने, समाजवाद की विजय के लिए विश्व ऐतिहासिक संघर्ष का नेतृत्व करने में सामर्थ्यशाली सिद्ध होता है। मजदूर वर्ग यानी कि क्रान्तिकारी वर्ग की रचनात्मक भूमिका इस कारण भी प्रभावकारी होती है क्योंकि वह समाज में मुख्य उत्पादक शक्ति होने के साथ-साथ बुर्जुआ समाज द्वारा सबसे अधिक शोषित वर्ग भी है। मजदूर वर्ग ही भौतिक सम्पदा का निर्माण करते हैं लेकिन पूंजीवादी समाज में उसे बुर्जुआ वर्ग अपने अधिकार क्षेत्र में संकुचित कर लेता है। इसके अतिरिक्त मजदूर वर्ग ही ऐसा एकमात्र वर्ग है जिसका उत्पादन साधनों पर निजी स्वामित्व नहीं होता, इसलिए वह सामाजिक स्वामित्व पर जोर देता है। समाज में सर्वहारा वर्ग सबसे अधिक संगठित वर्ग है।

मार्क्स ने अपनी प्रसिद्ध पुस्तक "कैपिटल" में लिखा है कि कोई व्यक्ति उद्योग का नेता है इसलिए वह पूंजीपति है, ऐसा नहीं होता। इसके विपरीत वह किसी उद्योग का नेता इसलिए होता है क्योंकि वह पूंजीपति होता है।[3] इस वर्ग में कुछ जो मध्यम वर्ग के होते है वे अनिश्चित काल तक नहीं बने रह सकते, क्योंकि मध्यम श्रेणी के निचले स्तर के लोग, छोटे व्यापारी, दुकानदार तथा धन्धा छोड़े हुए व्यापारी एवं दस्तकार और किसान के, सब धीरे-धीरे मजदूर वर्ग में मिल जाते हैं। इसका कारण यह होता है कि उनकी धीरे-धीरे घटती पूंजी, इतनी पर्याप्त नहीं होती कि उससे उस स्तर पर काम किया जा सके, जिस स्तर पर आधुनिक उद्योग चलते हैं और बड़े पूंजीपतियों के प्रतियोगिता होने पर उखड़ जाते है, इसका अन्य कारण उनकी विशिष्टतापूर्ण योग्यता उत्पादन के नये-नये तरीकों के कारण बेकार हो जाती है।[1]

मार्क्स एंगेल्स के अनुसार ऐतिहासिक रूप से बुर्जुआ लोगों ने सर्वाधिक क्रान्तिकारी भूमिका अदा की है। जहां पर बुर्जुआ वर्ग का प्रभुत्व हुआ है वहां उन्होंने समस्त सामन्तवादी सम्बन्धों को समाप्त कर दिया। इन्होंने वे मजबूत सामन्तवादी बन्धन निर्दयतापूर्वक तोड़कर समाप्त कर दिए, जो मनुष्य को उसके स्वाभाविक रूप से श्रेष्ठ लोगों के साथ बांधे हुए थे।

मार्क्स तथा एंगेल्स की धारणा है कि धनिकों तथा निर्धनों के हितों में परस्पर अन्त:विरोध होते रहते है जिसके कारण संघर्ष की स्थिति उत्पन्न हो जाती है।

मार्क्सवाद के संस्थापकों ने यह स्पष्ट किया है कि सर्वहारा वर्ग न केवल सबसे उत्पीड़ित वर्ग, बल्कि बुर्जुआ समाज के अन्तर्गत वास्तव में क्रान्तिकारी वर्ग है। बुर्जुआ वर्ग के प्रभुत्व के खिलाफ उसका संघर्ष पूंजीवादी उत्पादन पद्धति के उन्मूलन की ओर, वर्गों तथा वर्ग संघर्ष को अन्तिम रूप से मिटाने के लिए परिस्थितियों के निर्माण की ओर ले जाता है।

मार्क्स ने सर्वहारा वर्ग को सभी उत्पीड़ित तथा शोषित जनसाधारण का स्वाभाविक प्रणेता माना। इस संघर्ष में सक्रिय भूमिका लेने के कारण ही मजदूरों में वर्गीय चेतना का जागरण हुआ। शोषण से अपने को मुक्त करके वह सम्पूर्ण समाज को उससे मुक्त कराता है।

मार्क्स एंगेल्स ने यह प्रमाणित रूप से स्पष्ट किया कि पूंजीवाद से समाजवाद में संक्रमण केवल क्रान्तिकारी ढंग से ही सम्पन्न किया जा सकता है जिसका उद्देश्य है कि पूंजीवाद प्रणाली को बलपूर्वक हटाकर ही समाजवाद की प्राप्ति

की जा सकती है। सर्वहारा वर्ग के पास अपनी बेड़ियों के सिवाय खोने के लिए कुछ नहीं है। जीतने के लिए उनके सामने सारी दुनिया।[1]

अत्युत्पादन होने से स्वदेश में होने वाले इन परिणामों के साथ-साथ पूंजीपति मालिक अपने अतिरिक्त माल के लिये विदेशों में बाजार खोजने के प्रयास करते है। राजसत्ता का उपयोग करके जिसका वे नियंत्रण करते हैं, वे पूंजीपति साम्राज्यवाद का सृजन करते है। ये अन्त:विरोध "वित्त पूंजी" आने के समय तक पूंजीवाद की नीवें बहुत अधिक कमजोर कर देते हैं और साम्राज्यवादी युद्ध के दौरान में अपनी सीमा तक पहुंच जाते है। उस समय एक क्रान्ति होगी और यदि मजदूर वर्ग ठीक ढंग से तैयार है तथा साम्यवादी दल के नेतृत्व में संगठित है तो नियंत्रण की बागडोर अपने हाथ में ले लेगा और लेकर रहेगा।[2]

मार्क्स एंगेल्स ने "सर्वहारा वर्ग के अधिनायकवाद" पर अपना विचार व्यक्त करते हुए बताया कि "सर्वहारा वर्ग का अधिनायकवाद" पद का प्रयोग न करते हुए उसके निष्कर्षों को स्पष्ट किया है तथा बताया है कि समाजवादी क्रान्ति की दिशा में प्रथम पग सर्वहारा वर्ग का शासक वर्ग बन जाना है। मार्क्स ने "दुनिया के मजदूरों एक हो", का नारा देकर सर्वहारा अन्तर्राष्ट्रीयवाद के सिद्धान्त का प्रतिपादन किया। पूंजी एक अन्तर्राष्ट्रीय शक्ति है उसके प्रभुत्व को समाप्त करने के लिए अन्तर्राष्ट्रीय सह-सम्बन्ध करना आवश्यक है।

मार्क्स ने 1871 के पेरिस कम्यून का सर्वहारा वर्ग के अधिनायकवाद की स्थापना करने के प्रथम प्रयास के रूप में स्वागत किया।

## वैज्ञानिक समाजवाद का विकास तथा लेनिन की अवस्था

लेनिन (1870-1924) ने मार्क्स तथा एंगेल्स की सैद्धान्तिक विरासत को आगे बढ़ाने का प्रयास किया। मार्क्स के बाद स्वतन्त्रता आन्दोलन के इतिहास में लेनिन जैसा असाधारण व्यक्तित्व वाला व्यक्ति कभी नहीं आया। उसका संपूर्ण जीवन मार्क्सवाद की पवित्रता, मेहनतकशों की खुशहाली के लिए अनवरत संघर्ष का रहा है। वैज्ञानिक समाजवाद के विकास में लेनिन का विचार साम्राज्यवाद की परिस्थितियों में सर्वहारा वर्ग के क्रान्तिकारी संघर्ष के अनुभव के सामान्यीकरण, समाजवादी क्रान्ति का निर्धारण, पूंजीवाद से समाजवाद में मानव जाति के संक्रमण के निर्माण से जुड़ा हुआ है। लेनिनवाद साम्राज्यवाद और सर्वहारा वर्ग के क्रान्तियों

के युग का, साम्राज्यवाद के पतन और राष्ट्रीय मुक्त क्रान्तियों की विजय के युग का, पूंजीवाद से समाजवाद में मानव जाति के संक्रमण के युग का मार्क्सवाद है।

लेनिन के अनुसार वित्त पूंजी की प्रकृति एकाधिकारी होती है तथा यह प्रतियोगिता का स्थान ले लेगी। एकाधिकार स्वतन्त्र प्रतियोगिता का प्रत्यक्ष विरोधी होता है लेकिन हमने अपनी आंखों के सामने निर्बाध प्रतियोगिता को एकाधिकार में परिवर्तित होते देखा है जिससे बड़े पैमाने पर उत्पादन होता है। छोटे पैमाने पर होने वाला उत्पादन समाप्त हो जाता है।[2]

लेनिन ने अपनी पुस्तक "साम्राज्यवाद पूंजीवाद की चरम अवस्था", (1916) में यह बताया है कि पूंजीवाद 19वीं और 20वीं सदियों के सन्धिकाल में काफी बदल गया था और उसने अपनी चरम और अन्तिम अवस्था में साम्राज्यवाद में प्रवेश किया। उनके मुख्य अन्तःविरोधों श्रम + पूंजी के बीच उत्पादन के सामाजिक स्वरूप और हस्तगतकरण की निजी पद्धति के बीच अन्तःविरोधों को निर्धारित किया। साम्राज्यवाद, पूंजीवाद के विरोधों के कारण उस सीमा तक पहुंच जाता है जहां से क्रान्ति प्रारम्भ होती है। साम्राज्यवाद, पूंजीवाद की अन्तिम अवस्था, समाजवादी क्रान्ति की पूर्व बेला है।

पूंजीवादी साम्राज्यवाद का जन्म उस समय होता है जब पूंजीवादी उत्पादन से पैदा किए जाने वाले अन्तःविरोध एक राष्ट्र की अपेक्षा, विश्वव्यापी स्तर पर काम करने लगते है। वित्त पूंजी तथा एकाधिकार, जब राष्ट्रीय सीमाओं से आगे निकल जाते हैं तो सर्वत्र अपनी प्रभुता स्थापित करने, न कि स्वतन्त्रता स्थापित करने के लिए प्रयास करते है। राष्ट्रीय अत्याचार विशेष रूप से भीषण होता है अन्य राष्ट्रों को अपने में मिलाने अर्थात् राष्ट्रीय स्वाधीनता भंग करने के प्रयास होते हैं।[1]

लेनिन का मत है कि साम्राज्यवाद के अन्तर्गत विकास असमान होते है, अनियमित होते है। पूंजीवादी देशों के बीच अन्तःविरोध बढ़ जाते है जो साम्राज्यवाद को कमजोर बनाते है। अतः सर्वहारा वर्ग द्वारा साम्राज्यवादी मोर्चे में एक या कई स्थानों पर दरार पैदा करना, समाजवाद द्वारा पहले कुछ पूंजीवादी देशों या उनमें से एक देश तक में विजय पाना सम्भव हो जाता है। लेकिन सभी देशों में एक साथ समाजवाद की विजय नहीं हो सकती।

रूस में 1917 की अक्टूबर की समाजवादी क्रान्ति का सामान्यीकरण करते हुए लेनिन ने यह निष्कर्ष निकाला कि रूसी क्रान्ति की मुख्य विशिष्टताएं हैं:

जैसे सर्वहारा वर्ग का अधिनायकत्व, मजदूर वर्ग तथा किसानों के बीच सह-सम्बन्ध आदि। लेनिन ने श्रम की उत्पादकता को समाजवाद की वृद्धि में महत्वपूर्ण माना। मजदूर वर्ग द्वारा राज्य सत्ता जीतने और उद्योग का राष्ट्रीयकरण करने के बाद "पूंजीवाद से श्रेष्ठकर सामाजिक प्रणाली के निर्माण अर्थात् श्रम उत्पादकता बढ़ाने और इस सिलसिले में बेहतर संगठन का कार्यभार आवश्यक रूप से प्रथम स्थान प्राप्त करता है।"[1]

रूस में अक्टूबर क्रान्ति की विजय के उपरान्त मजदूर वर्ग में एक नयी चेतना का प्रादुर्भाव हुआ जिसने सारी दुनिया के श्रमिकों पर क्रान्तिकारी प्रभाव डाला।

समाजवाद का निर्माण, पूंजीवाद द्वारा तैयार किए गए आधार पर किया जाता है। मार्क्स, एंगेल्स ने नयी समाजवादी प्रणाली की स्थापना और विकास के काल-विभाजन को स्पष्ट किया। उनके अनुसार इस मार्ग पर समाज को विकास की गुणात्मक रूप से तीन अवस्थाओं में बांटा जा सकता है—

1. संक्रमण अवधि
2. समाजवाद
3. कम्युनिज्म

### 1. संक्रमण अवधि

इसमें उत्पादन साधनों के समाजीकरण का अर्थ है उत्पादन के मुख्य साधनों पर सम्पूर्ण समाज का स्वामित्व कायम करना, जो एकीभूत सामान्य योजना के अनुसार उत्पादक शक्तियों के नियोजित विकास के लिए सम्भावनाओं का निर्माण करता है। उत्पादन साधनों का समाजीकरण दो मुख्य रूपों में होता है—प्रथम-राजकीय, द्वितीय-सहकारी। सोवियत संघ में संक्रमण अवधि में समाजवाद के निर्माण के लिए नयी आर्थिक नीति का बड़ा महत्व था। हस्तक्षेप तथा गृहयुद्ध के वर्षों में बर्बाद हो चुकी अर्थव्यवस्था को अल्पकाल में ही सुधार लिया गया तथा देश का औद्योगीकरण कियां गया। किसानों ने सामूहिक कृषि पद्धति अपनायी।

### 2. समाजवाद

आर्थिक क्षेत्र में समाजवाद, उत्पादन की समाजवादी पद्धति है। उसकी प्रमुख विशेषता उत्पादन साधन, सम्पूर्ण समाज के होते है। उत्पादन साधनों के समाजीकरण के आधार पर निजी स्वामित्व का, मनुष्य द्वारा मनुष्य के शोषण का उन्मूलन कर दिया जाता है। उत्पादन के साधनों पर सम्पूर्ण समाज का समान अधिकार होता

है। उत्पादन का उद्देश्य निजी उद्यमी द्वारा मुनाफा कमाना नहीं वरन् समाज के सभी सदस्यों की भौतिक और सांस्कृतिक आवश्यकताओं को अधिकतम सन्तुष्ट करना होता है। श्रम सबके लिए अनिवार्य होता है।

### 3. कम्युनिज्म

यह नये समाज की आर्थिक, सामाजिक और आत्मिक परिपक्वता की सर्वोच्च अवस्था का द्योतक है। यह एक वर्गविहीन सामाजिक प्रणाली है जिसमें उत्पादन साधनों पर जनता का सामान्य स्वामित्व होता है। समाज के सभी सदस्यों की पूर्ण सामाजिक समानता होती है। लोगों के बहुमुखी विकास के साथ-साथ विज्ञान एवं प्रौद्योगिकी के निरन्तर विकास के आधार पर उत्पादक शक्तियां भी बढ़ती है। इसमें सार्वजनिक स्वशासन की स्थापना होती है। पूर्ण कम्युनिज्म उत्पादक शक्तियों, भौतिक और सांस्कृतिक उत्पादन के उच्चतम विकास पर आधारित होगा। श्रम मनुष्य का स्वतन्त्र रचनात्मक कार्यकलाप, पहली आवश्यकता बन जायेगा। राज्य धीरे-धीरे समाप्त हो जायेंगे। सार्वजनिक स्वशासन, राज्य का स्थान ले लेगी। इसका उद्देश्य है व्यक्ति का सर्वांगीण सामन्जस्यपूर्ण विकास प्राप्त करना।

## सन्दर्भ


1. मार्क्स एगेल्स लेनिन, "ऐतिहासिक भौतिकवाद", प्रगति प्रकाशन, मास्को, 1979, पृ. 71-72.
2. वही, पृ. 74
3. "समाजवाद क्या है?" द. क्लेमेन्त्येव त. वसील्येवा, प्रगति प्रकाशन, मास्को, 1988, पृ. 5.
4. वही, पृ. 11.
5. वही, पृ. 17.
6. का. मार्क्स, जे. एंगेल्स, रचनावली, खण्ड 19, पृ. 350-351 (रुसी में)
7. 'समाजवाद क्या है?', द क्लेमेन्त्येव त. वसील्येवा, पृ. 20.
8. 'समाजवाद क्या है?' पृ. 21-22.
9. लॉक्स, तुलनात्मक अर्थ पद्धति, पृ. 112.
10. वी.आई. लेनिन, दी टेकनिक्स आफ कार्ल मार्क्स : हैण्डबुक आफ मार्क्सिज्म, पृ. 545.
11. हैण्ड बुक आफ दी मार्किसज्म, पृ. 350.
12. एफ. एंगेल्स, एण्टी डुहरिंग, हैण्डबुक आफ दी मार्क्सिज्म, पृ. 279.
13. हैरी डब्लू. लेडलर, ए हिस्ट्री आफ सोशलिस्ट थाट, पृ.199.

14. एम.ए. बोबर, कार्ल मार्क्स इण्टरप्रेटेशन आफ हिस्ट्री, पृ. 274.

15. कार्ल मार्क्स, फे. एंगेल्स, संकलित रचनाएं, खण्ड 3, भाग 1, 1978, पृ. 165.

16. लाक्स, तुलनात्मक अर्थ पद्धति, पृ. 153-54.

17. मार्क्स, कैपिटल, मार्डन लाइब्रेरी अंक, पृ. 207.

18. मार्क्स, वैलू, प्राइस एण्ड प्रॉफिट, पृ. 44-45.

19. समाजवाद क्या है?, पृ. 26.

20. कार्ल मार्क्स, के. एंगेल्स, संकलित रचनाएं, खण्ड 3, भाग 1, पृ. 164.

21. लेनिन, संकलित रचनाएं, 10 खण्डों में, खण्ड 4, मास्को प्रगति प्रकाशन, 1982, पृ. 186.

22. मार्क्स, कैपिटल, पृ. 365.

23. कम्युनिस्ट मैनिफेस्टो, हैण्डबुक आफ दी मार्क्सिज्म, पृ. 31.

24. कार्ल मार्क्स, एंगेल्स, संकलित रचनाएं, खण्ड 1, भाग 1, 1978, पृ. 168.

25. लाक्स, तुलनात्मक अर्थ पद्धति, पृ. 183.

26. समाजवाद क्या है?, पृ. 35.

27. लेनिन, इम्पीरिलिज्म : दी हाईएस्ट स्टेज आफ कैपिटिलिज्म, हैण्डबुक आफ दी मार्क्सिज्म पृ. 699.

28. लेनिन, वही, पृ. 719-720.

29. लेनिन, संकलित रचनाएं, खण्ड 8, 1984, पृ. 33.

# 5

# रूस, चीन एवं अन्य देशों में साम्यवादी विचारों का स्वरूप

## रूस की साम्यवादी आर्थिक प्रणाली

विश्व के साम्यवादी देशों में रूस की आर्थिक प्रणाली प्रमुख रूप से मानी जाती है। सोवियत संघ की साम्यवादी विचारधारा के सम्बन्ध में वहां के अधिकारियों ने कभी नहीं कहा कि "पूर्ण साम्यवाद" प्राप्त हो चुका है।

रूस में निरंकुश राजतन्त्र का अन्त 1905 में औद्योगिक केन्द्रों में दंगों और हड़तालों के साथ हो गया था। जार सरकार ने कई रियायतों की घोषणा की जिसके परिणामस्वरूप संवैधानिक राजतन्त्र नाममात्र के लिए बना। लॉक्स के अनुसार "वास्तव में भ्रष्ट नौकरशाही और व्यवहारतः निरंकुश राजतंत्र अब भी चलता रहा।"[1] प्रथम विश्व युद्ध के समय रूस अपने मित्र राष्ट्रों की ओर से लड़ता रहा। उस समय शासक वर्ग में व्याप्त रिश्वत और भ्रष्टाचार ने राजतंत्र को अत्यन्त दुर्बल बना दिया था। 1916-17 में गोला-बारूद निर्माताओं के प्रतिनिधियों को रिश्वत देने में प्रतिस्पर्द्धा के लिए मजबूर होना पड़ा था। रिश्वत लेने के कारण सेना को निम्न स्तर की सामानों आपूर्ति की गयी जिससे युद्ध में काफी कठिनाई का सामना उठाना पड़ा था। जार के शासन का अन्त होने की स्थिति आ रही थी।[2]

मार्च 1917 में साम्यवादी क्रान्ति हुई। सेना सम्राट को अपनी गद्दी से हटना पड़ा जिसका परिणाम हुआ कि रूस में दो वर्ग देश का नियन्त्रण अपने हाथों में केन्द्रित करने के लिए आतुर होने लगे, वे थे—

1. अस्थायी केरेंस्की सरकार
2. मजदूरों की सोवियत सरकार

लेनिन के वोलशेविक दल तथा केरेंस्की के दलों के बीच संघर्ष चला जिसमें लेनिन के दल वोलशेविक की विजय हुई। इसी समय वोलशेविक ने अपनी सरकार घोषित की। न्यायपालिका तथा कार्यपालिका का अधिकार, "जनता के आयुक्तों की एक परिषद्" बनाकर सौंप दिया गया। 1923 में कार्ल मार्क्स का स्वप्न पूरा हुआ। संघीय संविधान को स्वीकारा गया तथा "सोवियत समाजवादी गणराज्य संघ की स्थपना हुई।" 1924 में लेनिन की मृत्यु हो गयी जिसके परिणामस्वरूप स्टालिन तथा ट्राटस्की के बीच संघर्ष हुआ जिसमें स्टालिन की जीत हुई। रूस ने 1926 में अपनी प्रथम पंचवर्षीय योजना, योजनाबद्ध आर्थिक विकास को ध्यान में रखकर प्रारम्भ की ताकि देश का तीव्र गति से विकास हो सके।

**रूस की अर्थव्यवस्था की विशेषताएं**

इस देश की अर्थव्यवस्था की बहुत सी विशेषताएं है, जो इस प्रकार से है—

**1. रूस की कार्यशील प्रणाली**—1918 में इस देश की भूमि का समाजीकरण हो गया। उद्योग-धन्धों के भौतिक उपकरण भी समाज की सम्पत्ति हो गए। सभी आर्थिक क्रियाएं सार्वजनिक क्षेत्र में आ गयी। केवल कुछ उत्पादन तथा विनियम कार्यों को छोड़कर सारे आर्थिक कार्य, राज्य के सीधे स्वामित्व और नियंत्रण में आ गए। इसे मजदूरों तथा किसानों का समाजवादी राज्य कहा जाता है। उद्योग-धन्धों के उत्पादन के साधन तथा उपकरण पर समाज का स्वामित्व हो गया था। कुछ छोटे उद्योग-धन्धे निजी क्षेत्र में उसी रूप में है कि वे श्रमिकों का शोषण न करें। सभी काम करने वाले व्यक्तियों को अपनी योग्यतानुसार कार्य करना अनिवार्य है। देश की अर्थव्यस्था का विकास क्रमबद्ध तरीके से हो रहा था।

**2. योजना आयोग का गठन**—राज्य की सर्वोच्च सत्ता सुप्रीम सोवियत में निहित है जो कि उसकी व्यवस्थापिका सभा है। इस सुप्रीम सोवियत की एक संस्था 'प्रेसीडियम' कहलाती है जो व्यवस्थापिका सभा की कार्यकारिणी है। राज्य योजना आयोग मंत्रिमंडल की एक प्रकार की उपसमिति है। यह राज्य की आर्थिक योजनाओं के निर्माण और सम्पादन के निरीक्षण में महत्वपूर्ण भूमिका निभाती है। आयोग के प्रमुख कार्य इस प्रकार से है—

1. सभी प्रकार की आर्थिक योजनाओं का निर्माण और उसको परीक्षण के लिए मंत्रिमंडल के समक्ष उपस्थित करना।

2. निम्न स्तर पर बनायी गयी विभिन्न योजनाओं से सम्बन्धित परिणामों को मन्त्रिमण्डल में पेश करना।
3. योजनाओं की कार्यशीलता का पर्यवेक्षण करना।
4. विभिन्न आर्थिक समस्याओं का अध्ययन करना।
5. आर्थिक समस्याओं का समाधान करने के लिए विशेषज्ञों की समिति नियुक्त करना।
6. योजना की कार्य पद्धति सम्बन्धी प्रश्नों को हल करना।
7. सामाजिक हिसाब-किताब का निर्देशन करना।
8. देश की सम्पत्ति में वृद्धि करना, अर्थव्यवस्था का तीव्र औद्योगीकरण, कृषि का सामूहीकरण, उत्पादन व्यय में कमी करना, उत्पादकता बढ़ाना, भौतिक तथा सांस्कृतिक स्तर में वृद्धि करना, देश की स्वतन्त्रता तथा सुरक्षा को सुदृढ़ करना।

**नियोजन की आधुनिक प्रवृत्तियां**

1928 से पंचवर्षीय योजना प्रारम्भ हुई। इस प्लान के निर्देशन का भार गोस प्लान + वेसेन्खा (सर्वोच्च आर्थिक परिषद्) पर था। 1929 में इसके संगठन में परिवर्तन हुए। 1932 में वेसेन्खा का अस्तित्व समाप्त कर दिया गया उसके स्थान पर तीन औद्योगिक लोक मंत्रालय स्थापित किये गये। 1948-49 में गोस प्लान का पुनर्गठन हुआ।

1957 में तत्कालीन प्रधानमंत्री खुश्चेव ने नियोजन पद्धति में परिवर्तन किया जिसमें आर्थिक विकेन्द्रीकरण, क्षेत्रीय परिषदों की समाप्ति, स्थानीय प्रबन्धकों को अधिक स्वायत्तता, साधनों के आवंटन एवं उत्पादन के आकार-प्रकार के निर्धारण की दृष्टि से केन्द्रीय मंत्रालयों द्वारा पर्याप्त नियंत्रण की व्यवस्था की गयी।

**सोवियत नियोजन के संगठन का स्वरूप**

(1) केन्द्रीय स्तर पर—

(क) केन्द्रीय योजना आयोग

(ख) सर्वोच्च आर्थिक परिषद्

(ग) विशिष्ट राज्य समिति

(घ) केन्द्रीय सांख्यकीय मण्डल

**(2) राज्य स्तर पर**

(क) राज्य योजना आयोग

(ख) क्षेत्रीय नियोजन समितियां

(ग) जिला नियोजन समितियां

(घ) विभागीय समितियां

(ङ) औद्योगिक इकाइयों के नियोजन।

**(4) उत्पादन व्यवस्था**

कोई फैक्ट्री या फार्म मैनेजर के नियंत्रण में कार्य करती है। उसका यह उत्तरदायित्व है कि योजनानुसार उत्पादन सामग्री प्राप्त करें और उसको उस अनुपात में एकत्रित करें ताकि योजना के उत्पादन के लक्ष्यों की प्राप्ति हो सके तथा कम से कम लागत व्यय हो ताकि श्रमिकों के हित में कार्य किया जा सके। रूस में अधिकांश उत्पादन कार्य सरकारी क्षेत्र में ही किए जाते हैं।

**(5) सहकारी क्षेत्र**

सरकारी क्षेत्र के अतिरिक्त बहुत सी आर्थिक क्रियाएं, सहकारी क्षेत्रों में सम्पादित होती है। रूस में 90 प्रतिशत से अधिक कृषि भूमि सामूहिक या सहकारी क्षेत्रों में है। उपभोक्ता वस्तुओं के उत्पादन में इन उत्पादक सहकारिताओं का महत्वपूर्ण स्थान है। सामूहिक खेती को रूस में कोलखोज कहा जाता है। सरकार ने 1927 से 1937 तक सामूहिकीकरण आन्दोलन चलाया। सामूहिक फार्मों की विस्तृत व्याख्या इस प्रकार से की जा सकती है—

**(1) संगठन तथा नियन्त्रण**

सामूहिक फार्म में किसान आपस में मिलकर कृषि की अधिक उत्पादन व्यवस्था बनाते है। इसके लिए वे अपनी भूमि जिस पर कार्य करते थे तथा उपकरणों और पशुओं को संयुक्त लाभ के लिए संचालन करते है। सामूहिक फार्म पर मूल स्वामित्व सरकार का होता है परन्तु व्यक्तिगत फार्मों को भी प्रयोग करने की अनुमति दे दी जाती है। प्रारम्भ में सामूहिक कृषि में निजी सम्पत्ति तथा निजी स्वामित्व की व्यवस्था नहीं थी, किन्तु 1935 से यह नयी व्यवस्था के अन्तर्गत लागू कर दी गयी। इस प्रकार कुछ पशु छोटे औजार तथा भूखण्डों पर अपनी इच्छानुसार कृषि करने की छूट प्रदान कर दी गयी थी।

सामूहिक फार्मों का नियंत्रण इस प्रकार से किया जाता है—

(क) प्रत्येक फार्म का अध्यक्ष सीधे या सामूहिक कार्य के वर्ग के मध्यस्थ न्यास, कृषि मंत्रालय के अधीन होता है। व्यवहार में इसी संस्था द्वारा फार्म का नियंत्रण किया जाता है।

(ख) नियोजन तंत्र उद्योगों की तरह, कृषि पर भी पूर्ण नियंत्रण रखता है।

(ग) रूस में साम्यवादी दल ने सफलता की न्यूनाधिक मात्रा के साथ हमेशा अपने संगठन को मजबूत बनाने की कोशिश की है।

### (2) श्रमिक तथा उसका मुआवजा

सामूहिक फार्मों में श्रमिकों की भर्ती उन किसान परिवारों में से की जाती है जो उसके सदस्य होते हैं। श्रमिकों को बिग्रेडों में संगठित किया जाता है। बिग्रेडों को कड़ियों में विभक्त किया जाता है। सामूहिक फार्म के लिए महिलाओं तथा पुरुषों का मजदूर शक्ति के रूप में उपयोग किया जाता है। सामूहिक फार्म पर निजी भूखण्ड के रूप में भी आकर्षण बना रहता है। लॉक्स के अनुसार "यह एक विशेषाधिकार है जो कि सरकार द्वारा सामूहिक फार्म के सदस्यों को उनकी प्रबल व्यतिवादी प्रवृत्तियों की पूर्ति के लिए रियायत के रूप में दी जाती है। निजी भूखण्ड पर सदस्य परिवार का अपना आवास होता है जो कि उसकी अपनी सम्पत्ति मानी जाती है।" निजी भूखण्ड वालों को यह आश्वासन भी प्रदान किया जाता है कि वह अपनी भूमि पर अधिक पैदावार करें तथा उसका लाभ उसे ही अधिक होगा। प्रत्येक व्यक्ति को मुआवजा देने का जो ढंग था उसे श्रम दिन इकाई कहा जाता था। यह सुविधा 1966 तक कार्यरत थी किन्तु इसके बाद "गारण्टीकृत नकद मजदूरी पद्धति" प्रारम्भ की गयी। श्रम दिन इकाई प्रणाली में प्रत्येक सामूहिक फार्म द्वारा उपज में से कुछ अंशदान सरकारी एजेन्सियों को, कुछ मशीन ट्रैक्टर केन्द्रों को, कुछ बीमा किश्तों के लिए, कुछ बैंकों के ऋणों पर ब्याज तथा मूलधन का भुगतान के रूप में उपयोग किया जाता था। इस गारण्टीयुक्त नकद मजदूरी पद्धति में प्रत्येक कार्य का मूल्य रूबल में निर्धारित किया जाता है जिसे "उजरती दर" कहा जाता है जिसका भुगतान माह में एक बार किया जाता था।

### (3) मशीन ट्रैक्टर केन्द्र

1958 के पूर्व सामूहिक फार्मों, के पास छोटे-छोटे कृषि उपकरणों के अतिरिक्त कुछ भी न था। सारी मशीनरी, ट्रैक्टर केन्द्र के पास था जो सामूहिक फार्मों को

उपलब्ध कराते थे। 1958 में भूमि सुधार आन्दोलन के उपरान्त ये केन्द्र मरम्मत और उपकरण केन्द्र बन गए और सभी सामूहिक फार्मों ने उनसे उपकरण खरीद लिए थे।

**(4) सामूहिक फार्म की अविभाज्य निधि**

सामूहिक फार्म की अविभाज्य निधि ही इसे अन्य संस्थाओं से कहीं अधिक सच्चे अर्थों में समाजवादी बनाती है। अविभाज्य विधि का उपयोग फार्म के निर्धारित स्थायी सुधारों के लिए, भावी महत्वपूर्ण निर्माण कार्यों या उपकरणों की खरीद के लिए किया जाता है।

**(6) रूस में कृषि**

1917 क्रान्ति के पूर्व रूस में कृषि ही प्रधान कार्य रहा है। भारत की तरह वह छोटी जोतों में बहुत पुराने ढंग पर उत्पादन कर रहा था। क्रान्ति के बाद भूमि का तो समाजीकरण हो गया किन्तु कृषि का पूर्ण रूप से नहीं हुआ। प्रारम्भ में किसानों को खुले बाजार में बिक्री करने पर रोक लगायी गयी। उनको कम कीमत पर कृषि द्वारा उत्पादित वस्तुओं को सरकार के हाथों बेचना पड़ता था। पहली योजना जो (1928-32) तक चली, उसी में कृषि का समाजीकरण हुआ। जमींदारों का उन्मूलन हुआ।

**(7) विनिमय तथा व्यापार**

1917 की क्रान्ति के बाद से निजी व्यापार को समाप्त कर दिया गया, वस्तुओं का वितरण सरकारी केन्द्रों तथा उपभोक्ता सहकारी संस्थाओं द्वारा किया जाने लगा। यह प्रबन्ध असफल रहा तथा 1921 की आर्थिक नीति के अन्तर्गत निजी व्यापार तथा बाजार की पुनः स्थापना की गयी। किन्तु सरकार इस व्यवस्था से सन्तुष्ट नहीं थी। 1929 में निजी व्यापार पुनः बन्द कर दिया गया। व्यापार पर केन्द्रीय नियंत्रण रहता है। अनेक विभाग तथा राज्य कर्मचारी विभिन्न स्तरों पर थोक एवं फुटकर व्यापार पर नियंत्रण रखते है। मूल्यों पर नियंत्रण बनाए रखते है।

**(8) आय का वितरण**

समाजवादी अर्थव्यवस्था का आदर्श यह होता है कि वितरण व्यक्तियों या परिवारों की आवश्यकतानुसार हो। परन्तु व्यवहार में उसका उद्देश्य आय की असमानता को कम करना है। भूमि और उत्पादक पूंजी का व्यक्तिगत स्वामित्व

समाप्त कर दिया जाता है। व्यक्तिगत रूप से लगान, ब्याज, लाभ सम्बन्धी आय, जो पूंजीवाद में आय की असमानता के मुख्य कारण है, इस व्यवस्था में लगभग नहीं के बराबर है, किन्तु ऐसा नहीं है कि रूस में भूमि या पूंजी से आय होती ही नहीं, आय अवश्य होती है लेकिन उसका व्यक्तिगत स्वरूप नहीं होता। यह सारे समाज की आय होती है। नागरिक अपनी बचत बैंकों में रख सकते हैं या इससे सरकारी ऋण-पत्र आदि खरीद सकते हैं।

### (9) सामाजिक सुरक्षा

सभी प्रकार के संकटों, दुर्घटनाओं तथा आपत्तियों के लिए समाज सुरक्षा की योजना बनायी गयी। रूग्णावस्था, वृद्धावस्था विकलांगता, मृत्यु तथा प्रसूति की अवस्था में आर्थिक सहायता का प्रावधान है। रोगी श्रमिकों के लिए आर्थिक सहायता के अतिरिक्त निःशुल्क उपचार की भी व्यवस्था रहती है। जब श्रमिक पूर्ण रूप से विकलांग हो जाता है तो उसे लगभग पूरी मजदूरी पाने का अधिकार प्राप्त होता है।

### (10) मुद्रा तथा बैंक

रूस की मुद्रा रूबल है। मुद्रा का विदेशी मूल्य, सरकार द्वारा निर्धारित किया जाता है। मुद्रा की मात्रा को अधिक आवश्यकताओं के अनुसार वित्त मंत्रालय तथा रूस के केन्द्रीय बैंक द्वारा निर्धारित किया जाता है। रूस की मुद्रा नीति में पूंजीवादी देशों की भांति अर्थतंत्र को प्रभावित करने का काम नहीं लिया जाता है। समाजवादी पद्धति में मूल्य और अर्थतंत्र के सभी अंग योजना द्वारा नियंत्रित होते है।

बैंक पद्धति भी योजना के अनुसार कार्य करती है। व्यापारिक बैंकिंग व्यवस्था पर राज्य का एकाधिकार है और इसका संचालन गौस बैंक द्वारा होता है। इसकी शाखाएं पूरे देश में फैली है। जहां तक पूंजी के निवेश का प्रश्न है, यह कार्य रूस में निवेश बैंकों और उसकी शाखाओं द्वारा पूरा किया जाता है। ये सभी सरकारी बैंक होते हैं। ये बैंक सरकारी कोष तथा उद्योग-धन्धों द्वारा एकत्रित कोषों का संचालन करते हैं।

## चीन की साम्यवादी आर्थिक पद्धति

विश्व में जनसंख्या की दृष्टि से यह सबसे बड़ा देश है। 1949 के पूर्व चीन मुख्यतः सामन्ती देश था। जनसंख्या की अधिकता थी, भूमि कम थी जिसके कारण आर्थिक कठिनाइयों का सामना करना पड़ रहा था। इस समय कुछ किसानों के पास बड़े-बड़े भूखण्ड थे, जिन पर अपने जीवन-निर्वाह के लिए कभी-कभी

सूखे या बाढ़ से उत्पन्न स्थिति का सामना करने के लिए खाद्यान्न उपजाया जाता था, शेष लोगों के पास भूखण्ड कम थे तथा छोटे-छोटे थे, जिसका परिणाम होता था कि कुछ श्रमिक बड़े-बड़े किसानों के यहां जीवन निर्वाह के लिए कार्य किया करते थे। भू-स्वामी कम मजदूरी देते थे तथा ज्यादा कार्य लेते थे, भूमि का ज्यादा किराया वसूल करते थे तथा ब्याज भी लिया करते थे। चीन की कुल जनसंख्या के 20 प्रतिशत लोग गांवों में रहते हैं जिनकी आर्थिक स्थिति दयनीय थी, जिसका परिणाम होता था कि वे पूंजी विनियोग के लिए बहुत कम राशि बचती थी। साम्यवादी प्रणाली के पूर्व चीन में उद्योग-धन्धे कम विकसित थे तथा अलाभकारी स्थिति में थे। चीन में श्रम सस्ता था तथा कच्चा माल उपलब्ध होने के कारण अधिकांश विदेशी कम्पनियों द्वारा औद्योगिक संयंत्र लगाये गये थे। चीन के मंचूरिया प्रदेश ही ऐसा था, जहां पूंजी का संचयन काफी होता था। मंचूरिया पर जापान का अधिकार था। यह 1931 से द्वितीय महायुद्ध की समाप्ति तक बना रहा। व्यापार में प्रयुक्त होने वाले जलयान भी विदेशियों के थे। जर्मनी तथा अमेरिका ने अपने व्यापारिक हितों को ध्यान में रखकर आयात निर्यात पर यिनंत्रण रखा। चीन पर शासन करने वाले बादशाहों में मंचू अन्तिम बादशाह था जिसका विनाश 1912 में हुआ। उस समय क्रान्तिकारी सनयाते सेन तथा अन्य ने चीन में नये गणतंत्र की स्थापना की। लॉक्स का विचार था "यद्यपि यह सम्भवत: राष्ट्रीय सरकार थी किन्तु देश के विभिन्न विभागों के योद्धा सरदारों ने इसकी अवहेलना की और वे स्थानीय क्षेत्रों में निजी रियायतों के समान शासन करते रहे।"[1] सेन की मृत्यु के उपरान्त हड़ताल तथा तोड़फोड़ की कार्यवाहियां हुई जिसमें रूसी साम्यवादियों ने हिस्सा लिया। इसके बाद च्याँग काई शेक के नेतृत्व में सेना ने राष्ट्रीय सरकार की स्थापना की। उस समय की स्थिति की व्याख्या करते हुए लॉक्स ने बताया कि राष्ट्रीय सरकार जिसका देश के एक भाग पर अधिकार था, जिसने साम्यवादियों पर आक्रमण की योजना बनाई परिणामत: साम्यवादियों पर आक्रमण प्रारम्भ हो गए। बाद में उन्हें अपनी सेना स्थापित करनी पड़ी। पुराने गणतंत्र सरकार के बचे लोग च्याँग काई शेक से मिल गए तथा साम्यवादी दल को अयोग्य घोषित कर दिया गया।[1]

1949 में च्यांग काई शेक ने चीन के सेनापति तथा प्रधानमंत्री पद से त्याग-पत्र दे दिया। इसी समय साम्यवादी राष्ट्रीय लोक गणतंत्र जो कि सोवियत रूस की तरह रहन-सहन के स्तर को ऊपर उठाने तथा अन्तर्राष्ट्रीय प्रतिष्ठा प्राप्त करने के लिए उद्योगों का तीव्र गति से विकास करने पर जोर दे रहा था स्थापित हुआ।

## चीन के साम्यवादी अर्थव्यवस्था की प्रमुख विशेषताएं

चीन के साम्यवादी अर्थव्यवस्था की प्रमुख विशेषताओं को हम कई भागों में बांट सकते हैं, जो इस प्रकार से है—

**(1) विकास का आधार**—20वीं शताब्दी के चार दशकों में चीन की आपसी लड़ाई ने अर्थव्यवस्था को जर्जर बना दिया था। 1937 से 1945 तक जापानियों से युद्ध चला तदुपरान्त घरेलू युद्ध चला। यह सब किसी न किसी रूप में 1949 में समाप्त हुआ। साम्यवादियों ने इसी समय चीन की भूमि पर अपना आधिपत्य जमाया। इस लड़ाई के कारण चीन का औद्योगिक तथा कृषि विकास अवरुद्ध हो गया था। वित्तीय स्थिति जर्जर हो गयी थी, मुद्रास्फीति उच्चतम सीमा तक पहुँच गयी थी।

चीन में जब 1949 में नयी साम्यवादी सरकार आयी तब इसे इन समस्याओं से छुटकारा लेना, एक महत्वपूर्ण बात थी। नयी सरकार ने इस बिगड़ी हुई अर्थव्यवस्था के सुधार के लिए आर्थिक विकास की दर को तेजी से बढ़ाया तथा पुनर्वास कार्यक्रमों पर भी प्रभावकारी ढंग से सुधार पर बल दिया गया। इसमें स्थायी मुद्रा प्रणाली की स्थापना, देश में वस्तुओं की पूर्ति को सर्वसुलभ कराना, रेल लाइन तथा संचार के साधनों को पुनः स्थापित करना, कृषि-उद्योगों का विकास तथा मूल्यों तथा वेतन को स्थिर बनाये रखना आदि रहा है। इसके कर्मधार माओ त्से तुंग थे।

चीन में विकास के आधार पर इस प्रकार से सुधार किए गए—

**(1) अर्थव्यवस्था का समाजीकृत विस्तार**—चीन में अर्थव्यवस्था का विकास किया गया जिसमें महत्वपूर्ण उद्योगों, पेट्रोलियम, इस्पात, परिवहन, तथा संचार आदि साधनों पर सरकार का प्रभुत्व था। लॉक्स का विचार था कि साम्यवादी जैसे-जैसे चीन पर अपना अधिकार जमाते गए वैसे-वैसे राष्ट्रीय सरकार का सारे आर्थिक उद्यमों पर अधिकार होता गया। 1950 तक तत्कालीन साम्यवादी सरकार ने मूलभूत उद्योगों पर अपना अधिकार 80 प्रतिशत तक कर लिया था।

**(2) आर्थिक योजनाओं का विस्तारीकरण**—राष्ट्रीय विनियोग के समरूप आकार तथा भौतिक रचना पर नियंत्रण करना असम्भव था क्योंकि बहुत सी निजी फर्में उस समय विद्यमान थी, जिसमें निवेश एवं उत्पादन योजनाओं द्वारा नियंत्रित नहीं थे। 1953 तक लगभग 70 प्रतिशत उत्पादन पर सरकारी नियंत्रण हो गया।

1952 में सभी निजी बैंकों को चीन लीक बैंक में शामिल कर लिया गया। इस प्रकार सरकारी क्षेत्र के साथ निजी क्षेत्र पर भी पर्याप्त नियंत्रण किया जाने लगा।

**(3) समाजीकृत घरेलू व्यापार को बढ़ावा**—सरकार द्वारा घरेलू व्यापार को बढ़ावा देने के लिए विभिन्न व्यापारिक संस्थाओं की स्थापना की गयी। लॉक्स के अनुसार ''विपणन, परिवहन एवं सरकारी या निजी क्षेत्र द्वारा उत्पादित प्रत्येक प्रकार के माल वितरण के लिए सरकारी व्यापार एवं निकायों की स्थापना से सरकार को देश के विभिन्न क्षेत्रों में उपभोक्ता के स्वरूप पर नियंत्रण की क्षमता प्राप्त हुई।''[1]

चीन में माओत्से तुंग की मृत्यु के उपरान्त साम्यवादी दल का नेतृत्व हुआ जिसने अक्टूबर 1976 में शासन की बागडोर सम्भाली। फेंग ने माओ के क्रान्तिकारी विचारों को देश में कड़ाई से पालन करने पर बल दिया। इसका विरोध करने वालों पर सख्ती से कार्यवाही करने का आदेश दिया। इस नयी सरकार का विरोध करने वालों को गिरफ्तार कर लिया गया। पांचवीं जन कांग्रेस का प्रथम अधिवेशन 27 फरवरी, 1978 में प्रारम्भ हुआ जिसमें 20वीं शताब्दी में चीन को शक्तिशाली तथा आधुनिक राज्य की स्थापना पर बल दिया गया। 1978 में विज्ञान सम्मेलन को सम्बोधित करते हुए फेंग ने कहा था कि चीन का आधुनिकीकरण, समाजवादी, साम्राज्यवाद (सोवियत) या पूंजीवादी विविधताओं के प्रतिकूल एक समाजवादी आधुनिकीकरण होगा और समग्र चीनी वैज्ञानिक राष्ट्र के सांस्कृतिक स्तर को ऊंचा उठाने में मदद करेंगे।

**(4) योजना में निजी उद्यम का स्थान**—चीन में साम्यवादी दल स्थापित हो जाने के बाद भी पुनर्वास तथा पुनर्निर्माण के कार्यों में निजी पूंजी तथा उद्यम लग रहे थे। निजी क्षेत्रों का जब उद्योगों की ओर बढ़ाव हुआ तो सरकार ने इन पर कठोर नियंत्रण लगाना प्रारम्भ किया। 1951 के अन्त में सरकार ने निजी उद्यमों के विरुद्ध एक राष्ट्रीय आन्दोलन प्रारम्भ किया जिसमें घूस, कर-वंचन, सरकारी सम्पत्ति की चोरी, धोखा-धड़ी आदि शामिल था।

**(3) सोवियत आर्थिक मदद**

चीन के विकास की प्रारम्भिक अवस्था में आर्थिक सहायता का विशेष महत्व होता था। यह सहायता कम से कम ब्याज पर ऋण की सुविधा प्रदान करना तथा तकनीकी व्यक्तियों को सुलभ कराना था। सोवियत संघ ने चीन की प्रथम योजना के विकास के लिए विद्युत शक्ति के निर्माण, कृषि उपकरणों, सुरंगे लगाने, धातु

विज्ञान, रासायनिक और परिवहन कार्यों के लिए आर्थिक सहायता प्रदान की। 1960 में सोवियत संघ तथा चीन के सम्बन्धों में विघ्न आ जाने से रूस ने सभी प्रकार की आर्थिक सहायता बन्द कर दी जिससे तीव्र औद्योगीकरण के विकास में कमी आयी।

### (4) कृषि अर्थव्यवस्था

चीन प्रारम्भ से ही कृषि प्रधान देश रहा है। वहां पर पंचवर्षीय योजनाओं द्वारा औद्योगिक क्षेत्रों का विकास करने पर बल दिया गया। चीन में 1961-65 की पुनरुत्थान काल में 'कृषि के विकास' पर विशेष बल दिया गया। इसके अन्तर्गत भूमि सुधारों पर विशेष रूप से ध्यान दिया गया। कृषि का समूहीकरण कर दिया गया। सरकार ने ग्रामीण स्तर पर किसान सभाएं बनायी। इसके अतिरिक्त स्वैच्छिक समूहीकरण, जबरन समूहीकरण, सामूहिक फार्म का स्वरूप तथा कम्यून पर जोर दिया गया।

### (5) विकास सम्बन्धी कार्य

चीन ने रूस की नियोजन पद्धति को ध्यान में रखकर, अपने देश में भी यह पद्धति लागू की। 1952 में राज्य योजना आयोग तथा राज्य सांख्यकीय ब्यूरों की स्थापना की गयी।

1956 में अल्पकालीन योजना का प्रभावकारी ढंग से उपयोग करने के लिए 'राष्ट्रीय अर्थ आयोग' की स्थापना की गयी। उद्योगों के विकास के लिए "औद्योगिक आयोग" की स्थापना की गयी। प्रथम योजना में सरकार को अपने निर्धारित लक्ष्यों से 17 प्रतिशत अधिक की प्राप्ति हुई।

1958 में चीनी अर्थव्यवस्था में महत्वपूर्ण परिवर्तन होने लगे जिसमें विकास की नयी तकनीक का प्रयोग एवं नयी संस्थाओं का विकास प्रमुख था। चीन में साम्यवादी व्यवस्था स्थापित करने के लिए, रूस से सम्बन्ध को बढ़ाया गया।

### (6) समाजवादी आधुनिकीकरण नीति

1976 में पेंग ने जब चीन का नेतृत्व सम्भाला तब अर्थव्यवस्था के पुनरुत्थान तथा निर्माण के लिए समाजवादी आधुनिकीकरण नीति 1979 में लागू की गयी। इसमें कृषि, उद्योग राष्ट्रीय सुरक्षा तथा विज्ञान एवं तकनीक सभी क्षेत्रों में आधुनिकीकरण पर जोर दिया जाने लगा।

### (7) राष्ट्रीय आर्थिक योजना

1979 में राष्ट्रीय आर्थिक योजना का प्रारूप नेशनल पीपुल्स कांग्रेस में रखा गया तथा प्रस्ताव को पारित कराया गया। इसमें कृषि विकास की दर में वृद्धि करने, विदेशी तथ्य आन्तरिक बाजार को ध्यान में रखते हुए लघु उद्योगों का विकास, ऊर्जा की कमी को दूर करना, विनियोग के साधनों को उत्पादक बनाना, विदेशी व्यापार में वृद्धि, विज्ञान, संस्कृति एवं शिक्षा के विकास पर जोर देना आदि रहा है।

### यूगोस्लाविया की साम्यवादी पद्धति

यूरोप का एकमात्र देश यूगोस्लाविया रहा है जो कि रूस के प्रभाव से अलग रहा है। रूस के सहयोगी राष्ट्र—अलवानिया, बलगेरिया, चेकोस्लाविया, हंगरी, पोलैण्ड, रूमानिया के साम्यवादी दल सोवियत संघ के राजनैतिक हस्तक्षेप के कारण 1945 के बाद सत्ता प्राप्त कर सके। यूगोस्लाविया ने जान-बूझ कर रूस और उसके सहयोगी राष्ट्रों में प्रचलित राजनीतिक तथा आर्थिक संगठन के स्वरूप को नहीं अपनाया। यूगोस्लाविया में विकेन्द्रीकृत एवं प्रजातान्त्रिक साम्यवादी पद्धति का विकास हुआ जिसमें किसानों को भूमि का अधिकार प्राप्त करने तथा जोतने-बोने का पूर्ण अधिकार प्राप्त है। सहकारी कृषि समितियां उनकी सहायता करती हैं।[1]

1948 के बाद से यूगोस्लाविया ने अपने ढांचे रूस से बिल्कुल अलग कर लिये। इस अवधि से वह एकाकी साम्यवाद राष्ट्र के रूप में उभर कर सामने आया।

### अर्थव्यवस्था की प्रमुख विशेषताएं

युगोस्लाविया देश की अर्थव्यवस्था में मिश्रित प्रणाली तथा बाजार आयोजित अर्थव्यवस्था को प्रमुखता प्रदान की गयी है जिसे उदार समाजवादी अर्थव्यवस्था कहा जाता है।[2]

यूगोस्लाविया की अर्थव्यवस्था को निम्नलिखित भागों में बांटा जा सकता है—

**(1) स्वामित्व तथा प्रबन्ध**—यूगोस्लाविया की सरकार ने 1953 में कृषकों को सामूहिक फार्मों को छोड़ने का आदेश दे दिया तब से ही कृषि क्षेत्र में निजी क्षेत्र की ओर झुकाव 90 प्रतिशत तक चला गया। 1970 में यह दर घटकर 85

प्रतिशत रह गयी। कृषि का जो 15 प्रतिशत भाग बचा था, उस पर सरकारी तथा सामूहिक फार्मों का आधिपत्य था। लघु स्तर पर उत्पादन करने के लिए निजी क्षेत्रों को सुविधाएं प्रदान की गयी है, किन्तु परिवार के सदस्यों के अतिरिक्त पांच से अधिक व्यक्तियों को शामिल करने पर रोक लगा दी गयी थी। यहां उत्पादन के साधनों का समाजीकरण किया गया है वहां समस्त औद्योगिक उपकरणों तथा प्राकृतिक साधनों पर पूर्ण अधिकार सरकार का रहेगा। उत्पादन में प्रबन्ध, श्रमिकों का रहेगा।

यूगोस्लाविया में उद्योगों के लाभ को अधिकतम करने के लिए श्रमिक प्रबन्ध को प्रमुखता प्रदान की गयी है। इस सरकार ने अपने देश में औद्योगिक उत्पादन व्यवस्था इस प्रकार से की थी ताकि श्रमिकों को अपना पूर्ण कार्य कौशल दिखाने का मौका प्राप्त हो सके।

**(2) नये उद्यमों की व्यवस्था**—सरकार ने देश में नये उद्यमों को लगाने की व्यवस्था भी किया है। कभी-कभी पुराने उद्यमों द्वारा नये-नये उद्यम प्रारम्भ किये जाते हैं। बड़े तथा महत्वपूर्ण उद्योगों को लगाने के लिए सरकार द्वारा विभिन्न प्रकार की आर्थिक, प्रशासनिक सहायता प्रदान की जाती है। उद्यम लग जाने के बाद उसके प्रबन्धन पर श्रमिकों का नियंत्रण हो जाता है।

**(3) बाजार व्यवस्था**—देश में बाजार व्यवस्था पूर्ण रूप से कार्यशील रहती है। उपभोक्ताओं को अपना व्यवसाय चुनने की पूर्ण स्वायत्तता प्राप्त है। यहां पर कार्य चुनने की स्वतंत्रता रहती है जिसका परिणाम यह हुआ कि इस देश के करीब एक मिलियन लोग, देश के बाहर कार्य करते हैं।[1] इस देश का विकास विदेशों में कमाये गए धन को भेजकर किया जाता है। बाजार पद्धति होने के कारण एकाधिकार, एकाधिकारी उद्योगों के श्रमिकों की आय में अधिक वृद्धि, साधनों का गलत निर्धारण आदि समस्याएं आने की आशंका बनी रहती है। ऐसा खतरा इस कारण बना रहता है क्योंकि छोटा राष्ट्र होने के कारण अधिक फर्मे कार्य करती है जिससे विदेशी विनिमय की कमी के कारण प्रतियोगिता भी अप्रभावित रहती है। स्फीति की स्थिति पर नियंत्रण करने के लिए कीमत तन्त्र पर नियंत्रण जरुरी होता है।

**(4) श्रमिक बाजार**—इस देश में श्रमिकों का उत्पादन के क्षेत्र में स्व:प्रबन्ध होता है जिसकी प्रमुख विशेषता इस प्रकार से है—

(क) सामान्यतया कोई मजदूरी नहीं है।

(ख) उद्योगों में बहुत कम अतिरिक्त श्रमिकों को कार्य में अवसर प्रदान किया जाता है। काम पर लगे लोगों को हटाया भी नहीं जाता है।

(ग) श्रमिकों को मजदूरी एवं वेतन के स्थान पर इस उद्योगों से प्राप्त शुद्ध आय का हिस्सा भी प्रदान किया जाता है।

(घ) समाजवादी पद्धति होने से अल्पसंख्यक वर्ग तथा बहुसंख्यक वर्गों के बीच विवाद उत्पन्न नहीं होता।

**(5) आर्थिक नियोजन**—1945 के पूर्व तक यह देश आर्थिक दृष्टि से पिछड़ा हुआ देश था। किन्तु 1945 से पुनरुत्थान की ओर तीव्र गति से बढ़ने लगा। 1947 से योजनाओं का प्रारम्भ हुआ जिसमें आर्थिक विकास को बढ़ावा देने के लिए संघीय योजना बनायी गयी जो इस प्रकार से थी—

1. अर्थतंत्र में उद्योग, कृषि तथा अन्य क्षेत्रों का अनुपात।
2. मजदूरी दरों का अनुपात।
3. रक्षा, कानून आदि परम्परागत मदों के साथ-साथ प्रशासन व्यय का अनुपात।

यूगोस्लाविया में हाल के वर्षों में योजनाबद्ध आर्थिक विकास के द्वारा प्रति व्यक्ति आय में आशातीत वृद्धि हुई है।

**(6) कृषि क्षेत्र**—1945 के पूर्व तक यह देश प्रमुख रूप से कृषिगत वस्तुओं का ही उत्पादन कर रहा था। कुल जनसंख्या का लगभग 75 प्रतिशत भाग इसी क्षेत्र पर केन्द्रित था। यह अनुपात 1959 में घटकर 51 प्रतिशत तक आ गया। कृषि क्षेत्र में व्यक्तिगत स्वतंत्रता तथा भूमि के स्वामित्व के अधिकार को प्रधानता प्रदान की गयी। कृषि विकास के लिए निम्न प्रयास किए गए—

1. व्यक्तिगत भूखण्डों की सीमा निर्धारित कर दी गयी। यह सीमा 60 एकड़ की लगा दी गयी, इससे अधिक होने पर सरकार अपने हाथ में ले लेगी।
2. सामूहिक फार्मों को बढ़ाने का प्रयास चला। सरकार ने किसानों को सामूहिक फार्मों में शामिल होने के लिए खाद, उपकरण, भवन प्रदान करवाए किन्तु फिर भी यह कार्यक्रम सफल नहीं हो सका।
3. कृषि नीति को 1950-51 में उदार बनाया गया। निजी किसानों के प्रति भेदभाव समाप्त किए गए तथा कार्य करने की स्वतन्त्रता प्रदान की गयी।

4. सरकार ने 1953 में कृषि सामूहीकरण की नीति को त्याग दिया तथा आर्थिक विकेन्द्रीकरण पर जोर दिया गया। सहकारी कृषि समितियां के विकास को बढ़ाया गया।

**इंग्लैण्ड की अर्थव्यवस्था की विशेषताएं**

1945 के बाद से इंगलैण्ड भी ऋणी देश हो गया तथा आर्थिक संकट छा गया जिसका परिणाम हुआ कि बहुत से उद्योगों का राष्ट्रीयकरण करना पड़ा। सामाजिक सुरक्षा के कार्यक्रम प्रारम्भ किये गये। राज्य का हस्तक्षेप अधिकतम किया गया तथा समाजवादी विकास कार्यक्रम को प्रधानता प्रदान की गयी। इस देश में निम्नलिखित कार्यक्रम अपनाए गए—

**(1) उद्योगों का राष्ट्रीयकरण**—कोयला, इस्पात, बिजली, गैस, अन्तर्देशीय यातायात, हवाई यातायात और बैंक आफ इंग्लैंड का राष्ट्रीयकरण किया गया। सार्वजनिक एकाधिकार को निजी एकाधिकार से अच्छा माना गया।

**(2) उद्योगों में कार्यशील समितियों की स्थापना**—सरकार कई उद्योगों पर किसी न किसी प्रकार से नियंत्रण रखना चाहती थी ताकि सरकारी निर्देशों के अनुसार ही कार्य करें। इसलिए एक बैंकिंग समिति बनायी गयी।

**(3) कृषि, गृह निर्माण एवं आणविक विकास पर नियंत्रण**—इन सभी क्षेत्रों में कार्य सरकारी क्षेत्र के नियमन तथा नियंत्रण में होने लगा। उत्पादन को बढ़ाना ताकि देश की आर्थिक स्थिति में सुधार हो, अतएव इन पर नियंत्रण रखना आवश्यक था।

**(4) सामाजिक सुधार**—इंगलैण्ड में सामाजिक सुधार कार्यक्रम प्रो. बेवरिज द्वारा सुझायी गयी योजना के आधार पर लागू की गयी। यह एक कल्याणकारी योजना थी जिसके अन्तर्गत अपंग, वृद्ध, गरीबी को दूर करने के लिए आवश्यक सुविधाएं देने के लिये कल्याण कार्यक्रम चलाए गए ताकि सभी का कल्याण हो सके।

**(5) आर्थिक नियोजन**—देश की व्यवस्था पर अधिक मात्रा में नियंत्रण, युद्ध के बाद के वर्षों में किया गया। निजी क्षेत्रों पर पर्याप्त मात्रा में नियंत्रण लगाए गए। उत्पादन तथा उत्पादकता में स्थायित्व, आवश्यकतानुसार वितरण, राष्ट्रीय सुरक्षा की पर्याप्त व्यवस्था की गयी। आयात-निर्यात, मानवीय शक्ति और साधनों का उद्योगों में आवंटन पर पूर्ण नियंत्रण रखा गया। उपभोग पर नियंत्रण, उत्पादन पर नियंत्रण, साधनों के विकेन्द्रीकरण पर नियंत्रण, उद्योगों का सुचारु रूप से संचालन हो आदि आर्थिक नियोजन का लक्ष्य है।

**(6) मार्शल प्लान**—यूरोपीय आर्थिक सहयोग के अन्तर्गत अमेरिका की सहायता से ब्रिटेन ने अपने विकास के कार्यक्रम को आगे बढ़ाया।

**(7) सस्ती मुद्रा नीति**—ब्रिटेन में सस्ती मुद्रा नीति अपनायी गयी। बैंक दर, ब्याज दर कम कर दिया गया।

**(8) निर्यात आन्दोलन**—इसके द्वारा डालर और स्टर्लिंग क्षेत्र में उत्पन्न कठिनाई को दूर किया गया तथा बहुत से नियम-अधिनियम, इसके नियमन के लिए बनाए गए। उत्पादन बढ़ाने एवं आयात कम करने का कार्यक्रम चला, ताकि कम मजदूरी पर भी लोग संतुष्ट हो सके।

**(9) अवमूल्यन**—इंग्लैण्ड द्वारा देश का व्यापार बढ़ाने के उद्देश्य से अपने देश की मुद्रा का अवमूल्यन कर दिया गया। इसके अन्तर्गत आयात कम करने तथा निर्यातों को बढ़ाने के लिए यह नीति अपनायी गयी। सट्टेबाजों पर रोक लग गयी।

सभी प्रकार के नियंत्रण इंग्लैंड द्वारा किये गये किन्तु इन नियंत्रणों का प्रत्यक्ष रूप से लाभ प्राप्त नहीं हो सका है क्योंकि सार्वजनिक निवेश असंतुलित ढंग से किया गया। कुछ क्षेत्र अत्यधिक निवेश से तथा कुछ क्षेत्र न्यून निवेश से ग्रसित थे। राष्ट्रीयकृत उद्योगों की मूल्य नीति दोषपूर्ण रही है। उपभोग की वस्तुओं की कीमत कम रखी गयी, जिससे उत्पादकता पर कुप्रभाव पड़ा। कोयला, बिजली तथा परिवहन आदि के उत्पादनों के मूल्य कम रखे गये। कृत्रिम रूप से नीची दरों पर पूंजी का निवेश किया गया तथा हानि को सरकार द्वारा पूरा करना पड़ा जिससे उत्पादन साधनों की बर्बादी हुई। देश में अत्यधिक मात्रा में कर लगाना तथा प्रतिरक्षा मद में वृद्धि के कारण, उद्योगों का पूर्ण विकास न हो सका। दोषपूर्ण श्रम संघ तथा औद्योगिक प्रबन्ध, मुद्रा प्रसार, क्षेत्रीय असन्तुलन के कारण, अर्थव्यवस्था पर कुप्रभाव पड़ा। ब्रिटेन ने लोगों के बीच आय की असमानता को कम करने का प्रयास किया, किन्तु सही ढंग से वह पूर्ण न हो सका। यहां की चाहे उत्पादन नीति रही हो, चाहे उपभोग, चाहे विदेश व्यापार नीति, चाहे निवेश नीति हो, इन सभी में सरकारी तन्त्रों तथा बाजार की शक्तियों के द्वारा विरोध उत्पन्न किया गया, जिससे इसके आशातीत लाभ प्राप्त नहीं हो सके। वास्तव में हम यह देखते हैं कि इंग्लैण्ड ने समाजवादी प्रणाली को किसी न किसी रूप में स्वीकार किया।

## सन्दर्भ


1. लाक्स, तुलनात्मक अर्थ पद्धति, पृ. 566.
2. लाक्स, वही, पृ. 567.
3. लॉक्स, तुलनात्मक अर्थ पद्धति, पृ. 829.
4. लॉक्स, तुलनात्मक अर्थ पद्धति, पृ. 837.
5. लॉक्स, तुलनात्मक अर्थ पद्धति, पृ. 791.
6. हॉम, आर्थिक प्रणालियां।
7. जी. ग्रासमैन, इकोनॉमिक सिस्टम, पृ. 155.

# 6

# गांधी जी के साम्ययोगी विचारों का तात्विक विश्लेषण

भूमिदान यज्ञ के पीछे जो मूलभूत विचार है उसे "साम्ययोग" कहा गया। इस साम्ययोग के आधार पर सर्वोदय समाज का निर्माण करना चाहते है। सर्वोदय समाज ऐसा समाज है जो बहुसंख्यकों का नहीं, वरन् सारे समाज का हित चाहता हैं।[1] गांधी जी ने आर्थिक पद्धति के विषय में सर्वोदय दर्शन की भूमिका में आज के प्रचलित पद्धतियों के गुणात्मक स्वरूप को माननीय मूल्यों के आधार पर निर्मित किया है। पूंजीपतियों द्वारा पूंजी के दुरूपयोग की बात लोगों के ध्यान में आयी तब समाजवाद का जन्म हुआ, यह कहना गलत है।

गांधी जी ने कहा "समाजवाद" और साम्यवाद आदि पश्चिम के सिद्धांत जिन विचारों पर आधारित है, वे हमारे तत्संबंधी विचारों से बुनियादी तौर पर अलग है। इसलिए हमारे समाजवाद या साम्यवाद की रचना अहिंसा के आधार पर और मजदूरों तथा पूंजीपतियों या जमींदारों तथा किसानों के मीठे सहयोग के आधार पर होनी चाहिए।[2] यदि अहिंसा के आधार पर साम्यवाद के अर्थ का पता लगाया जाए तो हम इस निष्कर्ष पर पहुँचेंगे कि 'वर्ग विहीन समाज'। यह बेशक उत्तम आदर्श है, उसके लिए अवश्य कोशिश करनी चाहिए। लेकिन जब इस आदर्श को प्राप्त करने के लिए हिंसा के प्रयोग करने की बात करने लगता है तब मेरा रास्ता उससे अलग हो जाता है। जनता पर जबदस्ती लादा जाने वाला साम्यवाद भारत को रूचेगा नहीं। भारत की प्रकृति के साथ, उसका मेल नहीं किंतु यदि साम्यवाद बिना हिंसा के आये तो हम उसका स्वागत करेंगे। गांधी जी ने कहा "मेरा दृढ़ विश्वास है कि हिंसा की नींव पर किसी स्थायी रचना का निर्माण नहीं हो सकता।"[1] गांधी ने पुनः कहा कि मैं सारे समाज को अपने मत का बनाने तक रूकूंगा नहीं।[2]

गांधी जी ने बताया था कि सच्चा समाजवाद तो हमें पूर्वजों से प्राप्त हुआ है जो हमें वे सिखा गए है "सब भूमि गोपाल की है" जिसमें कहीं मेरी तथा तेरी सीमाएं नहीं है। आधुनिक संदर्भ में गोपाल का तात्पर्य राज्य या जनता से है।[3]

साम्यवाद भी ईशोपनिषद् के पहले मंत्र में स्पष्ट है। जब कुछ सुधारकों का परिवर्तन पद्धति में विश्वास नहीं रहा तब उसे वैज्ञानिक समाजवाद कहा गया।[4]

समाजवाद में समाज के सब सदस्य बराबर होते हैं। कोई भी ऊंचा या नीचा नहीं होता, यही समाजवाद है। इसमें राजा और प्रजा, गरीब तथा अमीर, मालिक तथा मजदूर सभी बराबर होते हैं। समाजवाद में भेदभाव नहीं किया जाता है। समाजवाद स्फटिक की तरह शुद्ध है। राजा का सिर काट डालने से राजा एवं प्रजा बराबर नहीं हो जायेंगे। हम असत्य से सत्य को प्राप्त नहीं कर सकते हैं। सत्य के आचरण द्वारा ही हम सत्य को प्राप्त करते हैं। अहिंसा तथा सत्य दोनों हीं एक चीज है। अहिंसा सत्य में तथा सत्य अहिंसा में छिपा हुआ है। अहिंसा तथा सत्य, एक सिक्के के दो पहलू के समान है। एक ओर अहिंसा है तथा दूसरी तरफ सत्य है।[5]

गांधी जी ने 1933 में 'सविनय कानून भंग आंदोलन' स्थगित कर दिया, उसके बाद कांग्रेस में समाजवादी दल का उदय हुआ। गांधी जी का कहना था कि मजदूर या कामगार अपने अधिकारों को जाने और उन्हें आग्रह के साथ बताने का तरीका भी जाने। उत्पादन, वितरण तथा विनिमय के सारे साधनों के अधिकाधिक राष्ट्रीयकरण की मांग इतनी अविचारपूर्ण है कि वह स्वीकार नहीं की जा सकती है। गांधी का विचार था कि मैं "जमींदारी के अंत" का पक्षधर नहीं हूं कि जमींदारों और तालुकदारों से उनकी जमीने छीन ली जाए। मैं जमींदारों और उनके काश्तकारों के बीच उचित एवं न्यायपूर्ण संबंध स्थापित हो, यह चाहता हूँ।[1] गांधी जी मुख्य आधारभूत उद्योग-धंधों के राष्ट्रीयकरण में विश्वास रखते थे। गांधी जी का विश्वास था कि जमींदारों और बेजमीनों-दोनों का ही हृदय परिवर्तन होना चाहिए।[2] जमींदारों के लिए केवल आर्थिक हितों का त्याग करने का प्रश्न है जबकि बेजमीनों के लिए संबंध बदलने की बात है। गांधी का विश्वास था कि जमींदारों तथा पूंजीपतियों का हृदय परिवर्तन हिंसा से नहीं, वरन् केवल समझा-बुझा कर ही कर सकते है। गांधी का विचार था कि आपको धन जमा करने का तो अधिकार है परंतु आप उस धन को मनमाने ढंग से खर्च नहीं कर सकते हे।

उन्हें अपने धन का ट्रस्टी बन जाना होगा। गांधी का कहना था कि यदि धन अन्याय से दूसरों का शोषण करके, जमा किया गया होगा तो मैं उसे छीन लूंगा।[3]

गांधी जी का कहना था कि आज के समाज में पूंजीपति और मजदूर के हितों में इसलिए संघर्ष है कि पूंजीपति मजदूर को कुछ भी दिए बिना लाखों रुपयों कमाने की सोचता है। गांधी का मत था कि पूंजीपतियों को अपनी पूंजी लगाने का लाभ अवश्य मिले किंतु मजदूरों को वेतन देने का भी विश्वास दिलाना होगा। गांधी जी राज्य द्वारा उत्पादन तथा पूंजीपतियों द्वारा उत्पादन, दोनों को ही महत्व प्रदान करते थे। उनका कहना था कि यदि केवल राज्य द्वारा उत्पादन होगा तो लोग नैतिक और बौद्धिक दृष्टि से कंगाल हो जायेंगे वे सभी अपनी जिम्मेदारी भूल जायेंगे। इसलिए गांधी पूंजीपतियों द्वारा भी उत्पादन पर जोर देते थे तथा उन्हें अपनी जायदाद का ट्रस्टी बनने पर जोर देते थे।

गांधी जी अहिंसा के जरिये लोगों का हृदय परिवर्तन करना चाहते थे। गांधी का विश्वास था कि आज हिन्दुस्तान में जो लोग समाजवाद को अपना ध्येय मानते है, उनसे पहले ही मैं समाजवाद को स्वीकार कर चुका था। मेरा समाजवाद सहज एवं स्वाभाविक था। वह मेरे अहिंसा में अटल विश्वास का परिणाम था। संसार का कोई भी व्यक्ति जो सक्रिय अहिंसा में विश्वास करता है, सामाजिक अन्याय को, फिर वह कहीं भी क्यों न होता हो, बर्दाश्त नहीं कर सकता जबकि पाश्चात्य देशों के विचारक अपने सिद्धांतों को हिंसा के जरिए ही अमल में ला सकते हैं।

गांधी का यह मानना था कि कमजोर से कमजोर व्यक्ति से हम जोर-जबरदस्ती के आधार पर सामाजिक न्याय का पालन नहीं करा सकते है। पतित से पतित लोगों को भी यदि सही तालीम दी जाएं तो अहिंसक साधनों द्वारा सब प्रकार के अत्याचारों का प्रतिकार किया जा सकता है। उसका अहिंसक असहयोग ही मुख्य साधन है। कभी-कभी यह भी देखने को आता है कि असहयोग भी उतना ही कर्तव्य रूप हो जाता है जितना सहयोग। जिस चीज को हिंसा के जरिए कभी नहीं पाया जा सकता, वही अहिंसात्मक असहयोग द्वारा सिद्ध या प्राप्त की जा सकती है जिसका परिणाम होता है कि अत्याचारियों का हृदय परिवर्तन भी हो सकता है।

गांधी जी का यह विश्वास था कि धनिकों के साथ कभी भी जोर जबरदस्ती न की जायेगी ऐसा विश्वास डालना होगा और निर्धनों को यह सिखाना होगा कि

उनकी मर्जी के खिलाफ कोई भी जबरदस्ती काम नहीं ले सकेगा। वे अहिंसा की कला को सीखकर अपनी स्वतंत्रता प्राप्त कर सकते हैं।

गांधी जी का विश्वास था कि जो चीज लाखों लोगों को नहीं मिलती, उसे हमें दृढ़तापूर्वक इंकार कर देना चाहिए। त्याग की यह भावना हमें एकाएक नहीं मिलती है। सर्वप्रथम तो हमें यह मनोवृत्ति जागृत करनी होगी जिन सुख-सुविधाओं का लाखों लोग उपयोग नहीं कर सकते है उसका हमें उपयोग नहीं करना चाहिए।[1]

गांधी जी का कहना था कि प्रत्येक समाज में हर एक व्यक्ति अपनी शक्तियों का उपयोग व्यक्तिगत स्वार्थ साधने के लिए नहीं बल्कि सबके कल्याण के लिए कार्य करे, तो निश्चित रूप से ही समाज की सुख समृद्धि होगी। धनवान् व्यक्ति जो करोड़ों रुपये कमाएं, उनका उद्देश्य समाज के सभी लोगों के कल्याण पर खर्च करना हो जाए तो निश्चित रूप से ही समाज का कल्याण होगा।[2]

उपर्युक्त कथनों को देखने से यह स्पष्ट होता है कि समाज के अधिकांश लोगों को जो वस्तु उपलब्ध नहीं होती है, उसका उपयोग धनवान् लोगों को नहीं करना चाहिए तभी समाज में समानता की भावना तथा कल्याण का प्रभावकारी रूप हमें दिखायी देता है। गांधी जी की सलाह थी कि पूंजीपतियों को चाहिए कि वे अपने कमाए गए धन का अधिकाधिक उपयोग समाज के कल्याणकारी कार्यक्रमों में करें, तभी लोगों के जीवन स्तर में सुधार तथा असमानता को कम किया जा सकता है।

गांधी का विचार था कि समाज में सभी लोग पैदा समान होते हैं, सभी को कार्य करने का समान अवसर प्राप्त होना चाहिए, किंतु प्रकृति की यह विडम्बना है कि सभी लोगों की क्षमता एक समान नहीं होती है। बुद्धिशाली या संपत्तिशाली लोगों को यह चाहिए कि समाज के सभी लोगों का उपकार या कल्याण में लगे जिससे राज्य का कार्य सुचारू रूप से चल सके। बुद्धिशाली आदमी को चाहिए कि अपनी कमाई का अधिकांश भाग राज्य की भलाई के लिए लगाएं, तभी कल्याणकारी कार्य को आसानी से किया जा सकता है।[1]

गांधी जी यह चाहते थे कि समाज में सभी लोगों का दर्जा एक समान बना रहे, कोइ भी ऊंच-नीच की भावना न हो। मजदूरी करने वाले लोगों को समाज ने सैंकड़ों वर्षों से सभ्य समाज से अलग रखा है तथा उन्हें नीचा दिखाने की मनोवृत्ति रही है। गांधी जी का मत था कि बुनकर, किसान एवं शिक्षक के लड़कों में कोई भी भेदभाव की भावना होने नहीं दूंगा।[2]

गांधी जी समाज के सभी वर्गों के बीच समानता की भावना को बनाए रखना चाहते थे ताकि समाज में किसी भी प्रकार का भेदभाव न हो, समाज के सभी लोगों का आर्थिक एवं सामाजिक उत्थान हो। आर्थिक समानता से तात्पर्य गांधी का था कि पूंजी तथा मजदूरी के बीच झगड़ों को हमेशा के लिए मिटा दिया जाय। यह झगड़ा तथा भेदभाव तभी कम किया जा सकता है जबकि संपत्तिशाली वर्ग के लोगों के पास जमा संपत्ति को कम किया जाए तथा गरीब वर्ग, जिनकी संख्या करोड़ों में है उनकी संपत्ति को बढ़ाया जाए। जब तक इन दोनों के बीच भेदभाव या अंतर बना रहेगा तब तक अहिंसा की बुनियाद पर चलने वाली राज्य व्यवस्था कायम नहीं रह सकती है। धनवानों को अपनी खुशी से सबके कल्याण के लिए, सबको साथ मिलाकर कल्याण कार्यों के लिए धन का व्यय करना होगा तभी देश में समानता स्थापित होगी अन्यथा देश में हिंसक और खूनी क्रांति होकर रहेगी।

अहिंसक स्वराज्य किसी अच्छे मुहूर्त में अचानक आसमान से नहीं टपक पड़ेगा, बल्कि जब हम सब मिलकर एक साथ अपनी मेहनत से एक-एक ईंट रखेंगे तभी स्वराज्य की इमारत बनकर तैयार होगी।

गांधी ने कहा कि आज के अमीर और गरीब के भेदभाव से मेरे दिल को बड़ी चोट पहुँचती है। विदेशी नौकरशाही और देश के रहने वाले शहरी लोग, गांवों के गरीबों का शोषण करते हैं। गांव वाले अन्न पैदा करते हैं किंतु स्वयं खाने के लिए मरते हैं। हर एक आदमी को पौष्टिक भोजन, रहने के लिए अच्छा आवास, बच्चों की शिक्षा के लिए हर तरह की सुविधाएं और चिकित्सा की भी सुविधा प्राप्त होनी चाहिए। गांधी की आर्थिक समानता की यही कल्पना थी। गांधी जी का विचार था कि गरीबों की जरूरतें पूरी हो जाए, फिर लोग जरूरत से ज्यादा रखें, तो कोई हर्ज नहीं है।[2]

इस प्रकार हम देखते है कि गांधी जी ने गांव में रहने वाले लोगों के सामाजिक कल्याण पर विशेष बल दिया ताकि ग्रामीण निर्धन जनसंख्या के जीवन स्तर में सुधार हो तथा लोगों को सामान्य न्यूनतम जीवन स्तर व्यतीत करने की हर सुविधा उपलब्ध हो जाए। गांधी जी गरीब और अमीरों के बीच बढ़ते हुए गतिरोधों को कम करने के पक्षधर थे ताकि देश में कटुता न बढ़े तथा प्रेम व्यवहार का वातावरण बना रहे।

गांधी जी का विश्वास था कि राज्य सत्ता पाने वाले लोगों से वे समानता के सिद्धांत के पालन कर अमल करवायेंगे। उनका विश्वास था कि राज्य प्रजा की

रक्षा करेगा न कि अपनी शक्ति या आज्ञा को जबरदस्ती ला देगा। गांधी ने कहा कि मैं अपनी प्रेम शक्ति से लोगों को अपनी बात समझाऊंगा न कि घृणा से। इस प्रकार वे अहिंसा द्वारा आर्थिक समानता लाने के इच्छुक थे।[1]

गांधी जी का विश्वास था कि देश में भयंकर आर्थिक असमानता है। समाजवाद के मूल में आर्थिक समानता है। कुछ लोगों के पास करोड़ों रुपये तथा शेष के पास खाने को सूखी रोटी भी नहीं, ऐसी भयानक असमानता में रामराज्य की कल्पना नहीं की जा सकती है।[2] इस प्रकार हम यह देखते हैं कि गांधी जी अधिकांश गरीब जनता को खुशहाल तथा स्वावलम्बी बनाना चाहते थे ताकि देश में आर्थिक समानतारूपी रामराज्य की प्राप्ति की जा सके तथा सभी वर्गों के लोगों का जीवन स्तर सुधर सके।

गांधी जी पूंजी का संकेन्द्रण कुछ लोगों के हाथों केन्द्रित रहने पर आपत्ति करते थे तथा पूंजी का वितरण समाज के कमजोर वर्गों तक करने के पक्षधर थे तभी आय का वितरण समान होगा तथा सभी को सामाजिक न्याय की प्राप्ति आसानी से हो सकेगी।[3]

गांधी का विचार था कि आर्थिक समानता का यह अर्थ नहीं कि समाज में सभी मनुष्यों के पास समान संपत्ति हो। उनका कहना था कि इतनी संपत्ति हो कि अपनी न्यूनतम आवश्यकताएं पूरी कर सकें। गांधी जी अहिंसा के द्वारा आर्थिक समानता को प्राप्त करने की बात करते थे। जिसने जिस आदर्श को अपनाया हो वह उससे अपने जीवन में आवश्यक परिवर्तन करें।[4] हिन्दुस्तान की गरीब जनता के साथ अपनी तुलना करके, वह अपनी आवश्यकताएं कम करें, अपनी धन कमाने की शक्ति को अंकुश में रखे, ईमानदारी से धन कमायें। सट्टे की मनोवृत्ति हो, तो उसका त्याग करें। अपने जीवन को संयमी बनायें, तभी आर्थिक समानता का सही रूप हमें दिखायी देगा।

आर्थिक समानता के मूल में है अमीरों का ट्रस्टीशिप। जिस आदर्श के अनुसार धनिक को अपने पड़ोसी से एक भी कौड़ी ज्यादा रखने का अधिकार नहीं है। यदि वह रखता है तो क्या अतिरिक्त धन उससे ले लिया जाए, इसे प्राप्त करने के लिए हिंसा का सहारा ही लेना पड़ेगा। गांधी जी का अहिंसक मार्ग यह कहता है कि अपनी आवश्यकता से अधिक का धन वह अपनी प्रजा को ट्रस्टी बना कर सौंप दे। जब धनिक अपने आपको समाज सेवक बनायेगा, समाज के कल्याण को बढ़ाने का प्रयत्न करेगा, तभी उसकी कमाई में शुद्धता दिखाई देगी। उसके साहस

में भी अहिंसा परिलक्षित होगी। वास्तव में अहिंसा का व्यापक रूप नहीं दिखायी देता है। अहिंसा तो व्यक्तिगत रूप में विकसित की जा सकती है। अहिंसा एक सामाजिक धर्म है, इसे इसी आधार पर विकसित किया जा सकता है। धर्म का रूपांतर तो हो सकता है मगर धर्म तो जब तक जगत है तब तक चलता ही रहेगा क्योंकि जगत धर्म ही एक आधार है। धर्म की अंतिम व्याख्या "ईश्वर का कानून"। कोई भी संपत्तिशाली व्यक्ति, गरीबों के सहयोग के बिना धन नहीं कमा सकता है। मनुष्य को अपनी हिंसक शक्ति का तो पता है परंतु अहिंसारूपी शक्ति की अभिव्यक्ति धीरे-धीरे होती है। यह प्रवृत्ति का भान यदि गरीबों तथा असहायों के बीच फैल जाएं तो वे बलवान् बने तथा आर्थिक असमानता को अहिंसक तरीके से दूर किया जा सकता है।

गांधी जी का विश्वास था कि जिस अर्थशास्त्र से व्यक्ति या राष्ट्र के नैतिक कल्याण को नुकसान पहुँचता हो वह अनीतिपूर्ण तथा पापपूर्ण हैं जो आर्थिक पद्धति किसी दूसरे देश की शोषण करने की बात करती है, मजदूरों को उसकी मजदूरी का उचित भुगतान नहीं करती है, शोषण करती है, वह पापपूर्ण पद्धति है, उसका तिरस्कार किया जाना चाहिए।

गांधी जी का विचार था कि दुनिया के किसी भी भू-भाग में लोगों को अन्न तथा वस्त्र की कमी नहीं होनी चाहिए। प्रत्येक व्यक्ति को उतना कार्य अवश्य मिल जाना चाहिए कि वह अपने खाने-पहनने की जरूरतें पूरी कर सके। यह आदर्श व्यवहार तभी सही सिद्ध हो सकता है कि जब जीवन की प्राथमिक आवश्यकताओं के उत्पादन के साधन जनता के सीधे नियंत्रण में हो। सभी मनुष्यों को वे सभी चीजें बिना किसी बाधा के प्राप्त होनी चाहिए। किसी का शोषण नहीं होना चाहिए। किसी देश या समुदाय का उन पर एकाधिकार जमाना अन्यायपूर्ण माना जायेगा। जो अर्थशास्त्र धन की पूजा करना सिखाता है, बलवानों, दुर्बलों का शोषण करके धन का संग्रह करने की सुविधा देता है, उसे शास्त्र का नाम नहीं दिया जा सकता है। सच्चा अर्थशास्त्र वही है, जो समाज के सभी वर्गों में सामाजिक न्याय की प्रतिष्ठा करवाता है।[1] वह समान भाव से सबकी भलाई का प्रयत्न करता है। चाहे वह कमजोर वर्ग हो या संपन्नशाली वर्ग का।

संसार का कोई देश हो, कोई उद्योग, चाहे कितना ही छोटा हो, थोड़ी-बहुत हिंसा के बिना संभव नहीं होगा। हिंसा होना स्वाभाविक है, किंतु हिंसा को कम से कम किया जाना चाहिए। जो कोई भी व्यक्ति अहिंसा में विश्वास रखता है, वह ऐसे धंधे में लगेगा जिसमें कम से कम हिंसा हो।[2]

गांधी जी ने यह बताया कि भारतवर्ष में एक ऐसा समय था जब ग्रामीण अर्थव्यवस्था का संगठन अहिंसक आधार पर था। मनुष्य के जीवन यापन अधिकारों के आधार पर न होकर कर्तव्यों के आधार पर हुआ करता था। इस व्यवस्था में अन्याय को कम किया जाता था। शरीर श्रम ही सही श्रम का आधार था। बड़े-बड़े उद्योग-धंधे नहीं थे। मनुष्य उतनी ही जमीन रखता था जितना कि वह जोत-बो सके तथा वह दूसरों का शोषण नहीं करता था। दस्तकारियों में शोषण की गुंजाइश नहीं होती थी।[1] गांधी जी ने जब अपना विचार स्पष्ट किया तब ग्रामीण अर्थव्यवस्था का आधार अहिंसक माना था। शरीर श्रम को ही महत्वपूर्ण स्थान प्रदान किया था। मनुष्य अपने लिए उतनी ही जमीन रखता था, जितने पर वह खेती कर सके।

भारतीय समाज को शांति मार्ग पर चलते हुए सच्ची प्रगति प्राप्त करनी हो तो धनिक वर्ग को यह स्वीकार करना होगा कि किसानों के भीतर भी वही आत्मा है जैसी कि उसके शरीर में है। पूंजीपति अपनी धन-दौलत के कारण गरीबों से श्रेष्ठ नहीं है। उन्हें चाहिए कि अपने धन का उपयोग किसानों की भलाई के लिए करें।

समाज का संपत्तिशाली वर्ग किसानों के हितों को ध्यान में रखकर कार्य करेगा। उनके जीवन की आवश्यकताओं को पूरा करने में अपना पूरा जीवन ही लगा देना चाहिए। वह गांवों में शिक्षा का प्रसार, गंदगी को दूर करने पर बल देगा। किसानों को इस बात के लिए प्रेरित करेगा कि वे अपने मल-मूत्र, स्वयं ही साफ करें तथा स्वच्छ बने। वह चिकित्सा की सुविधा का भी भरपूर प्रयास करेगा कि समाज के सभी लोगों का जीवन-यापन सुखी एवं समृद्धिशाली बन सके।

गांधी का विश्वास था कि पूंजीपतियों को यह चाहिए कि वह अपना अतिरिक्त पूंजी संग्रह छोड़ दे ताकि सभी लोगों को वास्तविक सुख-समृद्धि प्राप्त हो सके। यदि गरीबों तथा असहायों की सुख-समृद्धि पर जोर न दिया गया तो निश्चित रूप जिसमें समाज में भयावह क्रांति की स्थिति उत्पन्न हो सकती है।

गांधी जी यह कहा करते थे कि मैं पूंजीपतियों तथा जमींदारों का अहिंसा के आधार पर हृदय परिवर्तन करना चाहता हूं। कम से कम संघर्ष का रास्ता आदमी को लेना चाहिए जमीन पर मेहनत करने वाले गरीब किसानों तथा मजदूरों को जब अपनी मेहनत की ताकत की पहचान होगी तब ही जमींदारों की बुराइयों का बुरापन दूर होगा।

गांधी का विश्वास था कि भूमिहीन खेतिहर मजदूरों की मजदूरी इस सीमा तक बढ़ायी जाय कि वे अपना जीवन-यापन सुख से कर सके। उन्हें संतुलित भोजन, आवश्यक घर तथा कपड़े प्राप्त हो सके। गांधी जी का मत था कि यदि राज्य ने पूंजीवाद को हिंसा के द्वारा दबाने की कोशिश की तो वह खुद ही हिंसा के जाल में फंस जायेगा तथा वह कभी भी अहिंसा का विकास नहीं कर पायेगा। राज्य हिंसा का केन्द्रित और संगठित रूप है। व्यक्ति में आत्मा होती है, परंतु चूंकि राज्य एक जड़ की तरह है इसलिए उसे हिंसा, से कभी भी नहीं छुड़ाया जा सकता, क्योंकि हिंसा से ही उसका जन्म होता है। गांधी जी का विश्वास था कि लोग स्वेच्छा से ट्रस्टियों की तरह व्यवहार करने लगे तो मुझे सचमुच खुशी होगी। यदि वे ऐसा नहीं करते तो मेरा ख्याल है कि हमें राज्य के द्वारा भरसक हिंसा का आश्रय लेकर उनसे उनकी समाप्ति ले लेनी पड़ेगी। गांधी जी का व्यक्तिगत तौर पर यह विचार था कि राज्य की शक्ति का केन्द्रियकरण होने के बजाय ट्रस्टीशिप की भावना का विस्तार हो क्योंकि राज्य की हिंसा की तुलना में वैयक्तिक मालिकों की हिंसा कम हानिकर है। लेकिन यदि राज्य की मालिकी अनिवार्य हो तो मैं भरसक राज्य की कम से कम मालिकी की सिफारिश करूंगा।[2]

गांधी जी का कथन था कि समाज में अहिंसा का विचार एक व्यक्तिगत गुण नहीं है वरन् सामाजिक गुण भी है। समाज के पारस्परिक व्यवहारों का नियमन बहुत हद तक अहिंसा के द्वारा होता है।[1] अहिंसा के साथ किसी दूसरे सिद्धांत का मेल नहीं बैठता है। अहिंसक मार्ग की यह विशेषता है कि अन्यायी यदि अपना अन्याय दूर नहीं करता तो वह अपना नाश खुद ही कर डालता है। अहिंसक असहयोग के कारण या तो वह अपनी गलती देखने और सुधारने के लिए मजबूर हो जाता है या बिल्कुल अकेला पड़ जाता है।[2]

गांधी जी यह कहा करते थे कि अगर विधान सभाएं किसानों के हितों की रक्षा करने में पूर्ण रूप से असमर्थ सिद्ध होती है तो उनके पास सविनय अवज्ञा और असहयोग का रास्ता ही बच जाता है। समाज में अन्याय या दमन से जो चीज प्रजा की रक्षा करती है वह अहिंसक संगठन, अनुशासन और बलिदान से पैदा होने वाली ताकत है।[3] इस कथन को देखने से यह स्पष्ट हो जाता है कि गांधी जी किसानों के हितों के प्रति सदैव सचेष्ट रहे हैं तथा उनको उनके कार्य का उचित मूल्य एवं सम्मान दिलाने के हिमायती थे। वे असहयोग तथा सविनय अवज्ञा के द्वारा अन्याय या दमन पर काबू होने की बात किया करते थे, ताकि अहिंसक रूपी राज्य का सही रूप दिखायी दे।

गांधी का कथन था कि समाजवादी को सत्य और अहिंसा की प्रतिमूर्ति होना चाहिए, ईश्वर के प्रति सच्ची श्रद्धा भक्ति होनी चाहिए। अहिंसा का पालन केवल व्यक्ति ही कर सकता है वह भी विरले व्यक्ति। गांधी जी यह कहा करते थे कि मैं राज्य की सत्ता वृद्धि को बहुत भयभीत दृष्टि से देखता हूं, क्योंकि वह तो शोषण को कम करके लाभ पहुँचाती है परंतु मनुष्य के व्यक्तित्व को नष्ट करके वह मानव जाति को बड़ी से बड़ी हानि पहुँचाती है।

गांधी जी के समाजवाद का अर्थ है "सर्वोदय"। मैं गूंगे, बहरे और अंधों को मिटाकर उठना नहीं चाहता जबकि अमेरिका का एकमात्र मकसद भौतिक उन्नति करना है। गांधी जी का विश्वास था कि प्रत्येक व्यक्ति को अपना विकास करने की पूर्ण आजादी होनी चाहिए। आजादी नीचे से शुरू होनी चाहिए। हर एक गांव में मजदूरी सल्तनत या पंचायत का राज्य होगा। उसके पास पूरी सत्ता तथा ताकत होगी। हर एक गांव को अपने पांव पर खड़ा होना होगा, अपनी जरूरतों को खुद पूरा करना होगा ताकि वे अपना व्यवसाय खुद चला सके तथा स्वावलम्बी बन सके। जब तक ईश्वर पर विश्वास न होगा तब तक सत्य और अहिंसा पर चलना मुश्किल होगा।

## संदर्भ

1. विनोवा, सर्वोदय और साम्यवाद, पृ. 33.
2. अमृत बाजार पत्रिका (अंग्रेजी दैनिक, कलकत्ता), 2 अगस्त 1934.
3. हरिजन, अंग्रेजी साप्ताहिक, 13 मार्च 1937.
4. यंग इण्डिया, 15 नवम्बर 1928.
5. हरिजन, 2 जनवरी 1937.
6. वही, 20 फरवरी 1937.
7. वही, 13 जुलाई 1947.
8. मेरा समाजवाद, गांधी जी, नवजीन प्रकाशन, अहमदाबाद, 1959, पृ. 10-11.
9. वही, पृ. 13.
10. वही, पृ. 13.
11. मेरा समाजवाद, गांधी जी, पृ. 14.
12. हरिजन सेवक, 20 अप्रैल, 1940.
13. यंग इण्डिया, 24 जून 1926.
14. हरिजन, 22 फरवरी 1942.

15. यंग इण्डिया, 26 नवम्बर 1931.
16. हरिजन, 15 जनवरी, 1938.
17. रचनात्मक कार्यक्रम, 1959, पृ. 40-42.
18. हरिजन सेवक, 31 मार्च 1946, (प्यारेलाल को गांधी जी का साम्यवाद लेख)
19. हरिजन सेवक, 31 मार्च 1946.
20. हरिजन सेवक, 1 जून 1947.
21. यंग इण्डिया, 23 मार्च 1921.
22. हरिजन सेवक, 24 अगस्त, 1940.
23. हरिजन सेवक, 24 अगस्तर, 1940.
24. यंग इण्डिया, 13 अक्टूबर, 1921.
25. हरिजन, 9 अक्टूबर, 1937.
26. गांधी जी, "मेरा समाजवाद", नवजीवन प्रकाशन मंदिर, अहमदाबाद 1959 पृ. 39.
27. हरिजन, 1 सितम्बर, 1940.
28. यंग इण्डिया, 5 दिसम्बर, 1929.
29. हरिजन, 5 दिसम्बर 1936.
30. दि माडर्न रिव्यू, 1935, पृ. 412.
31. हरिजन, जनवरी 7, 1939.
32. हरिजन, दिसम्बर 16, 1939.
33. दी बॉम्बे क्रॉनिकल, दिसम्बर 12, 1945.

# 7

# साम्यवाद और साम्ययोग विचारों का तुलनात्मक विश्लेषण

गांधी जी ने आर्थिक पद्धति के सर्वोदय दर्शन की भूमिका में आज के प्रचलित समस्त पद्धतियों के गुणात्मक स्वरूप को मानवीय मूल्यों के आधार पर निर्मित किया है। पूंजीपतियों द्वारा पूंजी के दुरूपयोग की बात लोगों के ध्यान में आयी तब समाजवाद का जन्म हुआ, यह कहना पूर्णतः गलत है।

गांधी जी ने कहा कि समाजवाद और साम्यवाद पश्चिम के सिद्धांत जिन विचारों पर आधारित है, वे हमारे बुनियादी विचारों से भिन्न है। हमारा समाजवाद या साम्यवाद अहिंसा की कसौटी पर बनाया गया है जिसमें मजदूरों तथा पूंजीपतियों या जमींदारों तथा किसानों के मीठे सहयोग का आधार होना चाहिए।[1] अहिंसा के आधार साम्यवाद का अर्थ वर्ग विहीन समाज की स्थापना करना है। किंतु इस वर्ग विहीन समाज को प्राप्त करने के लिए जब हिंसा का प्रयोग करने की बात करते हैं, तब मेरा रास्ता उससे अलग हो जाता है। सामान्य जन जीवन पर जबरदस्ती लादा जाने वाला साम्यवाद भारत के लिए उपयुक्त नहीं है। भारत की प्रकृति के साथ उसका सामंजस्य नहीं बैठता है, किंतु यदि साम्यवाद बिना हिंसा के प्राप्त हो, तो हम उसका स्वागत करेंगे।[2] गांधी जी का विश्वास था कि हिंसा की नींव पर किसी स्थायी रचना का निर्माण नहीं हो सकता है।[3] गांधी जी का यह मत था कि साम्यवाद बिना हिंसा के प्राप्त हो, तो वह देश के लिए उपयोगी सिद्ध हो सकता है किंतु हिंसा की नींव पर खड़ा साम्यवाद स्थायी निर्माण नहीं हो सकता।

सर्वोदय अर्थव्यवस्था में स्वामित्व का क्या होगा, संचालन किस प्रकार होगा, उससे प्राप्त उत्पादन का व्यक्तियों के बीच किस तरह से वितरण होगा, यह एक

विचारणीय विषय है। इसके लिए अर्थव्यवस्था स्वावलम्बन के आधार पर मान्य की गयी है जिसके अंतर्गत उत्पादन सबके लिए तथा उपभोग के लिए होगा। समाज का प्रत्येक व्यक्ति उत्पादन से लाभान्वित होगा।

हमारे सामने सबसे बड़ा प्रश्न यह है कि आर्थिक पद्धतियों का प्रयोग किस धरातल पर हो और किस प्रकार का हो? सीमित क्षेत्र में इसके प्रयोग किए गए हैं, परंतु विस्तृत क्षेत्र में बिना इसके प्रयोग के यह नहीं कहा जा सकता कि यह पूर्ण रूप से सही सिद्ध होंगे। इसके पीछे कतिपय कारण दिखायी देते है जो इस प्रकार से है—प्रथम - भौतिक साधनों का विकास जिसे हम तकनीकी प्रगति कह सकते हैं उसकी प्रगति की चाल तीव्र है और मानवीय समाज की, जिसे दूसरे रूप में हम सामाजिक स्थिति कह सकते हैं, प्रगति की चाल, उससे बहुत पीछे है। आर्थिक पद्धति और तकनीकी विकास, दोनों में बहुत अधिक विषमता हो गयी है। तकनीकी प्रगति के निर्माता मनुष्य है और सामाजिक पद्धति को बनाने वाला मनुष्य है। इन दोनों में असंतुलन के कारण मनुष्य के विचार, मनुष्य की आकांक्षायें, मनुष्य की कार्य प्रणाली व क्रियाशीलता इन सभी में अंतर दिखायी देता है। मनुष्य स्वयं इन परिस्थितियों के कारण यह निश्चित नहीं कर पाता कि अपने निजी स्वार्थ, सामाजिक स्वार्थ तथा परमार्थ का समन्वय वह किस मात्रा में किस सीमा तक करें। इन्हीं सब अंतर्द्वन्द्व एवं विरोधाभास के कारण मनुष्य किसी सही रास्ते का अनुगामी नहीं बन पा रहा है। इन सभी परिस्थितियों का जब हम विश्लेषण करते हैं तो ऐसा लगता है कि कहीं न कहीं बड़ा दोष है जो मनुष्य के लिए बाधक है। प्रत्येक व्यक्ति आज एक तीसरे प्रकार की पद्धति, व्यवस्था तथा विचार की तलाश में है कि ये दोनों पद्धतियां अब बेकार सी हो गयी है, यह तीसरी, पद्धति सर्वोदय अर्थशास्त्र की है।

सर्वोदय व्यवस्था में प्रचलित दो आर्थिक पद्धतियों के बीच विषमता दूर हो जायेगी। इन द्वन्द्वों में एक व्यक्ति व समाज का द्वन्द्व है। दूसरा पूंजी और श्रम का द्वन्द्व, तीसरा अधिकार एवं कर्त्तव्य का द्वन्द्व, चौथा मानवता और भौतिकता का द्वन्द्व, पांचवा स्वावलम्बन तथा परावलम्बन का द्वन्द्व, छठा मालिक और मजदूर का द्वन्द्व, सातवां कच्चे और पक्के माल का द्वन्द्व, आठवां उपभोक्ता और उत्पादक और नवां उत्पादन एवं वितरण का द्वन्द्व है, इन सभी द्वन्द्वों का निराकण इस पद्धति के द्वारा आसानी से हो जाता है।

गांधी के अनुसार "वर्ग युद्ध का विचार मुझे नहीं भाता। हमें पश्चिम से आये हुए मोहक नारों के असर में जाने से बचना चाहिए।[1] क्या हमारे पास हमारी

विशिष्ट परम्परा नहीं है? क्या हम श्रम और पूंजी का कोई अपना हल नहीं निकाल सकते? वर्णाश्रम की व्यवस्था बड़े और छोटों का भेद दूर करने या पूंजी और श्रम में मेल साधने का एक उत्तम साधन नहीं तो और क्या है? वास्तव में पश्चिम से जो विचार एवं भावनाएं आयी है उनका एकमात्र आधार हिंसा का है।

## सर्वोदय की पद्धति

इस पद्धति में उत्पादक ही उपभोक्ता होगा। प्रत्येक व्यक्ति को उपभोग के लिए पहले उत्पादक बनना होगा। इससे संबंधों के बीच जो द्वन्द्व होंगे, वे समाप्त हो जायेंगे। उत्पादक समाज को इस बात की गारंटी देंगे कि सभी सामाजिक एवं आर्थिक कार्य समान है। ऊंच-नीच, मालिक-मजदूर, उत्पादन-वितरण इन सब समस्याओं के लिए कोई स्थान नहीं होगा। प्रत्येक व्यक्ति समाज के लिए उत्पादन करेगा और समाज उतना समृद्धिशील बनेगा कि वह प्रत्येक व्यक्ति की उत्पादकता एवं कार्य क्षमता की वृद्धि में सहायक होगा। इस प्रकार से व्यक्ति एवं समाज एक दूसरे के पूरक होंगे न कि एक दूसरे के विरोधी। वर्तमान समय में स्वतंत्र अर्थव्यवस्था में जो इतना दुराव पैदा हुआ है, वह सामप्त हो जायेगा। इस पद्धति में व्यक्ति पूर्णरूपेण शक्तिमान होगा। जो उनके समक्ष बाधाएं है, वह समाप्त हो जायेंगी। पूंजीवादी एवं समाजवादी अर्थव्यवस्था में जो दोष उत्पन्न हो गया है, उसका निराकरण होगा। माननीय अर्थशास्त्र मानवीय मूल्यों से संचालित होगा। ऐसी स्थिति में किसी भी प्रक्रिया में कोई द्वेष पैदा नहीं हो सकता है।

पूंजीवादी अर्थव्यवस्था में जहां प्रत्येक व्यक्ति को अधिक महत्व दिया गया है तथा व्यक्तिवादी आर्थिक व्यवस्था अपनाने पर जोर दिया गया है, वहीं दूसरी तरफ समाजवादी अर्थव्यवस्था में व्यक्ति को महत्व न देकर, समाज को अधिक महत्व दिया जाता है। सर्वोदय अर्थ पद्धति में व्यक्ति व समाज में अंतर समाप्त हो जाते है। इस पद्धति में व्यक्ति व समाज दोनों की ही प्रधानता रहती है। व्यक्ति और समाज एक दूसरे के विरोधी न होकर एक दूसरे के सहायक एवं पूरक होते है। यह पद्धति व्यक्तिकरण एवं समाजीकरण दोनों में कोई भेद नहीं करती है। इसे व्यक्ति का समाजीकरण कह सकते है।

किसी समाज में व्यक्ति का गुणात्मक विकास जिस प्रकार से परिवार में होता है, उसी प्रकार से समाज में भी होता है। हमारी सारी आर्थिक व्यवस्था, इन्हीं गुणों द्वारा नियंत्रित एवं संचालित होती है। परिवार का प्रत्येक सदस्य अपनी योग्यता एवं क्षमता के अनुसार उत्पादन करके पूरे परिवार का भरण-पोषण करता

है, उसी प्रकार से इस व्यवस्था में प्रत्येक व्यक्ति, उत्पादन अपनी योग्यता के अनुसार करेगा। इस उत्पादित वस्तुओं के उपभोग के लिए अपनी आवश्यकतानुसार प्रत्येक परिवार का सदस्य वस्तुओं को ग्रहण करें। यह प्रवृत्ति एवं प्रक्रिया सामाजिक उपभोग के संदर्भ में भी होगी। प्रत्येक परिवार में जो संबंध उत्पादन एवं उपभोग के होते है, वही संबंध समाज में भी होते हैं। समाज एवं परिवार इन्हीं मूल्यों पर चलते है। ऐसी स्थिति में समाज का प्रत्येक सदस्य अधिकतम उत्पादन भी करता है और अधिकतम उपभोग भी करता है।

पूंजीवादी एवं साम्यवादी अर्थव्यवस्था में जो उत्पादन एवं उपभोग के गुण हैं, वे इस अर्थव्यवस्था में स्वतः आ जाते हैं। इस आर्थिक पद्धति में यही सबसे बड़ा गुण है। इसी गुणात्मक संदर्भ में सारी आर्थिक क्रियाएं जैसे उपभोग, उत्पादन, विनिमय चलते है। आज की प्रचलित आर्थिक पद्धति में जो विकार उत्पन्न होते है, उनकी संभावना इस पद्धति में नहीं होती। विश्व में इस पद्धति के गुणों का नाम तो लिया जाता है परंतु इसका प्रयोग अभी तक नहीं हो पाया है। इसका प्रमुख कारण—मनुष्य की कमजोरियां इस रास्ते में बाधक होती है। आज सभी कार्यों का केन्द्र बिन्दु राज्यतंत्र होता है। पूंजीवादी एवं समाजवादी अर्थव्यवस्था में राज्य का प्रयोग बड़ी मात्रा में किया जाता है। चूंकि इस अर्थव्यवस्था में उपभोग के प्रकार, उसकी सीमा आदि निश्चित होंगे इसलिए उत्पादन मर्यादित एवं स्वास्थ्यवर्धक उपभोग से नियंत्रित एवं संचालित होंगे। कृषि, उद्योग, यातायात, बैंक, वाणिज्य, सबका नियमानुसार संचालन इन्हीं गुणों पर आधारित होगा। गांधी जी के अनुसार "जहां तक मैं जानता हूं दुनिया में ऐसा कोई भी देश नहीं है, जो पूरी तरह समाजवादी हो। मेरे बताए हुए साधनों के बिना ऐसा समाज कायम करना असंभव है।[1] गांधी जी का विश्वास था कि संसार में समाजवादी कहने वाला देश पूरी तरह समाजवादी नहीं है क्योंकि निश्चित रूप से उसमें कुछ न कुछ कमियां अवश्य होगी।

### साम्यवाद और साम्ययोग में मूलभूत अंतर

साम्यवाद और साम्ययोग दोनों ही अलग-अलग विचार है, अलग-अलग विशेषता तथा कमियां है। यहां हम दोनों के बीच क्या अंतर है? उसकी व्याख्या कर रहे हैं।

साम्ययोग में ऐसा माना जाता है कि मनुष्य स्वभावतः गुणों का पुंज है, उसकी प्रकृति एवं प्रवृत्ति सद्‌गुणमय होती है। यह मानवीय निष्ठा में पूर्ण विश्वास करता है विशेष रूप से गुणात्मक शक्ति में विश्वास करता है।

जबकि साम्यवाद का यह कहना है कि मनुष्य न तो स्वभाव से अच्छा है न बुरा, उसे परिस्थितियां अच्छा और बुरा बनाती है। साम्यवाद की मान्यता मनुष्यता में और मनुष्य की गुणात्मक शक्ति में नहीं है वरन परिस्थितियों में है। मनुष्य इन्हीं परिस्थितियों का दास है। इसलिए साम्यवाद मनुष्य को परिस्थितियों में बांधता है और सापेक्षिक मूल्य में विश्वास करता है। साम्यवाद मूल्य की विभिन्नता के कारण साम्ययोग से अपने सारे विश्लेषण में भिन्न हो जाता है।

साम्ययोग आत्मसंयम, आत्मविश्वास, आत्म निर्माण पर बल देता है। इससे मनुष्य में नए संस्कारों का जन्म होता है और परिस्थितियों में ऐसा परिवर्तन होता है कि मनुष्य की मूलभुत प्रवृत्ति के विकास में कोई बाधा नहीं पहुँच पाती और उन सब दोषों के हटाते रहने की प्रक्रिया चलती है जो कि मनुष्यता के विकास में बाधक होते हैं। ये परिस्थितिजन्य दोष उस राख की तरह होते है जो प्रज्वलित अग्नि के ऊपर कालांतर में आ जाते हैं। उनका विशेष कोई महत्व नहीं होता है।

जबकि साम्यवाद वस्तु परिवर्तन को प्रधानता देता है। चूँकि यह इस मान्यता पर आधारित है कि परिस्थितियां ही मनुष्य का निर्माण करती है और बाह्य वस्तुएं ही मनुष्य के विचार, मस्तिष्क, मन को निर्मित करती है इसलिए सारी परिस्थितियों को ही बलपूर्वक इस तरह परिवर्तित कर देगा कि जो इनसे दोष उत्पन्न होते हैं वे उत्पन्न ही न हो और मनुष्य दोषमय न हो सके। साम्यवाद मनुष्य को दुर्बल प्रणाली मानता है और परिस्थितियों को उसका निर्माता मानता है। यद्यपि यह भ्रम ही है कि परिस्थितियों के निर्माता मनुष्य को इतना निर्बल मान लिया जाय क्योंकि जो मनुष्य परिस्थितियों का निर्माण करता है, उसमें इतनी शक्ति तो अवश्य ही होती है कि वह आवश्यकता पड़ने पर उसे नष्ट भी कर दें। समाज में कभी-कभी परिस्थितियां कुछ समय तक मनुष्य को व्यामोह में डाल देती है और मनुष्य उन्हीं को सब कुछ मान बैठता है परंतु इसका अर्थ यह नहीं कि वह उसका दास बनकर असमर्थ हो जाता है। आत्म-संस्कार ही उसकी सबसे महान गुणात्मक शक्ति है, उसके द्वारा वह युग द्रष्टा बनकर महान क्रांतिकारी रूप लेता है।

साम्ययोग हृदय परिवर्तन में विश्वास रखता है। हृदय परिवर्तन का सहारा लेकर सारी बाह्य परिस्थितियों को परिवर्तित कर देना इसलिए संभव है कि मन और विचार परिवर्तन ही कार्य में प्रतिबिम्बित होता है। आंतरिक एवं बाह्य परिवर्तन मनसा, वाचा एवं कर्मणा द्वारा साथ-साथ होने लगते हैं।

परंतु साम्यवाद का यह विश्वास है कि बाहरी शासन और नियंत्रण के द्वारा मनुष्य के विचार और मन में परिवर्तन संभव है। बाह्य परिस्थितियों को एक बलवती शासन एवं नियंत्रण की पद्धति से बदल देने से ही मनुष्य में भी परिवर्तन मनसा, वाचा एवं कर्मणा हो जाता है। परंतु साम्यवाद इस बात को पूर्ण रूप से भूल जाता है कि परिवर्तन विचारों में सबसे पहले होता है और वैचारिक परिवर्तन के उपरान्त ही जो व्यवहार होता है वह स्थायी होता है। यदि बाह्य परिवर्तन हुआ और वैचारिक परिवर्तन नहीं हुआ तो ये सारी प्रक्रिया जड़वत होगी।

साम्योग मनुष्य को विभूति मानता है जिसमें मानव उसका केन्द्र बिन्दु होता है। वही साध्य है। उसके विकास के लिए सारी रचना, योजना और व्यवस्था होती है, ये सारे उपक्रम केवल साधन मात्र है। ये सारी बाह्य व्यवस्थाएं मनुष्य की स्वयं कर्तृत्व, स्वप्रेरित शाक्ति के लिए उपयोगी होती है।

परंतु साम्यवाद मानव को क्रांति की सारी क्रिया में, संयोजन में, व्यवस्था में, केवल साधन मात्र मानता है। मानव उपकरण है जो इन साध्य आदर्श व्यवस्थाओं के लिए उपयुक्त होता है। यही पर साम्यवाद सबसे अधिक भ्रामक हो जाता है। मनुष्य ही सारे ज्ञान, विज्ञान, विद्या-पद्धति का प्राण रहा है और आज भी है। मानव के लिए ही सबका निर्माण हो रहा है। ऐसी स्थिति में मानव की अवहेलना और केवल उसे उपकरण मात्र मान लेना उचित नहीं है। यद्यपि साम्यवाद मनुष्य के लिए ही सारी रचनाओं का उपक्रम करता है परंतु उसे गौण मान कर अपने सारे आदर्शों, को धूमिल कर देता है। साम्ययोग मानव को ही श्रेष्ठ एवं परममूल्य मानकर चलता है, परंतु उसमें किसी दोष की आशंका नहीं रह जाती है।

साम्योग चूँकि प्रत्येक व्यक्ति के स्वयं कर्तृत्व, स्वशासन, संस्कार और निर्माण की आधारशिला पर आधारित है, इसलिए वह मनुष्य की अपूर्व दिव्य शक्ति को जागृत करना ही अपना ध्येय मानता है। जड़वत बंधनों से जो भय और सत्ता पर आधारित होते है, उनसे मुक्ति पाना चाहता है। इसलिए शासन मुक्ति की साधना, साम्ययोग का प्रथम चरण है। इसी से व्यक्ति का नैतिक, सामाजिक, सांस्कृतिक, आर्थिक विकास होता है। ये विकास मानवीय मूल्य पर आधारित होने के कारण सदैव उन्मुक्त, पवित्र होता है।

साम्यवाद राज्यसंस्था एवं राज्य सत्ता को समाज परिवर्तन का प्रमुख साधना मानता है। इस तंत्र के द्वारा वह एक ऐसे समाज की ओर जाना चाहता है जो शासन विहीन, राज्य विहीन होगा जिसमें सामाजिक भावनाएं होगी। परंतु यह

भ्रम और भी भयावह सिद्ध होता है कि उसी राज्यतंत्र को बलशाली रूप देकर, सुदृढ़ बनाकर किस प्रकार से उसे निर्बल एवं नष्ट किया जा सकता है। इसलिए यह साधन साम्यवाद के आदर्शों की प्राप्ति के सर्वथा प्रतिकूल है। शासन मुक्ति, शासन भक्ति से नहीं हो सकती है।

साम्ययोग अहिंसा को जीवन का निरपेक्ष एवं शाश्वत मूल्य मानता है। सारी मानवीय क्रांति का आधार अहिंसा होती है। अहिंसा का अर्थ यह हुआ कि प्रत्येक मानव बलपूर्वक नहीं बल्कि सद्‌भावना और विश्वासपूर्वक उन सब प्रक्रियाओं को मान लेता है जो इस क्रांति में निहित है। अहिंसा मानवीय गुण है और जितनी ही अहिंसात्मक शक्ति मनुष्य में होती है उतना ही मनुष्य वीरता की ओर बढ़ता है। अहिंसा मानव को मानव से जोड़ती है जबकि हिंसा मानव को मानव से तोड़ती है। अहिंसा मानव के उन सब गुणों जैसे करूणा, सहानुभूति से अभिप्रेरित होती है और एक मनुष्य को दूसरे मनुष्य के लिए अपना सब कुछ न्यौछावर करने की प्रेरणा देती है। यह एक प्रेरक शक्ति मानव से मानव को बांधने के लिए और मानव में मानव को देखने के लिए प्रेरित करती है। इस शक्ति के द्वारा मानव रंग-भेद, जाति-भेद, वर्ग-भेद, धर्म-भेद, क्षेत्र-भेद से ऊपर उठकर एक विशाल समुद्र बन जाता है। उसमें किसी भी प्रकार का विकार, दुराव, वैमनस्य हो ही नहीं पाता। यही मानवीय निष्ठा के क्रांति का गुण बनकर सामाजिक गुण बन जाता है।

परंतु साम्यवाद निरपेक्ष मूल्य में कोई विश्वास नहीं करता और उसमें शाश्वत मूल्य के लिए कोई स्थान नहीं होता अतएव वह केवल सापेक्ष मूल्य को ही प्रधानता देता है। इसलिए हिंसा या अहिंसा का उसके सामने कोई भेदभाव ही नहीं है। परिस्थितियों के बदलने के लिए हिंसा, भय, सत्ता सबका प्रयोग इसे मान्य होता है। यह इस बात को मानता है कि बलपूर्वक भय से परिस्थिति को निर्मित करना चाहिए क्योंकि मनुष्य अज्ञानवश विकृत परिस्थितियों के मोह में फंसा होता है। भय एकमात्र उपाय है जिससे परिवर्तन लाया जा सकता है।

परंतु यह समझ में नहीं आता कि यदि कोई पारिस्थिति मानव के कल्याणार्थ है तो क्या मानव इतना मूर्ख है कि उसका स्वागत स्वतः नहीं करेगा। हिंसा के आधार पर मनुष्य को बाध्य करके जो रचना होगी वह टिकाऊ तो हो ही नहीं सकती और एक हिंसा एवं दूसरी भय की हिंसा को भय से निर्मित करना पड़ता है। इस प्रकार भय और हिंसा का स्वरूप विकराल हो जाता है। इसका परिणाम

यह होता है कि मनुष्य के मन में एक प्रतिक्रिया पैदा होती है जो अगले समाज के लिए घातक सिद्ध होता है। इसलिए हम यह देखते है कि किसी भी समाज में हिंसा, निर्बलों, अविश्वासियों का गुण बनती है और समाज को कमजोर बनाती है।

साम्ययोग इस बात को मानता है कि गरीबी, अमीरी भगवान द्वारा प्रदत्त नहीं है। यह पिछले जन्म के पाप के कारण नहीं वरन् बनावटी है, मनुष्य द्वारा निर्मित है। इसका निराकरण मनुष्य ही कर सकता है। मनुष्य ही इसका निर्माता है तथा दूर करने वाला भी है। सारी आर्थिक विषमताओं की जड़ समाज द्वारा निर्मित होती है। यह नैसर्गिक नहीं है। इसका निराकरण मानव समाज की पहली आवश्यकता है।

यहां साम्यवाद भी पूर्णतया साम्ययोग के विचारों से सहमत है। यह विचार साम्यवाद की महान देन है। अब तक सभी धर्मों में यही कहा गया था कि दरिद्रता नैसर्गिक है, देव निर्मित है, परंतु साम्यवाद ने पहली बार यह नया मूल्य दिया कि ऐसी बात नहीं है। इसी मान्यता, मूल्य और भूमिका से साम्यवाद का उदय होता है। यही मानव के लिए सबसे बड़ा क्रांतिकारी विचार है कि गरीबी, आर्थिक विषमता मानवकृत है। यह मिटकर रहेगी, धन और धरती सब में बंटेगी। यहां पर साम्यवाद और सामयोग एक विचार के है।

साम्ययोग इस बात को मानता है कि विषमता की बुनियाद में मनुष्य के विकार अज्ञान की वह शक्ति है जो उसे अपने गुणो से पदच्युत करती है, उसमें कुछ संग्रह, लोलुपता, आर्थिक प्रभुत्व की आकांक्षा, वासना की प्रधानता हो जाती है जिससे मानव इन प्रलोभनों से अपने कर्तव्यों के प्रति विचलित हो जाता है। कतिपय ढंग से समाज का शोषण करने लगता है। यहीं पर विषमता की जड़ पनपने लगती है। पद, धन, प्रतिष्ठा के मोह का सहारा लेकर और उनके मोह में बंधकर, इन सब विषमताओं का वह कारण बन जाता है। पुनः जब ज्ञान की अभिव्यक्ति होती है तो वह इनसे मुक्त हो जाता है।

परंतु साम्यवाद भी इस बात को मानता है परंतु मनुष्य के उन गुणों की ओर ध्यान नहीं देता है जिनके कारण इन सब वासनाओं से मनुष्य छुटकारा पा जाता है। इसका कारण यह है कि साम्यवाद इन सब विषमताओं की बुनियाद में सामाजिक, आर्थिक, राजनैतिक पद्धतियों और व्यवस्थाओं को जोड़ देता है। इस बात को भी स्वीकारता है कि व्यक्ति में संग्रह, लोलुपता, अज्ञानता के दोषों के

कारण ही यह विषमता उत्पन्न होती है। परंतु सारा दोष साम्यवाद पद्धति की ओर जाता है।

साम्ययोग वासना एवं लोलुपता को मनुष्य का स्वाभाविक गुण नहीं मानता, यह मनुष्य का विकार है। इसलिए इसका निराकरण भी संभव होता है। हमारा नित्य-प्रतिदिन का जीवन, सारे मानव समाज का जीवन इस बात का साक्षी है कि हमारे विकार नष्ट हुए है और हमने उसके लिए पछतावा भी किया है, इसलिए आज समाज स्थायी बना हुआ दिखायी देता है।

जबकि साम्यवाद इस बात को मानता है कि यह विषमता इतिहास में एक विकसित रूप लेकर हमारे सामने आयी है। यह एक ऐतिहासिक तथ्य है। इसके निराकरण के उपाय ही सामाजिक विकास की प्रक्रिया है। इसके निराकरण के लिए बाह्य परिस्थितियों में परिवर्तन आवश्यक है क्योंकि परिस्थितियां ही इन विकारों को बढ़ाने एवं स्थायी रखने में सहायक होती है। इसका निराकरण अवश्य होगा। किंतु बाह्य परिस्थितियों के परिवर्तन द्वारा ही न कि मानव के आंतरिक परिवर्तन द्वारा जैसाकि साम्ययोगी मानते है।

साम्ययोगी जीविका और जीवन के संबंध को मान्यता प्रदान करते है और यह मानते है कि आर्थिक विषमताओं, अन्यायों का संबंध राजनैतिक, सामाजिक और सांस्कृतिक पद्धतियों से होता है। परंतु सारी राजनैतिक, सांस्कृतिक, सामाजिक बुराइयों का कारण केवल आर्थिक विषमताएं है, ऐसा नहीं है। मनुष्य एक विचारशील प्राणी है, उसके विचारों में परिवर्तन हुआ करते हैं। आर्थिक विषमता में ही दुनिया के सारे विकारों का कारण नहीं होता है। आर्थिक विषमता जीवन स्तर पर प्रभाव डालती है, परंतु इसी का पूरा हाथ होता है, ऐसा नहीं। युगों से मानव की चेतना उसके जीवन के सामाजिक और सांस्कृतिक मूल्यों को आगे बढ़ाती रही है। इसीलिए उनमें जब भी कालांतर में विकार उत्पन्न हुआ तब समाज बुराइयों से त्रस्त हुआ है।

साम्यवाद सारी राजनैतिक, सामाजिक एवं सांस्कृतिक बुराइयों की बुनियाद में आर्थिक उत्पादन के साधन तथा पद्धति को एकमात्र कारण मानता है। सारे सामाजिक दोष, अन्याय केवल आर्थिक दोषमय उत्पादन पद्धति तथा विषमता के कारण है। साम्यवाद मनुष्य की उन सब विचार शक्तियों और चेतनाओं की, जो धार्मिक सामाजिक, सांस्कृतिक राजनैतिक क्षेत्रों में प्रस्फुटित हुई है, अवहेलना करता है। परंतु साम्यवाद ने इन पर जो बल दिया है उसका एकमात्र कारण, उस समय की यूरोप की परिस्थिति विशेष थी। जीविका और जीवन का घनिष्ठ संबंध है, परंतु इन संबंधों का निर्वाह जीवन के मूल्यों पर आधारित होता है।

साम्ययोग सामाजिक दोषों के निराकरण में आर्थिक दोषों के निराकरण को एक महत्वपूर्ण स्थान देता है। यदि आर्थिक विषमताओं, दोषों, उत्पादन पद्धतियों में परिवर्तन होता है और उनका गुणात्मक प्रयोग होता है तो सारी सामाजिक विषमताओं तथा दोषों के निराकरण में सहायता मिलती है। गांधी जी ने स्पष्ट शब्दों में कहा है कि मनुष्य को रोटी भी चाहिए।

साम्यवाद, आर्थिक विषमताओं को सभी दोषों का मूल मानता है। यदि आर्थिक विषमता का निराकरण कर दिया गया तो सारे सामाजिक दोष अपने आप विलुप्त हो जायेंगे। ये दोष चाहे धार्मिक हो, सामाजिक, राजनैतिक, सांस्कृतिक या व्यक्तिगत हो सबके सब आर्थिक दोष के निराकरण से ही नष्ट हो जायेंगे। परंतु साम्यवाद का यह भ्रम है। समाज में दोषों का अध्ययन करके देखे तो पता चलता है कि असंख्य दोष, असंख्य कारणों से होते है, केवल आर्थिक दोषों के निराकरण से ही वे कभी दूर नहीं हो सकते है। विश्व में राजनैतिक, सामाजिक, धार्मिक, सांस्कृतिक, कलात्मक विविध प्रकार की क्रांतियां हुई, क्योंकि मनुष्य के अंदर दिल और दिमाग भी अपनी सारी कल्पनाओं के साथ इस जड़वत शरीर में स्थित है। इसी चेतना से सारे गुण-दोष उत्पन्न होते है और इसी से उनका निराकरण भी होता है। भौतिक बुराइयों का निराकरण ही सारी सामाजिक बुराइयों का निराकरण कर ही नहीं सकता। आर्थिक विषमताओं के निराकरण से समाज की वे बुराइयां दूर हो सकती है, जो केवल उन्हीं कारणों से है।

साम्ययोग सभ्यता तथा संस्कृति को प्रधानता देता है। अर्थरचना और राज्यतंत्र दोनों का निर्माण राजनीति, जो संस्कृति और सभ्यता की रीढ़ है, के द्वारा होता है। समाज की सभ्यता और संस्कृति आर्थिक व्यवस्था का निर्माण करती है और उसी आर्थिक व्यवस्था के अनुरूप राज्य व्यवस्था बनती है। एक सभ्य, सुसंस्कृत समाज मानवीय मूल्य के निर्माण एवं निर्वाह के लिए मानवता के अनुकूल ही अर्थरचना करता है। अर्थरचना में समाज की सभ्यता एवं संस्कृति प्रतिबिम्बित होती है। इसी अर्थरचना के द्वारा समाज और मानव अपने गुणों, सभ्यता एवं संस्कृति के मापदण्ड को अभिव्यक्त करता है।

साम्यवाद इसके विपरीत सभ्यता और संस्कृति में अर्थरचना को प्रतिबिम्बित करता है। संपूर्ण राज्य व्यवस्था, सभ्यता, संस्कृति का निर्धारण आर्थिक व्यवस्था से होता है। साम्यवाद इस बात की पुष्टि अवश्य करता है कि सारी सभ्यता एवं संस्कृति का निर्माण अर्थरचना द्वारा ही हुआ है। अर्थरचना बदल देने से सभ्यता,

संस्कृति तथा मानवीय संबंध बदल जाते है। इस प्रकार हम यह देखते है कि साम्यवाद केवल मनुष्य के आर्थिक संबंध को ही प्राथमिकता प्रदान करता है। जो मनुष्य के जीवन के वास्तविक लक्ष्य और मूल्य है और जिनसे सभ्यता एवं संस्कृति का निर्माण होता है उनको साम्यवाद उतना प्रभावशाली नहीं मानता है। जितना ही समाज सभ्य और सुसंस्कृत रहा है उतनी ही उसकी आर्थिक रचना भी न्यायोचित रही है। जितना ही समाज खसोट एवं शोषण वाली पद्धति पर रहा है, उतनी ही उसकी अर्थरचना विकृत रही है। सभ्य और सुसंस्कृत व्यक्ति एवं समाज के भौतिक एवं आर्थिक व्यवहार भी सभ्य एवं सुसंस्कृत होते है।

साम्ययोग स्वामित्य की भावना का निराकरण करता है। व्यक्तिग स्वामित्व और व्यक्तिगत संपत्ति ऐसी वस्तु कोई नहीं है। यहां तक कि यह शरीर भी व्यक्ति का नहीं है। किसी भी प्रकार के स्वामित्व, किसी भी प्रकार की संपत्ति की भावना ही व्यक्तिगत रूप से नहीं होनी चाहिए। व्यक्ति की बुद्धि, व्यक्ति का शरीर, भूमि, पूंजी आदि समाज को समर्पित होंगे। ''सबै भूमि गोपाल की'', ''सब संपत्ति रघुपति के आही'' यही समर्पण की प्रमुख भावना है। यही साम्ययोग की मान्यता है।

साम्यवाद केवल व्यक्तिगत स्वामित्व और संपत्ति का निराकरण आवश्यक मानता है। साम्यवाद संपत्ति और स्वामित्व की बुनियाद नष्ट नहीं होने देता, उसे दूसरे स्वरूप में मान्यता देता है। सामाजिक संपत्ति, सामाजिक स्वामित्व की भावना व्यक्ति के मन में विकार का सृजन करती है। व्यक्ति इस भावना से मुक्त नहीं हो पाता है और यह भावना संपत्ति और स्वामित्व में जीवित रहती है जो आगे चलकर समाज को पुनः विकृत कर देती है। परंतु साम्ययोग बड़ी सतर्कता के साथ इसकी भावना को ही समाप्त कर देता है।

साम्ययोग, व्यक्तिगत और सामुदायिक सभी प्रकार के स्वामित्व एवं संपत्ति की भावना को दूर कर देता है। संपत्ति और स्वामित्व की जो अहं भावना है, उसे जड़ मूल से समाप्त कर देना इसका लक्ष्य है।

परंतु साम्यवाद ऐसा मानता है कि पहले व्यक्तिगत स्वामित्व की जगह राजकीय स्वामित्व होगा और उस राज्य संस्था पर श्रमजीवियों का स्वामित्व होगा। सामाजीकरण के लिए स्वामित्व का राजकीयकरण होगा। साम्ययोग जीवन के प्रत्येक क्षेत्र में आज से ही स्वामित्व विसर्जन की साधना आरंभ कर देता है। इसके अलावा श्रमदान, बुद्धिदान, संपत्तिदान, भूदान, साधनदान, जीवनदान आदि

का अभ्यास इसी क्षण से आरंभ हो जाता है। किसी भी प्रकार की बाह्य सत्ता, कानून और भय की आवश्यकता नहीं होती।

साम्ययोग लोकात्मा और ईश्वर की सत्ता में विश्वास करता है। मनुष्य की शक्ति-शारीरिक, मानसिक दोनों ही भगवान् द्वारा प्रदान की गयी है। सारी प्राकृतिक, सामाजिक शक्तियां, भगवत कृपा से समाज को प्राप्त है। वे सब गुण जो प्रत्येक मानव के पालन-पोषण के प्रयोग में आते हैं, ईश्वरीय गुण है। साम्ययोग इसे किसी एक वर्ग या सरकार या श्रमिकों के स्वयं निर्वाचित प्रतिनिधियों की संपत्ति नहीं मानता है।

साम्यवाद श्रमिकों द्वारा संचालित सरकार की संपत्ति को वास्तव में श्रमिकों की संपत्ति मानता है। श्रमिकों का राज्य या श्रमिकों की संपत्ति आगे बढ़कर श्रमिकों के लिए राज्य या श्रमिकों के लिए संपत्ति और अंत में श्रमिकों पर राज्य या श्रमिकों की संपत्ति पर नियंत्रण और रूप ले लेता है। इसलिए संपत्ति के क्षेत्र में साम्यवाद, साम्ययोग से बहुत पीछे है। साम्ययोग वास्तविक शाश्वत संपत्ति का स्वरूप निर्धारित करता है जहां से किसी भी प्रकार से व्यक्ति नहीं फिसल सकता। ईश्वरीय शक्ति सर्वोपरि है, सभी के पालन-पोषण वाली शक्ति है, सभी का सहारा है और उसी में समर्पण की भावना रखकर सारा भौतिक जीवन चलाना सारे समाज के लिए तथा व्यक्तियों के लिए लाभकारी होता है।

साम्ययोग बिना किसी ईर्ष्या, द्वेष के सभी के हृदय में इस बात का प्रवेश करा देता है कि अपने पसीने की कमायी रोटी प्रत्येक को खानी चाहिए। बिना श्रम के भोग करने वाले को चोर माना जाता है। प्रत्येक व्यक्ति की प्रतिष्ठा तभी होती है, जब वह उत्पादक बनता है। समाज में शोषण के मूल में अनुत्पादक उपभोक्ता एवं उत्पादक वर्ग का भेद है। साम्ययोग श्रमवान्, श्रमनिष्ठ बनाता है। पूंजीपतियों को भी, बुद्धिजीवियों को भी शारीरिक श्रम करना अनिवार्य होता है। इस प्रकार से प्रत्येक व्यक्ति अपने शारीरिक श्रम से उत्पादक वर्ग में सम्मिलित होगा और वर्ग-परिवर्तन होकर एक समाज में विलीन हो जायेगा। यह कार्य प्रत्येक व्यक्ति की स्वयं की प्रेरणा से होगा, इसमें किसी भी प्रकार के बाह्य दबाव की जरूरत नहीं होगी और सम समाज का निर्माण होगा।

साम्यवाद वर्ग-संघर्ष के द्वारा वर्ग-परिवर्तन की बात करता है। श्रमिकों की सत्ता स्थापित करने के लिए पूंजीपतियों, भूमिपतियों से सत्ता छीनना आवश्यक है। बलपूर्वक खूनी क्रांति द्वारा, आवश्यक हो तो विशेष वर्ग के वध द्वारा पूंजीपति की

हत्या द्वारा श्रमिकों की सत्ता कायम की जायेगी। यह है साम्यवाद की वर्ग-विहीन समाज की कल्पना। यह भ्रम ही है, क्योंकि स्थायी समाज भय से नहीं बनता, वरन् प्रेम, करूणा, सहानुभूति की मानवीय सहज शक्तियों द्वारा बनता है, यही समाज को बांधने की शक्ति है। गांधी जी के अनुसार "वर्ग[1] युद्ध भारत के मूल स्वभाव के खिलाफ है। भारत में समान न्याय और सबके बुनियादी हकों के विशाल आधार पर स्थापित एक उदार किस्म का साम्यवाद निर्माण करने की क्षमता है। मेरे सपने के रामराज्य में राजा और रंक सबके अधिकार सुरक्षित होंगे।"

साम्ययोग शासन के विघटन की प्रक्रिया में विश्वास करता है ज्यों-ज्यों उत्पाद का विकेंद्रीकरण होगा, संपत्ति और स्वामित्व का विसर्जन होगा, त्यों-त्यों राज्य की आवश्यकताएं समाज की नहीं रह जायेगी। मनुष्य स्वयं स्वशासित होगा, उचित-अनुचित का ज्ञान होगा, उसकी क्रियाएं घोर स्वार्थ से अलग रहेगी। संपत्ति और उत्पादन के स्वामित्व की रक्षा का प्रश्न नहीं रहेगा, इसलिए शासन की आवश्यकता ही नहीं रहेगी। छोटे-छोटे घटक, ग्रामीण इकाइयाँ एक परिवार की आवश्यकता ही नहीं रहेगी। अपितु एक परिवार की तरह व्यवस्था करेगी। जितना शासन का स्वरूप परिवार में रहता है उतना ही इन घटकों में होगा। इसका आधार ग्राम इकाई होगा। शासन एवं राज्य की आवश्यकता तभी पड़ती है जब मनुष्य में स्वार्थ, विकार हिंसा, आदि बढ़ते है। राज्य उन्हीं विकारों का प्रतिनिधित्व करता है। जब ये विकार ही नहीं होंगे तो राज्य की आवश्यकता ही नहीं रहेगी।

साम्यवाद शासन की अनिवार्यता को कायम रखना चाहता है। यद्यपि राज्य विहीन स्थिति को निर्मित करना उसका उद्देश्य है परंतु संपति और उत्पादन केन्द्रीयकरण का दर्शन इस बात की अनिवार्यता प्रकट करता है कि एक सबल श्रमिक वर्ग का राज्य और उसकी सत्ता होगी। इस केन्द्रीयकरण की प्रक्रिया से शासन की अनिवार्यता और सुदृढ़ता बराबर बढ़ती जाएगी।

साम्ययोग विश्व बंधुत्व "सर्वे भवन्तु सुखिन" की आकांक्षा रखता है। इसका कारण सभी व्यक्तियों के हितों का ध्यान, उन सब मानवीय आधारों द्वारा होता है, जो सर्वव्यापी है। मानवता, प्रेम, करूणा, सहानुभूति, अहिंसा, सत्य आदि जितने भी मानवीय गुण है, वे विश्वव्यापी होते है। सभी लोग उसे चाहते है, धारण करते हैं। साम्ययोग किसी राज्य की सीमा में बंधा नहीं है।

साम्यवाद की मनोवृत्ति राष्ट्रवादी होती है। साम्यवाद गरीबों, श्रमिकों, दरिद्रों के लिए घोषणा करता है और कहता है कि " दुनिया के मजदूरों एक हो, तुम्हारे

पास कुछ खोने को नहीं है केवल बंधन टूटेंगे और मुक्ति मिलेगी।'' परंतु प्रत्येक देश के श्रमिक अपने देश की राजसत्ता पर कब्जा करना चाहते है और उसी के द्वारा अपने हित का पोषण करते है। जब हम इसे प्रयोग में देखते है तो दूसरे देशों की सत्ता का अपहरण करना भी वे अपना धर्म समझते है।

साम्ययोग सारी भौतिक या आर्थिक, राजनैतिक सत्ता को विकेन्द्रित करता है। वास्तव में साम्ययोग श्रमिकों के ह्रदय को जोड़ने का प्रयास करता है। यही नहीं श्रम को एक दिनचर्या का प्रतिष्ठित रूप देकर पवित्र बना देता है। प्रत्येक व्यक्ति के अस्तित्व के लिए, जीवन के लिए, संस्कृति, सभ्यता के लिए, धर्म के लिए, श्रम आवश्यक हो जाता है। इसलिए श्रम सबके मन और ह्रदय को स्वीकार हो जाता है। श्रम आज विषमता, द्वेष, घृणा का कारण बना है, यह स्थिति समाप्त हो जाती है, इस प्रक्रिया में सब श्रमनिष्ठ हो जाते है और सबका ह्रदय एक हो जाता है। जब कोई वर्ग होता ही नहीं सभी श्रमनिष्ठ होते है तो उत्पादन और वितरण सभी में स्वतः विकेन्द्रीयकरण हो जाता है। बहुत कम मात्रा में केन्द्रीयकरण की आवश्यकता रह जाती है।

साम्यवाद में केन्द्रीयकरण श्रमिकों के संगठन के लिए, सर्वहारा वर्ग की प्रगति के लिए संक्रान्तिकाल में आवश्यक और अनिवार्य हो जाता है। साम्यवादी केन्द्रित उत्पादन और केन्द्रित वितरण और विकास में निष्ठा रखते है। पूंजीवादी केन्द्रित उत्पादन को ज्यों का त्यों स्वीकार कर लेते है। विकास के लिए, समृद्धि के लिए पूंजीवाद की मान्यता को स्वीकार करके वितरण को भी केन्द्रीत कर देते है। इससे पूंजीवादी अधिकतम उत्पादन भी प्राप्त होता है और साम्यवादी सम-वितरण भी प्राप्त होता है। साम्यवाद सर्वहारा वर्ग को पूंजीपति की प्रतिष्ठा प्रदान कर देना अपना लक्ष्य मानता है। जो स्थान पूंजीपति को प्राप्त है, वही श्रमिकों को दे देना साम्यवाद अपना उद्देश्य समझता है। इसलिए केन्द्रीयकरण की मान्यता एवं प्रक्रिया को ज्यों का त्यों स्वीकार कर लेता है। यही कारण है कि साम्यवाद उस अपने लक्ष्य तक नहीं पहुंच सका क्योंकि उसने जिन साधनों को अपनाया है, वह साध्य के प्रतिकूल है।

साम्ययोग अपने आर्थिक संयोजन से प्रत्येक मानव का सर्वाङ्गीण उत्कर्ष एवं विकास चाहता है। इसलिए प्रत्येक मानव की कार्य क्षमता, कुशलता, उत्पादन शक्ति को पूर्ण सफल बनाता है। एक स्वस्थ, विकसित, सभ्य, करूणामय, अहिंसामय, सत्यमय, मानव ही साम्ययोग में सबसे बड़ी संपत्ति है। साम्ययोग

अपनी सारी उत्पादन प्रक्रिया में मानवीय निष्ठा और मानवीय मूल्य की प्राण प्रतिष्ठा करता है।

साम्यवाद उत्पादन और वस्तु के मूल्य में अपना लक्ष्य और दर्शन सन्निहित करता है। आर्थिक संयोजन का लक्ष्य अधिकतम वस्तुओं की, भौतिक पदार्थों की उपलब्धि करना होता है। यह मानव के श्रम को वस्तुओं के मूल्य का मापदण्ड और साधन मान लेता है। मानव श्रम का कोई मूल्य बाजार में नहीं हो सकता, लेकिन साम्यवाद मनुष्य का बाजार में मूल्य लगाता है। अधिकतम उत्पादन करना उपभोग वस्तुओं को सर्वसुलभ कर देना एकमात्र लक्ष्य मानता है। इसलिए इसमें भी वही विकार और दोष उत्पन्न हो जाते है जो पूंजीवाद में व्याप्त है। यही कमजोरी साम्यवाद की है।

साम्ययोग सारे उत्पादन का लक्ष्य मानव को मानता है। उत्पादन की क्रिया ऐसी होनी चाहिए जिससे उत्पादन का सांस्कृतिक विकास भी हो। जीवन सभ्य और सुसंस्कृत तभी होता है जब मानव की शक्ति उत्पादन के ऐसे क्षेत्र में लगती है जिसमें उपभोग की वस्तुओं का उत्पादन हो। आज यह स्थिति है कि उत्पादन साध्य और मानव साधन बन गया है। वास्तव में साम्ययोग उत्पादक को स्वास्थ्य, सुख, आनंद और प्रतिष्ठा प्रदान करना चाहता है न कि उसको उत्पादन में पीस डालना चाहता है।

साम्यवाद मानव को उत्पादन का एक साधन मानता है। अधिकतम उत्पादन द्वारा उपभोग की वस्तुओं को अधिकतम मात्रा में उत्पादित करना अैर उनका समाज में सम-वितरण कर देना साम्यवाद का लक्ष्य है। इससे उपभोग प्रधान समाज हमारे सामने आता है। अधिकतम उपभोग के लिए अधिकतम उत्पादन आवश्यक है। इसलिए मशीन के साथ मानव और पशु शक्ति का प्रयोग करना इनका स्वभाविक लक्ष्य है। भोग प्रधान समाज की सारी मान्यताओं को साम्यवाद स्वीकार कर लेता है। ऐसी स्थिति में वह उन सब पूंजीवादी विकारों से ग्रस्त हो जाता है और वह भी विकारयुक्त हो जाता है। साम्यवाद जिन विकारों के निराकरण का दावा करता है उन्हीं से स्वयं ग्रसित हो जाता है। वास्तव में मानव को साध्य न मानकर साम्यवाद ने अपनी पूर्णता कम कर दी है।

साम्ययोग उत्पादक को प्रतिष्ठा प्रदान करता है। उत्पादक ही व्यवस्थापक होता है। आज भी व्यस्थावाद या नौकरशाही का जन्म हो रहा है, उसकी आवश्यकता साम्ययोग नहीं मानता है। श्रमिक ही उत्पादक है, श्रमिक ही व्यवस्थापक है।

उत्पादन की इस प्रक्रिया में श्रम प्रतिष्ठा प्राप्त करता है। छोटे-छोटे उत्पादन में उत्पादक अपनी पूर्ण प्रतिष्ठा स्वाभिमान के साथ कायम रखता है। प्रत्येक उत्पादक का व्यक्तित्व भी निखरता है और यही प्रत्येक उत्पादक के लिए प्रेरक शक्ति हो जाती है।

साम्यवाद व्यवस्थावाद को अनिवार्य और आवश्यक मानता है। एक नये वर्ग को सत्ता के ऊपर लाता है। यह व्यवस्था समाज पर भार बनकर उत्पादक श्रमिक के ऊपर भय का सत्ता का बोझ डालती है। यह स्वाभाविक भी है कि जब उत्पादन केन्द्रित होगा और उत्पादन की मात्रा भी विशाल होगी तो व्यवस्थापक वर्ग अनिवार्य होगा;

साम्ययोग प्रत्येक व्यक्ति की आत्म तुष्टि के लिए स्वास्थ्यवर्धक आवश्यकताओं पर बल देता है। न्यूनतम आवश्यकताएं जिन्हें स्वस्थ जीवन कहा जाता है, इसमें किसी भी प्रकार की वासना के लिए स्थान नहीं होता। इससे आत्म संतोष, आत्म विकास और आत्म-निर्भरता का विकास होता है। साम्ययोग अपरिग्रह के सिद्धांत का पालन करता है।

साम्यवाद प्रचुर भोग सामग्री, वैभव, विलास, सामुदायिक परिग्रह की ओर ले जाता है। यह वासनाओं और आवश्यकताओं को प्रोत्साहन प्रदान करता है। विलासमय समाज का लक्ष्य रखता है। साम्यवाद उत्पादन की गति बढ़ाकर समय को बचाने के लिए व्याकुल रहता है ताकि उसके नागरिक उसी प्रकार के आलस्य, भोग, विलास का जीवन व्यतीत कर सके जैसाकि पूंजीवादी देश करते है। साम्यवाद का यह सुनहला स्वप्न इसलिए पूरा न हो सकेगा कि मनुष्य में सामाजिक भावना का अभाव रहेगा ही क्योंकि वासना की कोई सीमा नहीं होती। वासनामय जीवन में उदारता नहीं होती। संग्रह, शोषण आदि के दुर्गुण पनपने लगते है।

साम्ययोग अपने समस्त सिद्धांतों को धर्म और नीति से परखता है। नैतिकता सारे मानव की रीढ़ है और वह शाश्वत मूल्य प्रदान करती है।

साम्यवाद नैतिकता ऐसी वस्तु कोई नहीं मानता। उसे युग अनुसार बदलता हुआ पैमाना मानता है। श्रमिकों की उन्नति करना ही इसका धर्म और लक्ष्य है।

साम्ययोग केवल आर्थिक कारणों को इतिहास का निर्माता नहीं मानता है। मानव इतिहास अनेक शक्तियों से संचालित और निर्मित हुआ है। मानव इतिहास में जितनी शक्तियों का परिवर्तन या संवर्धन हुआ है, उसके पीछे एक विशाल सांस्कृतिक, धार्मिक, राजनीतिक, सामाजिक सहयोग एवं संघर्ष रहा है। साम्ययोग

वर्ग-संघर्ष जैसी प्रक्रिया में विश्वास नहीं रखता है। मनुष्य-मनुष्य है, मनुष्य कोई जानवरों का समूह नहीं है, मनुष्य की कुछ मूलभूत प्रेरणाएं है, उसके निजी मूल्य है। संघर्ष नहीं बल्कि सहयोग ही मानवीय सभ्यता एवं संस्कृति का प्राण रहा है और आज भी है।

साम्यवाद वर्ग-संघर्ष को ही मूल मानता है। उसी को सारे इतिहास, संस्कृति, सभ्यता का निर्माता और कारण मानता है। वास्तव में साम्यवाद मनुष्य की मानवता में कोई विश्वास नहीं रखता है।

साम्ययोग कोई प्रतिक्रियावादी विचार नहीं है, जो पूंजीवादी पद्धति की प्रतिक्रिया से उत्पन्न हुआ हो, बल्कि साम्ययोग भारतीय संस्कृति की अपनी मौलिक देन है और गांधी जी के जीवन से यह मूल विचार प्रस्फुटित हुआ है।

साम्यवादी विचारधारा यूरोप की परम्परावादी विचारधारा से अनुप्रमाणित है और उसकी प्रतिक्रिया से संचालित है। यूरोप की सारी भौतिक मान्यताएं इसमें निहित है।

साम्ययोग एक विचार है जो अभ्यास के रूप में प्रत्येक व्यक्ति आज से प्रारंभ कर सकता है और उसकी प्राप्ति हो सकती है। परंतु साम्यवाद एक ऐसा वाद जिसमें संकीर्णता, दुराग्रह और साम्प्रदायिकता है जिसकी प्राप्ति के लिए एक विशेष परिथिति बनानी पड़ेगी और जब तक यह परिस्थिति नहीं आ जाती इसकी प्राप्ति संभव नहीं।

साम्ययोग विचार अपनी मान्यता व्यक्ति से लेकर विश्व स्तर तक ही समस्त अवस्थाओं को प्रदान करता है। इसका प्रयोग कई स्थलों पर हुआ है। परंतु अभी अपूर्ण मानव इसके पूर्ण प्रयोग से हिचक रहा है। इसका कारण है कि मनुष्य अपने घोर स्वार्थ की सीमा से ऊपर उठ नहीं सका है। निःसंदेह उसके प्रयोग में साध्य और साधना में एकरूपता होने के कारण, मानव लक्ष्य होने के कारण किसी भी विचार एवं कठिनाई की संभावना नहीं होती है।

साम्यवाद में साधन और साध्य में भेद होने के कारण, मूल्यों में अभाव के कारण आज तक जिन देशों की प्रयोगशाला में यह पहुंचा, वहां पूर्ण स्थिति नहीं प्राप्त कर सका और न तो प्राप्ति की आशा ही दिखायी देती है। साम्यवाद भले ही सुनहले स्वप्न का लक्ष्य रखता हो, परंतु साधन और मूल्यों की निर्बलताओं के कारण वह पूंजीवाद के विकारों से मुक्त नहीं हो सका है।

गांधी के अनुसार ''मैं जमींदारों और दूसरे पूंजीपतियों का अहिंसा के द्वारा हृदय—परिवर्तन करना चाहता हूं और इसलिए वर्ग-युद्ध की अनिवार्यता मैं स्वीकार नहीं करता। कम से कम संघर्ष का रास्ता लेना मेरे लिए अहिंसा के प्रयोग का एक जरूरी हिस्सा है। जमीन पर मेहनत करने वाले किसान और मजदूर ज्यों ही अपनी ताकत पहचान लेंगे, त्यों ही जमींदारी की बुराई का बुरापन दूर हो जायेगा। अगर वे लोग यह कह दें कि उन्हें सभ्य जीवन की आवश्यकताओं के अनुसार अपने बच्चों के भोजन, वस्त्र और शिक्षण आदि के लिए जब तक काफी मजदूरी नहीं दी जायेगी तब तक वे जमीन को जोतेंगे-बोयेंगे नहीं, तो जमींदार बेचारा कर ही क्या सकता है? सच तो यह है कि मेहनत करने वाला जो कुछ पैदा करता है उसका मालिक वही है। अगर मेहनत करने वाले बुद्धिपूर्वक एक हो जाय, तो वे एक ऐसी ताकत बन जायेंगे, जिनका मुकाबला कोई नहीं कर सकता। इसलिए मैं वर्ग-युद्ध की कोई जरूरत नहीं देखता। यदि मैं उसे अनिवार्य मानता तो उसका प्रचार करने में और लोगों को उसकी तालीम देने में मुझे कोई संकोच न होता।[1]

सवाल एक वर्ग को दूसरे वर्ग के खिलाफ भड़काने और भिड़ाने का नहीं है, बल्कि मजदूर-वर्ग को अपनी स्थिति के महत्व का ज्ञान कराने का है। आखिर तो अमीरों की संख्या, दुनिया में इनी-गिनी ही है। ज्यों ही मजदूर वर्ग को अपनी ताकत का भान होगा और अपनी ताकत जानते हुए भी वह ईमानदारी का व्यवहार करेगा, त्यों ही वे लोग भी ईमानदारी का व्यवहार करने लगेंगे। मजदूरों को अमीरों के खिलाफ भड़काने का अर्थ वर्ग-द्वेष को और उससे निकलने वाले तमाम बुरे नतीजों को जारी रखना होगा। संघर्ष एक दुश्चक्र है और उसे किसी भी कीमत पर टालना ही चाहिए। यह दुर्बलता की स्वीकृति का, हीनता ग्रन्थि का चिह्न है। श्रम ज्यों हीं अपनी स्थिति का महत्व और गौरव पहचान लेगा, त्यों ही धन को अपना उचित दर्जा, मिल जायेगा अर्थात अमीर उसे अपने पास मजदूरों की धरोहर के ही रूप में रखेंगे। श्रम धन से श्रेष्ठ है।[2]

यदि पूंजीपति वर्ग काल का संकेत समझकर संपत्ति के बारे में अपने इस विचार को बदल डालें कि उस पर उनका ईश्वर प्रदत्त अधिकार है तो जो सात लाख गांव है, उन्हें आनन-फानन में शांति, स्वास्थ्य और सुख के धाम बनाया जा सकता है। मुझे दृढ़ विश्वास है कि यदि पूंजीपति अपने आप को गरीबों का संरक्षक माने तो वे सचमुच कुछ खोयेंगे नहीं और सब कुछ पायेंगे। केवल दो मार्ग है जिसमें से हमें अपना चुनाव करना है। एक तो यह कि पूंजीपति अपना

अतिरिक्त संग्रह स्वेच्छा से छोड़ दें और उसके परिणामस्वरूप सबको वास्तविक सुख प्राप्त हो जाय। दूसरा यह कि अगर पूंजीपति समय रहते न चेते तो करोड़ों जाग्रत किंतु अज्ञानी और भूखे लोग देश में ऐसी गड़बड़ मचा देंगे जिसे एक बलशाली हुकूमत की फौजी ताकत भी नहीं रोक सकेगी। मैंने यह आशा रखी है कि भारतवर्ष ही इस स्थिति से बचने में सफल रहेगा।[1]

उक्त कथन को देखने से यह स्पष्ट होता है कि गांधी जी ने पूंजीपतियों को यह सलाह दी कि लाखों गरीबों के कल्याण के लिए उन्हें आगे बढ़कर आना चाहिए तभी शांति, सद्भाव तथा सुख का जीवनयापन संभव होगा, अन्यथा गरीबों द्वारा संघर्ष होने पर गड़बड़ी उत्पन्न हो जायेगी जिससे संपूर्ण अर्थव्यवस्था में दुर्व्यवस्था का वातावरण उत्पन्न हो जायेगा। पूंजीपतियों को गरीबों के कल्याणार्थ कार्य करना चाहिए।

### मार्क्स के इतिहास की आर्थिक व्याख्या एवं सर्वोदय का दृष्टिकोण

मार्क्स स्वयं ही गेल के दर्शन से प्रभावित थे। सत्य की अनुभूति विरोधी तत्वों के संघर्ष से होती है। मनुष्य के इतिहास में जैसे ही एक प्रवृत्ति उन्नतिशील होती है, वैसे ही दूसरी विरोधात्मक प्रवृत्ति का जन्म होता है, जो पहले की प्रवृत्ति की अपूर्णता दूर करके, उसका स्थान लेना चाहती है, जिससे दोनों में संघर्ष होता है और इस संघर्ष से तीसरी प्रवृत्ति का जन्म होता है। वाद, प्रतिवाद और युक्तवाद का प्रयोग इन्हीं के लिए मार्क्स ने किया है। इन्हीं चक्रों में घूमता हुआ मानव इतिहास धीरे-धीरे विकसित होता है। मार्क्स मस्तिष्क में उत्पन्न विचार को इस भौतिक जगत का प्रभाव तथा प्रतिबिम्ब मानते है। वस्तु ही मानवीय इतिहास का अंतिम संचालक शक्ति है न कि विचार। वस्तु से तात्पर्य है उत्पादन की शक्तियां। उत्पादन की शक्तियों की उन्नति की प्रत्येक सीढ़ी मानवीय प्रगति की सीढ़ी है। सारी ऐतिहासिक घटनाएं, सारा मानव जीवन का इतिहास, इन्हीं कारणों से संचालित तथा निर्धारित होता है। मार्क्स के इतिहास की आर्थिक व्याख्या की व्याख्या हम इस प्रकार से कर सकते है—

1. मार्क्स के अनुसार, सामाजिक विकास की प्रगति और दिशा उत्पत्ति और विनिमय की रीतियों पर निर्भर रहती है। भौतिक जीवन में उत्पत्ति का ढंग, जीवन के सामाजिक, राजनैतिक तथा आध्यात्मिक प्रणालियों के सामान्य रूप को निश्चित करता है। मनुष्य की सामाजिक स्थिति, मनुष्य का निर्धारण करती है।

2. समाज का वह ढाँचा, जिसमें व्यक्ति रहता है—धर्म, कला, कानून, साहित्य आदि सभी, आर्थिक दशाओं, जो स्वयं उत्पादन प्रणाली द्वारा निर्धारित होती है, का परिणाम होता है।
3. आर्थिक प्रणाली ही विशेष प्रकार के समाज को जन्म देती है। मनुष्य की संस्कृति, सभ्यता, मनोवृत्ति, आदर्श सभी का निर्धारण, इसी प्रणाली द्वारा होता है।
4. हैण्ड मिल ने सामन्तवादी समाज, स्टीम मिल ने पूंजीवादी समाज को जन्म दिया है। इसका तात्पर्य उत्पादन की तकनीकी परिवर्तन होने के साथ सामाजिक ढाँचे में परिवर्तन होते है। इस प्रकार आर्थिक परिवर्तन, सामाजिक परिवर्तन को जन्म देता है।
5. मानव समाज का संपूर्ण इतिहास प्राचीन तथा वर्तमान इतिहास वर्ग संघर्षों का रहा है। स्वतंत्र व्यक्ति और दास, शिष्ट मनुष्य तथा साधारण मनुष्य, शोषकों व शोषितों, स्वामियों व दासों, धनी व दरिद्र, पूंजीपतियों व श्रमिकों के सभी वर्गों का निर्माण उत्पादन तथा विनिमय के ढंगों द्वारा होता है।
6. प्रत्येक सामाजिक प्रथा स्वयं अपने नाश की शक्तियों को जन्म देती है, इतिहास इस बात का साक्षी है। सामंतवाद ने पूंजीवादी को जन्म दिया। पूंजीवाद, समाजवाद को जन्म देगा। ज्यों-ज्यों पद्धतियां परिवर्तित होती गयी त्यों-त्यों मनुष्य तथा समाज के संबंध भी परिवर्तित होते गए तथा नये समाज, नये मूल्य बनते गए।
7. इतिहास तथा समाज में मूल प्रेरक शक्ति आर्थिक है।
8. मजदूर की हालत को आज की औद्योगिक स्थिति बराबर बिगड़ती जायगी और इसका परिणाम वर्ग-संघर्ष होगा।
9. मजदूर की संघटित शक्ति का मुकाबला पूंजीपति धन से करेगा और अंत में विजय मजदूर की होगी।
10. सारे पूंजीपतियों का स्वार्थ एक है, सारे मजदूरों का स्वार्थ एक है, इस संघर्ष के बाद एक नया समाज बनेगा जिससे मजदूरों का अधिनायकत्व होगा।

11. पूंजीवाद, धन को केन्द्रित करने के कारण, शोषण के कारण, मन्दी के कारण, बेकारी के कारण, नयी मशीनों के कारण, स्वयं नष्ट हो जायेगा।

**आलोचना**

1. प्राचीन युग में सामाजिक परिवर्तन, रीति-रिवाज, परंपरा, निश्चित विकास, अंध-श्रद्धा सब कुछ आर्थिक शक्ति के कारण ही होते थे।
2. मध्यकाल में सबसे अधिक प्रेरक शक्ति धार्मिक या सैनिक थी या दोनों मिश्रित थी। आर्थिक शक्ति गौण थी। राजनैतिक, धार्मिक तथा सैनिक शक्ति सदा छायी रहती थी।
3. आर्थिक शक्तियां ही धर्म और नैतिकता की जड़ में होती है, यह मानना अमनो-वैज्ञानिक है। बुद्ध, ईसा, मुहम्मद का आगमन क्या आर्थिक शक्तियों के कारण हुआ? इन्होंने स्वयं इतिहास बनाया तथा बदला है।
4. लोगों में यह विश्वास था कि आर्थिक संबंधों में परिवर्तन हो जाने के परिणामस्वरूप लोगों में नैतिकता, धार्मिक विश्वास छूट जायेंगे, यह मूर्खता थी। नैतिकता तथा धर्म का अपना स्वयं का महत्वपूर्ण स्थान है।
5. गुलामी की मुक्ति का आधार नैतिक, धार्मिक, मानवीय इसलिए रहा है कि हर एक मनुष्य में भगवान् की चिनगारी विद्यमान है। सारी समता का बीज तो यही अंकुरित होता है।
6. फ्रांसिसी राज्य क्रांति में समानता का विचार बुद्धि, विवेक द्वारा किया गया था। समाजवादी, ईसाई, सभी समानता के विचारों में ईसाई धर्म से प्रभावित थे, न कि किसी प्रकार के भौतिकवाद से।
7. प्राचीन तथा मध्यकालीन युग में समाज वंशानुगत जाति प्रथा पर आधारित था। खेती के अलावा दूसरी मालकियत थी ही नहीं। औद्योगिक उत्पादन औजारों तथा हाथ से चलने वाली छोटी मशीनों से होता था। मजदूर इन औजारों का स्वयं मालिक था। जो भी कठिनाई थी वह सामाजिक कानूनों की थी। विशेष अधिकारयुक्त लोगों में राज परिवार, सैनिक, प्रशासक, भूमियुक्त कुलीन और पुरोहित वर्ग थे। जन्म तथा पद के कारण जो दोष थे, उनके निराकरण के लिए क्रांतियां अवश्य हुई।
8. आर्थिक कारण, औद्योगिक क्रांति के कारण प्रबल हुए और ये इतिहास के निर्माण में पूरे जिम्मेदार है।

9. रूसी क्रांति का आधार आर्थिक नहीं, वरन् अत्याचार, अनैतिकता, नौकरशाही थी।

## सर्वोदय दृष्टिकोण

"सर्वोदय का ज्ञान कुल मिलाकर हमें समन्वयात्मक लगता है। सारे विचारकों का एक जगह लाने की शक्ति सर्वोत्तम विचार में है। भारतीय संस्कृति की विशेषता सभी में समन्वय स्थापित करने की रही है। उसकी पूर्णता सर्वोदय विचार से ही हो सकती है। सर्वोदय का वैसे किसी के साथ विरोध करने के कारण नहीं, किंतु उसका उन सबसे विरोध है, जो यह मानते है कि सबका उदय न हो, कुछ अल्पों का और विशिष्टों का ही हो और उन्हीं के हाथों में सत्ता रहनी चाहिए। जो औरों की परवाह नहीं करते, सर्वोदय उनका विरोध करेगा ही। परंतु सारे विचार-प्रवाह, सर्वोदय में समा सकते है।—"विनोवा'॥ उक्त विचार को देखने से यह स्पष्ट हो जाता है कि सर्वोदय विचार वास्तव में समन्वयात्मक होता है। इसका मूलभूत विचार सबका उदय हो, न कि कुछ लोगों का हो। यह विचार अमीरों-गरीबों के बीच सामंजस्य स्थापित करता है तथा शोषण मुक्त समाज का अभ्युदय करने का हिमायती है।

## सर्वोदय आर्थिक प्रणाली की विशेषताएं

गांधी का नया समाज जिसका सत्य और अहिंसा का लक्ष्य होगा, मानव सारी व्यवस्था का केन्द्र बनकर सहयोग की व्यापकता से अग्रसर होगा। मानव श्रम वास्तविक संपत्ति तथा विनिमय का मापदण्ड होगा। बौद्धिक श्रम समाज सेवा का साधन होगा। मूलभूत आवश्यकताओं की वस्तुएं जो जीवनदायिनी उद्योग से संबंधित हो, विकेन्द्रित होंगे तथा निजी होंगे। बड़े तथा यंत्रित उद्योग राष्ट्रीय या पंचायती होंगे। कोई न बेकार रहेगा और न ही भूखा रहेगा। कौटुम्बिक अर्थव्यवस्था होगी। शिक्षा जीवनोपयोगी, स्वास्थ्य और चिकित्सा सबको सुलभ होगी। समाज श्रम निष्ठ होगा। भूदानमूलक, ग्रामोद्योग प्रधान अहिंसक क्रांति द्वारा गांधी का आध्यात्मिक समाजवाद या सर्वोदय समाज साकार होगा।

भारतीय समाज में धर्म, अर्थ, काम, मोझ की व्यापक मानवता प्रधान होगी। अर्थ मानव जीवन को इस प्रकार संचालित तथा विकसित करें कि मानवीय सभ्यता को किसी भी प्रकार का आघात न पहुंचे। आज के समय में सदाचार, नैतिकता, मानवता, करूणा और प्रेम समाप्त हो रहे है। मनुष्य संपत्ति के मोह तथा भौतिकता के प्रवाह में लिप्त होता जा रहा है।

मनुष्य दूसरे के परिश्रम की रोटी न खायें और यदि खायें तो बिना उसकी मर्जी के न खायें। अच्छा हो कि मनुष्य अपने परश्रिम की रोटी खायें और इससे अधिक बढ़कर यह भी हो सकता है कि मनुष्य अपने परिश्रम की रोटी दूसरे को खिलायें। यही मानवता है। इसमें मानव प्रेरणा है क्योंकि यहां प्रतिमूल्य नहीं है। ऐसी भी स्थिति आ सकती है कि मनुष्य को इतना तकनीक का ज्ञान हो जाय कि मनुष्य को परिश्रम करना ही न पड़े। यंत्र ही सब कुछ कर डाले तब श्रम की आवश्यकता न होगी। यह मान्यता कि श्रम से ही उत्पादन होता है इसलिए अनिवार्य श्रम उपकार है।

हम मानवीय दर्शन का सिद्धांत माने तो यह देखेंगे कि अपने पसीने से दूसरों को रोटी खिलाई जाय। यहां पर मानवीय श्रम का कोई प्रतिमूल्य नहीं। पूंजीवाद में अपने परिश्रम से अपनी रोटी उत्पन्न करना अर्जित सम्पत्ति माना गया है। समाजवाद उससे एक कदम और बढ़ कर यह मानता है कि संपत्ति स्वयं अर्जित तथा अनअर्जित दोनों ही नहीं होगी। आवश्यकता की वस्तु संपत्ति नहीं होती। समाजवाद में इस प्रकार की संपत्ति जिससे दूसरी संपत्ति उत्पन्न हो सके, जो बेची जा सके, वह न तो पारिवारिक होगी और न तो व्यक्तिगत होगी। लेकिन समाजवाद या साम्यवाद ने श्रम को आर्थिक आवश्यकता माना है। परंतु ऐसा नहीं है। गांधी जी के सर्वोदय समाज में परिश्रम मनुष्य की सांस्कृतिक आवश्यकता है। यही गांधी के आर्थिक दर्शन की विशिष्टता है। श्रम संस्कृति और सभ्यता का स्रोत है। सदाचार, नैतिकता और मानवता की बुनियाद यह श्रम बन जाता है, दोनों का विरोध नहीं। मनुष्य की आकांक्षा अपरिमित है और उसकी उपभोग शक्ति सीमित है इसलिए संयम मनुष्य की शारीरिक आवश्यकता है। आज उपभोग की वस्तुओं का बाहुल्य सामाजिक प्रतिष्ठा का द्योतक बन गया है। जब तक उपभोग के साधनों की बहुलता, सामाजिक प्रतिष्ठा का प्रतीक बनी रहेगी, तब तक मानव समाज असभ्य, असंस्कृत ही रहेगा क्योंकि यह वासना प्रधान समाज होगा। उपभोग शक्ति सीमित तथा उपभोग के साधनों की प्रचुरता, मनुष्य को अविवेकपूर्ण व्यवहार के लिए बाध्य कर देती है, इसलिए किसी समाज के संयोजन का आधार उपभोग को न बनाकर उत्पादन को ही बनाना चाहिए। इससे मनुष्य कलात्मक जीवन, सादा जीवन, स्वस्थ जीवन से विभूषित होकर अपनी गुणात्मक, आंतरिक शक्तियों का विकास करेगा और सभ्यता और संस्कृति की नींव पुष्ट होगी। श्रम निष्ठ मानव प्रतिष्ठित मानव बनेगा। उसके जीवन तथा कार्य से त्याग, करूणा प्रेम का सृजन होगा। एक स्वस्थ मन और शरीर वाला मानव प्रगट होगा। मनुष्य का

स्वभाव संग्रह करने का नहीं है, इसलिए संग्रह की आवश्यकता एवं प्रवृत्ति आसानी पूर्वक उठ जानी चाहिए, जहां उत्पादन ऐसा होगा, जो अभाव को कम करेगा और जहां अभाव नहीं होगा, वहां अधिक उपभोग नहीं होगा और जहां अभाव न होगा, उपभोग संयम से बंधा होगा। गांधी दर्शन प्रतिमूल्य सिद्धांत को नहीं मानता। इसलिए इस दर्शन में मानव सभ्यता और संस्कृति के स्रोत है। यही इस दर्शन की अपूर्व देन है।

## संदर्भ

1. अमृत बाजार पत्रिका, साप्ताहिक, 20 फरवरी, 1917.
2. हरिजन, अंग्रेजी साप्ताहिक, 13 मार्च 1939.
3. यंग इण्डिया, 15 नवम्बर, 1928.
4. अमृत बाजार पत्रिका, 3 अगस्त, 1934.
5. हरिजन सेवक, 13 जुलाई 1947.
6. अमृत बाजार पत्रिका, 2 अगस्त 1934.
7. हरिजन, दिसम्बर 5, 1936.
8. हरिजन, अक्टूबर 19, 1935.
9. यंग इण्डिया, 5 दिसम्बर 1929.

# 8

# मार्क्स और गांधी के विचारों की समस्याओं के निराकरण हेतु समर्थता और सार्थकता

आज की विविध समस्याओं के निराकरण की क्षमता और समर्थता विशेष रूप से गांधी जी के सर्वोदय दर्शन एवं साम्ययोग के विचार में है क्योंकि गांधी जी ने आर्थिक पद्धति के विषय में सर्वोदय दर्शन की भूमिका में आज के प्रचलित समस्त पद्धतियों के गुणात्मक स्वरूप को मानवीय मूल्यों के आधार पर निर्मित किया है।

गांधी जी द्वारा पश्चिमी अर्थशास्त्र का अध्ययन किस सीमा तक किया गया, यह निश्चित रूप से नहीं कहा जा सकता है परंतु यह स्पष्ट है कि गांधी जी के विचार में मांग और आपूर्ति के सिद्धांत के आधार पर मूल्य का सिद्धांत कहीं नहीं दीखता है। वास्तव में वो तो उत्पादन के घटकों को मानने के लिए ही तैयार नहीं है। उत्पादन के घटकों को नकारने के लिए वे उसी तर्क प्रणाली का सहारा लेते हैं जिसके आधार पर मार्क्स ने उस जमाने में उठे उत्पादक या अनुत्पादक श्रम के एक विवाद को सुलझाया था। यहाँ यह स्पष्ट कर देना समीचीन है कि गांधी और मार्क्स के विचारों में एक मूलभूत अंतर जो देखने को मिलता है वह यह है कि गांधी जी उसी तर्क प्रणाली का आधार लेकर अपनी बात को स्पष्ट करते हैं जबकि मार्क्स स्वयं अपनी तर्क प्रणाली का आधार मूल्य के सिद्धांत का प्रतिपादन करते समय छोड़ देते हैं परंतु गांधी नहीं छोड़ते हैं। इसका कारण संभवत: यह हो सकता है कि मार्क्स अपने तत्कालीन आर्थिक अध्ययन के जंजाल से अपने को मुक्त नहीं कर सके। तत्कालीन सामाजिक परिस्थिति एवं उनके स्वयं के व्यक्तित्व का उनके विचारों पर स्पष्ट प्रभाव दिखाई पड़ता है। मार्क्स का भविष्य के विचार या भविष्य के समाज के बारे में जो कल्पनाएं हैं उनका प्रभाव भी इन परिस्थितियों के विश्लेषण पर पड़ा दीखता है। गांधी जी ने समाज के जिस भविष्य की

कल्पना की है वह उससे बिल्कुल अलग है। मार्क्स ने यद्यपि इंग्लैण्ड के पूंजीवादी तंत्र को स्वीकार नहीं किया था, परंतु उसके द्वारा प्राप्त भौतिक प्रगति की चकाचौंध से वह अभिभूत था। वहीं दूसरी ओर गांधी जी उसी भौतिक समृद्धि के प्रति विद्रोह करते हैं तथा उस समृद्धि को प्राप्त करने के लिए जिस तरह के साधनों का इस्तेमाल किया था, वह गांधी जी की दृष्टि में घृणास्पद था। यही गांधी तथा मार्क्स के दृष्टिकोण में मौलिक अंतर है।

यह ख्याल उचित नहीं है, कि पूंजीपतियों द्वारा पूंजी के दुरूपयोग की बात लोगों के ध्यान में आई तब समाजवाद का जन्म हुआ। हाँ यह कहा जा सकता है कि जब कुछ सुधारकों ने हृदय परिवर्तन की क्रिया द्वारा आदर्श सिद्ध करने की प्रणाली में विश्वास खो दिया, तब जिसे वैज्ञानिक समाजवाद कहा जाता है, उसकी पद्धति खोजी गई। गांधी जी ने यह विचार व्यक्त किया है कि मैं उसी समस्या को हल करने में लगा हूँ जो वैज्ञानिक समाजवादियों के समक्ष है। अलबत्ता, काम का मेरा ढंग शुद्ध अहिंसा के अनुसार प्रयत्न करने का है।[1] पुनः गांधी जी ने कहा कि ''समाजवाद और साम्यवाद आदि पश्चिम के सिद्धांत जिन विचारों पर आधारित है, वे हमारे तत्संबंधी विचारों से बुनियादी तौर पर भिन्न हैं। इसीलिए हमारे समाजवाद या साम्यवाद की रचना अहिंसा के आधार पर और मजदूरों तथा पूंजीपतियों या जमींदारों द्वारा तथा किसानों के मधुर सहयोग के आधार पर होनी चाहिए।[2]'' गांधी जी के अनुसार, यदि अहिंसक साम्यवाद के अर्थ की छानबीन की जाय तो अंत में हम उसी निष्कर्ष पर पहुँचते हैं कि उसका मतलब वर्ग-विहीन समाज है। यह बेशक जब इस आदर्श को हासिल करने के लिए वह हिंसा के प्रयोग करने की बात करने लगता है तब मेरा रास्ता उससे अलग हो जाता है। जनता पर जबर्दस्ती लादा जाने वाला साम्यवाद भारत को नहीं रुचेगा। भारत की प्रकृति के साथ उसका मेल नहीं बैठ सकता। हाँ, यदि साम्यवाद बिना किसी हिंसा के आए तो हम उसका स्वागत करेंगे[3] गांधी जी ने आगे यह भी विचार व्यक्त किया है कि ''मेरा यह दृढ़ विश्वास है कि हिंसा की नींव पर किसी स्थायी रचना का निर्माण हो ही नहीं सकता।''[4] इस प्रकार स्पष्ट है कि गांधी जी ने साम्यवाद के परिष्कृत रूप को, जो अहिंसक हो, स्वीकार किया है।

साम्यवाद तथा साम्ययोग का विश्लेषणात्मक अध्ययन करने पर यह स्पष्ट होता है कि साम्य योग में ऐसा माना जाता है कि मनुष्य की प्रकृति एवं प्रवृत्ति सद्‌गुणमय है परंतु उसमें जो दोष आ जाते हैं वे दोष परिस्थितिवश या विकारजन्य होते हैं इसलिए साम्ययोगी मानवीय निष्ठा में पूर्ण विश्वास करता है, मनुष्य की

गुणात्मक शक्ति में विश्वास करता है। परंतु साम्यवाद यह मानता है कि मनुष्य न तो स्वभाव से अच्छा है न बुरा। उसे परिस्थितियाँ अच्छा या बुरा बनाती हैं। साम्यवाद की मान्यता मनुष्यता में और मनुष्य की गुणात्मक शक्ति में नहीं है बल्कि परिस्थितियों में है। मनुष्य इन्हीं परिस्थितियों का दास है। इसलिए साम्यवाद मनुष्य को जहाँ परिस्थितियों में बांधता है और सापेक्षिक मूल्य में विश्वास करता है, वहीं पर साम्ययोगी निरपेक्ष मूल्य में विश्वास करता है। अतः दोनों मूल्यों में बहुत बड़ा अंतर है। साम्यवाद इस मूल्य की विभिन्नता के कारण साम्ययोग से अपने सारे विश्लेषणों में भिन्न हो जाता है। साम्ययोग इस बात को मानता है कि गरीबी-अमीरी भगवान् द्वारा निर्मित नहीं है वरन् यह मानव द्वारा निर्मित है, इसका निराकरण स्वयं मनुष्य की शक्ति के अंदर है। सारी आर्थिक विषमताएं समाज द्वारा निर्मित होती है। इसका निराकरण मानव समाज की पहली आवश्यकता है। इस महत्वपूर्ण बिन्दु पर साम्यवाद साम्ययोग के विचारों से पूर्णतया सहमत है। इस विचार को साम्यवाद की महान देन भी कहा जा सकता है। अब तक सभी धर्मों एवं मसीहों ने यही विचार व्यक्त किया था कि दरिद्रता नैसर्गिक है, देवनिर्मित है परंतु साम्यवाद ने ही पहली बार यह नया मूल्य दिया कि ऐसा नहीं है। ऐसी मान्यता के मूल्य तथा भूमिका से साम्यवाद का उदय होता है। यही मानव के लिए सबसे बड़ा क्रांतिकारी विचार है कि गरीबी, आर्थिक विषमता मानवकृत है, यह मिटनी चाहिए। धन तथा धरती का सम वितरण होना चाहिए। यहां पर साम्यवाद तथा साम्ययोग में पूर्ण मतैक्य देखने को मिलता है। साम्ययोग यह भी मानता है कि विषमता की बुनियाद में मनुष्य के विकार अज्ञान की वह शक्ति है जो उसे अपने गुणों से पदच्युत करती है। उसमें संग्रह, लोलुपता, आर्थिक प्रभुत्व की आकांक्षा, वासना की प्रधानता हो जाती है जिससे मनुष्य इस वासनामय प्रलोभनों से अपने कर्तव्य से विचलित हो जाता है तथा समाज का कतिपय ढंग से शोषण करने लगता है यही से विषमता की जड़ पनपने लगती है। पुनः मनुष्य को जब इसका ज्ञान होता है तो वह इनसे मुक्त हो जाता है। साम्यवाद भी इस बात को मानता है परंतु मनुष्य के इन गुणों की ओर यह ध्यान नहीं देता है जिनके कारण इन सब वासनाओं से मनुष्य त्राण पा जाता है। इसका मूल कारण यह है कि साम्यवाद इन सब विषमताओं की जड़ में सामाजिक, आर्थिक, राजनैतिक पद्धतियों व व्यवस्थाओं को जोड़ देता है। इस तथ्य को वह स्वीकार करता है कि व्यक्ति के संग्रह, लोलुपता, अज्ञानता के दोषों के कारण ही यह विषमता उत्पन्न होती है। परंतु सारा दोष साम्यवाद पद्धति को मढ़ देता है

यही इसमें भ्रम है। साम्ययोग जीविका तथा जीवन को मान्यता देता है और मानता है कि आर्थिक विषमताओं, अन्यायों का संबंध राजनैतिक, सामाजिक तथा सांस्कृतिक पद्धति से होता है। परंतु सारी राजनैतिक, सांस्कृतिक, सामाजिक बुराइयों का कारण केवल आर्थिक विषमताएं हैं, ऐसा नहीं है। मनुष्य एक विचारशील प्राणी है उनके विचारों में परिवर्तन होते हैं। आर्थिक विषमता में ही दुनिया के सारे विकारों का कारण नहीं होता है। इसके लिए इतिहास साक्षी है। आर्थिक विषमता जीवन पर प्रभाव डालती है इसमें कोई संदेह नहीं परंतु इसी का पूरा हाथ होता है, ऐसा नहीं कहा जा सकता। युगों से मानव की चेतना उसके जीवन के सामाजिक तथा सांस्कृतिक मूल्यों को आगे बढ़ाती रही है। इसलिए उनमें जब भी कालांतर में विकार हुआ है तब समाज बुराइयों से त्रस्त हुआ है। साम्यवाद सारी राजनीतिक, सामाजिक तथा सांस्कृतिक बुराइयों की बुनियाद में आर्थिक उत्पादन के साधन तथा पद्धति को एकमात्र कारण मानता है। सारे सामाजिक दोष अन्याय केवल आर्थिक दोषमय उत्पादन पद्धति एवं विषमता के कारण है। साम्यवाद मनुष्य की उन सब विचार शक्तियों और चेतनाओं की जो धार्मिक, सामाजिक, सांस्कृतिक, राजनैतिक क्षेत्रों में प्रस्फुटित हुई है, अवहेलना करता है। यह एक महान भ्रम है। इतिहास में परिवर्तन लाने की शक्ति, उसमें दोष या गुण लाने की शक्ति मनुष्य के विचारों से प्राप्त हुई है। ये विचार सामाजिक आकांक्षा या व्यक्तिगत आकांक्षाओं से प्रस्फुटित हुए है न कि केवल आर्थिक विषमताओं से उत्पन्न हैं। परंतु साम्यवाद में इन पर जो विशेष बल दिया है उसका मूल कारण उस समय की यूरोप की परिस्थिति विशेष थी, जीविका और जीवन का घनिष्ठ संबंध है, परंतु इन संबंधों का निर्वाह जीवन के मूल्यों पर आधारित होता है। साम्ययोग सामाजिक दोषों के निराकरण में आर्थिक दोषों के निराकरण को एक महत्वपूर्ण स्थान देता है। यदि आर्थिक विषमताओं, दोषों, उत्पादन पद्धतियों में परिवर्तन होता है और उनका गुणात्मक प्रयोग होता है तो सारी सामाजिक विषमताओं तथा दोषों के निराकरण में सहायता मिलती है। गांधी जी के शब्दों में मनुष्यों को ''रोटी भी चाहिए'' से स्पष्ट हो जाता है कि आर्थिक विषमता भी अपना महत्व रखती है, परंतु वह स्वतः में संपूर्ण समस्याओं का हल नहीं है। साम्यवाद आर्थिक विषमताओं को अमोघ मंत्र मानता है। यही उसका राम बाण है यदि आर्थिक विषमता का निराकरण कर दिया गया तो सारे सामाजिक दोष अपने आप विलुप्त हो जायेंगे। परंतु साम्यवाद का यह महान भ्रम है। समाज में दोषों का अध्ययन करके देखें तो पता चलता है कि विभिन्न दोष विविध कारणों से होते हैं केवल आर्थिक दोषों के निराकरण से

ही वे सभी दोष दूर नहीं हो सकते। दुनिया में विविध प्रकार की क्रांतियां हुई, क्योंकि मनुष्य के अंदर दिल और दिमाग भी अपनी सारी कल्पनाओं के साथ इस जड़वत् शरीर में स्थित है। इसी चेतना से सारे गुण दोष उत्पन्न होते हैं और इसी से उनका निराकरण भी होता है। भौतिकता बुराइयों का निराकरण कर ही नहीं सकता। आर्थिक विषमताओं के निराकरण से समाज की वे बुराईयां दूर हो सकती है जो केवल उन्हीं कारणों से हैं।

साम्ययोग सभ्यता तथा संस्कृति को प्रधानता देता है। अर्थरचना और राजतंत्र दोनों का निर्माण समाजनीति जो संस्कृति और सभ्यता की रीढ़ है, के द्वारा होता है। समाज की सभ्यता तथा संस्कृति आर्थिक व्यवस्था का निर्माण करती है तथा उसी आर्थिक व्यवस्था के अनुरूप राज्य व्यवस्था बनती है। एक सभ्य सुसंस्कृत समाज मानवीय मूल्यों के निर्माण एवं निर्वाह के लिए मानवता के अनुकूल ही अर्थरचना करता है। अर्थरचना में समाज की सभ्यता तथा संस्कृति प्रतिबिम्बित होती है। इसी अर्थरचना के द्वारा समाज तथा मानव अपने गुणों, सभ्यता एवं संस्कृति के मापदण्ड की अभिव्यक्ति करता है। साम्यवाद इसके विपरीत सभ्यता और संस्कृति में अर्थरचना को प्रतिबिम्बित करता है। संपूर्ण राज्य व्यवस्था, सभ्यता, संस्कृति का निर्धारण आर्थिक व्यवस्था से होता है। अर्थरचना को बदल देने से सभ्यता तथा संस्कृति तथा मानवीय संबंध बदल जाते हैं। इस प्रकार साम्यवाद केवल मनुष्य के आर्थिक संबंध को ही प्राथमिकता और महत्व देता है जो मनुष्य के जीवन के वास्तविक लक्ष्य और मूल्य है और जिनसे सभ्यता एवं संस्कृति का निर्माण होता है। उनको साम्यवाद उतना प्रभावशील नहीं मानता। यद्यपि साम्यवादियों ने अपने पक्ष की पुष्टि के लिए इतिहास को बहुत तोड़ा-मरोड़ा है, परंतु इतिहास स्वयं इस बात के विरोध में है। जितना ही समाज सभ्य और सुसंस्कृत रहा है उतनी ही उसकी आर्थिक रचना भी न्यायोचित रही है। जितना ही समाज नोच-खसोट एवं शोषण वाली पद्धति पर रहा है उतनी ही उसकी अर्थरचना विकृत रही है। सभ्य तथा सुसंस्कृत व्यक्ति और समाज के भौतिक एवं आर्थिक व्यवहार भी सभ्य तथा सुसंस्कृत होते हैं। इसके विपरीत होने पर आर्थिक व्यवहार भी विकृत होते हैं। साम्ययोग स्वामित्व की भावना का निराकरण करता है। व्यक्तिगत स्वामित्व तथा व्यक्तिगत संपत्ति ऐसी कोई वस्तु नहीं है। किसी भी प्रकार के स्वामित्व किसी भी प्रकार की संपत्ति की भावना ही व्यक्तिगत रूप से नहीं होनी चाहिए। साम्यवाद केवल व्यक्तिगत संपत्ति का निराकरण आवश्यक मानता है। वह साम्ययोग से कई कदम इसलिए पीछे है कि साम्ययोग तो स्वामित्व तथा संपत्ति की भावना

तक का निराकरण करता है। साम्यवाद संपत्ति और स्वामित्व की बुनियाद नष्ट नहीं होने देता उसे दूसरे स्वरूप में मान्यता देता है। सामाजिक संपत्ति, सामाजिक दायित्व की भावना व्यक्ति के मन में विकार का सृजन करती है। व्यक्ति स्वामित्व की भावना से मुक्त नहीं हो पाता। वह भावना आगे चलकर समाज को पुनः विकृत कर देती है परंतु साम्ययोग बड़ी सतर्कता के साथ इसकी भावना को ही समाप्त कर देता है। इस प्रकार से साम्ययोग व्यक्तिगत व सामुदायिक सभी प्रकार के स्वामित्व एवं संपत्ति की भावना को दूर कर देता है। संपत्ति और स्वामित्व की जो अहं भावना है उसे जड़ मूल से समाप्त कर देना इसका लक्ष्य है। यह एक मनोवैज्ञानिक सहज आवश्यक प्रक्रिया होनी चाहिए। लेकिन साम्यवाद का यह मानना है कि पहले कदम में व्यक्तिगत स्वामित्व की जगह राजकीय स्वामित्व होगा और उस राज्य संस्था पर श्रमजीवियों का स्वामित्व होगा। समाजीकरण के लिए स्वामित्व का राजकीयकरण होगा और धीरे-धीरे यह प्रक्रिया चलेगी। यहां पर साम्यवाद का केवल भ्रम है क्योंकि स्वामित्व और संपत्ति का रूप व्यक्ति या व्यक्ति के समूह कहीं भी हो यह सदैव मोह, लोभ, लोलुपता और लिप्सा का कारण बना रहेगा। मनुष्य इस स्वामित्व की भावना से बराबर आक्रांत रहेगा। स्वामित्व प्राप्त करने की बराबर कोशिश करता रहेगा। साम्ययोग जीवन के प्रत्येक क्षेत्र में आज से ही स्वामित्व विसर्जन की साधना आरंभ कर देता है तथा श्रमदान, बुद्धिदान, संपत्तिदान, भूदान, साधनदान, जीवनदान आदि का अभ्यास इसी क्षण से आरंभ हो जाता है। किसी भी प्रकार की बाह्य सत्ता के कानून की भय की आवश्यकता नहीं होती। साम्ययोग बिना किसी ईर्ष्या द्वेष के सभी के हृदय में इस बात का प्रवेश करा देता है कि अपने पसीने की कमाई रोटी प्रत्येक को खानी चाहिए। बिना श्रम के भोग करने वाले को चोर माना जाता है। प्रत्येक व्यक्ति की प्रतिष्ठा तभी होती है जब वह उत्पादक बनता है। समाज में शोषण के मूल में उपभोक्ता एवं अनुत्पादक वर्ग का भेद है। साम्ययोग श्रीमान् को श्रमवान, श्रीनिष्ठ को श्रमनिष्ठ बनाता है। इस प्रकार से प्रत्येक व्यक्ति अपने शारीरिक श्रम से उत्पादक वर्ग में सम्मिलित होगा तथा वर्ग परिवर्तन होकर एक रस समाज में विलीन हो जायेगा। यह कार्य प्रत्येक व्यक्ति की स्वयं की प्रेरणा से होगा। इसमें किसी भी प्रकार के बाह्य दबाव की आवश्यकता नहीं होगी। और श्रम समाज का निर्माण होगा परंतु साम्यवाद वर्ग संघर्ष के द्वारा वर्ग परिवर्तन की बात करता है। श्रमिकों की सत्ता स्थापित करने के लिए पूंजीपतियों, भूमिपतियों से सत्ता छीनना आवश्यक है। बलपूर्वक खूनी क्रांति के द्वारा आवश्यक हो तो वध द्वारा विशेष

वर्ग-पूंजीपति की हत्या द्वारा श्रमिकों की सत्ता कायम की जायेगी। जिस प्रक्रिया से यह सत्ता प्राप्त की जायेगी उसी प्रक्रिया से उसका रक्षण भी होगा। यह है साम्यवाद की वर्गविहीन समाज बनाने की कल्पना। यह भ्रम ही है, क्योंकि स्थायी समाज भय से नहीं बनता बल्कि प्रेम, करूणा, सहानुभूति की मानवीय सहज शक्तियों से बनता है यही समाज को बाँधने की शक्ति है। संघर्ष तथा सत्ता से समाज बँधता नहीं बल्कि छिन्न-भिन्न होता है। गांधी जी के अनुसार वर्ग युद्ध भारत के मूल स्वभाव के खिलाफ है। भारत में समान न्याय और सबके बुनियादी हकों के विशाल आधार पर स्थापित एक उदार किस्म का साम्यवाद निर्माण करने की क्षमता है। मेरे सपने के रामराज्य में राजा तथा रंक सबके अधिकार सुरक्षित होंगे।[5] साम्ययोग शासन के शनैः शनैः स्वतः विघटन की प्रक्रिया में विश्वास रखता है। ज्यों-ज्यों उत्पादन का विकेन्द्रीकरण होगा संपत्ति और स्वामित्व का विजर्सन होगा त्यों-त्यों राज्य की आवश्यकता समाज को नहीं रह जायेगी। मनुष्य स्वयं स्वशासित होगा। उचित-अनुचित का ज्ञान होगा। उसकी क्रियायें घोर स्वार्थ से परे होगी। संपत्ति तथा उत्पादन के स्वामित्व की रक्षा का प्रश्न नहीं रहेगा इसलिए शासन की आवश्यकता ही नहीं रहेगी। छोटे-छोटे घटक ग्रामीण इकाइयां एक परिवार की तरह व्यवस्था करेगी। जितना शासन का स्वरूप परिवार में होता है उतना ही इन घटकों में होगा। इसका आधार ग्राम की इकाई होगी। उपर केवल राज्य रेलवे के खतरे की जंजीर के अनुरूप होगा। परंतु साम्यवाद शासन की अनिवार्यता को कायम रखना चाहता है। यद्यपि राज्य विहीन स्थिति को निर्मित करना उसका उद्देश्य है परंतु संपत्ति तथा उत्पादन के विक्रेन्दीकरण का दर्शन इस बात की अनिवार्यता प्रकट करता है कि एक सबल श्रमिक वर्ग का राज्य तथा उसकी सत्ता होगी। इस विकेन्द्रीकरण की प्रक्रिया से शासन की अनिवार्यता और सुदृढ़ता बढ़ती जायेगी। यह विचार तो ठीक है कि परिस्थितियों के परिवर्तन हो जाने से लोगों में सामाजिक भावना आएगी परंतु आर्थिक क्रिया के केन्द्रीकरण से शासन और राज्य सत्ता की अनिवार्यता बनी रहेगी। साम्ययोग अपने आर्थिक संयोजन से प्रत्येक मानव का सर्वाङ्गीण उत्कर्ष एवं विकास चाहता है। इसलिए प्रत्येक मानव की कार्यक्षमता, कुशलता, उत्पादन शक्ति को पूर्ण सबल बनाता है। एक स्वस्थ, शिक्षित, पूर्ण विकसित, सभ्य, सुसंस्कृत, करूणामय, अहिंसामय, सत्यमय मानव ही साम्ययोग में सबसे बड़ी संपत्ति है।

अतः यह स्पष्ट हो जाता है कि सभी वस्तुएं सभी बाह्य उपकरण मनुष्य के गुणात्मक विकास के लिए होते हैं। इसलिए साम्ययोग अपनी सारी उत्पादन

प्रक्रिया में मानवीय निष्ठा तथा मानवीय मूल्य की प्राण प्रतिष्ठा करता है। परंतु साम्यवाद वस्तुनिष्ठ उत्पादन में और वस्तु के मूल्य में अपना लक्ष्य तथा दर्शन सन्निहित करता है। आर्थिक संयोजन का लक्ष्य अधिकतम वस्तुओं की भौतिक पदार्थों को उपलब्धि कराना होता है। इसलिए साम्यवाद उदर-दर्शन मात्र ही रह जाता है तथा जड़वत् बन जाता है। यहाँ तक कि वह मानव के श्रम को वस्तुओं के मूल्यों का मापदण्ड तथा साधन मान लेता है। मानव श्रम का कोई मूल्य बाजार में नहीं हो सकता लेकिन साम्यवाद वस्तुनिष्ठ होने के कारण मनुष्य का मूल्य बाजार में लगता है। अधिकतम उत्पादन करना उपभोग वस्तुओं को सर्वसुलभ करा देना एकमात्र लक्ष्य है। इसलिए इसमें भी वहीं विकार और दोष उत्पन्न हो जाते हैं जो पूंजीवाद में व्याप्त है। यही कमजोरी साम्यवाद की है। साम्ययोग इस दुर्बलता से परे है क्योंकि मानवीय निष्ठा और मूल्य है। साम्ययोग सारे उत्पादन का लक्ष्य मानव को मानता है। उत्पादन की क्रिया ऐसी होनी चाहिए जिससे उत्पादक का सांस्कृतिक विकास भी हो। जीवन सभ्य तथा सुसंस्कृत तभी होता है तब मानव की शक्ति उत्पादन के ऐसे क्षेत्र में लगती है जिससे उपभोग की वस्तुओं का उत्पादन हो। आज स्थिति यह है कि उत्पादन साध्य और मानव साधन बन गया है। वास्तव में साम्ययोग उत्पादक को स्वास्थ्य तथा सुख, आनंद और प्रतिष्ठा प्रदान करना चाहता है न कि उसको उत्पादन में पीस डालना चाहता है। मनुष्य और पशु की सारी शक्तियों का उसके पुरूषार्थ एवं कार्य का समुचित प्रयोग उसके संपूर्ण समग्र कलात्मक विकास के लिए आवश्यक है। ईश्वर ने मनुष्य को हाथ, पैर दिए हैं। उसकी शक्ति का विकास मानवता के आधार पर होना चाहिए। साम्यवाद मानव को उत्पादन का एक साधन मानता है। अधिकतम उत्पादन द्वारा उपभोग की वस्तुओं को अधिकतम मात्रा में उत्पादित करना और उनका समाज में सम वितरण कर देना साम्यवाद का लक्ष्य है। इससे उपभोग प्रधान समाज हमारे सामने आता है। अधिकतम उपभोग के लिए अधिकतम उत्पादन आवश्यक है। इसलिए मशीन के साथ मानव तथा पशु शक्ति का प्रयोग करना इसका स्वाभाविक लक्ष्य है। भोग प्रधान समाज पूंजीवादी समाज भी है। भोग प्रधान समाज की सारी मान्यताओं को साम्यवाद स्वीकार कर लेता है। ऐसी स्थिति में वह उन सब पूंजीवादी विकारों से ग्रस्त हो जाता है और वह भी विकारयुक्त हो जाता है। साम्यवाद जिन विकारों के निराकरण का दावा करता है, उन्हीं से स्वयं ग्रसित हो जाता है। यह भी एक साम्यवाद की विडम्बना है। वास्तव में मानव को साध्य न मानकर साम्यवाद ने अपनी पूर्णता कम कर दी है।

साम्यवाद उत्पादक को प्रतिष्ठा प्रदान करता है। उत्पादक ही व्यवस्थापक होता है आज जो मैनेजरवाद या व्यवस्थावाद का जन्म हो रहा है या नौकरशाही का जन्म हो रहा है उसकी आवश्यकता साम्ययोग नहीं मानता है। श्रमिक उत्पादक है, श्रमिक ही व्यवस्थापक है। उत्पादन की इस प्रक्रिया में श्रम प्रतिष्ठा प्राप्त करता है। छोटे-छोटे उत्पादन में उत्पादक अपनी पूर्ण प्रतिष्ठा स्वाभिमान के साथ कायम रखता है। प्रत्येक उत्पादक का व्यक्तित्व भी निखरता है और यही प्रत्येक उत्पादक के लिए प्रेरक शक्ति हो जाती है, परंतु साम्यवाद व्यवस्थावाद को अनिवार्य तथा आवश्यक मानता है और एक नए वर्ग की सत्ता समाज के ऊपर लादता है। यह व्यवस्था समाज पर भार बनकर उत्पादक श्रमिक के ऊपर भय का, सत्ता का बोझ डालता है। यह स्वाभाविक भी है कि जब उत्पादन केन्द्रित होगा और उत्पादन की मात्रा भी विशाल होगी तो व्यवस्थापक वर्ग अनिवार्य होगा। साम्ययोग किसी वाद की प्रतिक्रिया के फलस्वरूप नहीं जन्मा है बल्कि वह भारतीय संस्कृति की अपनी मौलिक देन है और गांधी के जीवन से यह मूल विचार प्रस्फुटित हुआ है। साम्यवादी विचारधारा यूरोप की परंपरावादी विचारधारा से अनुप्राणित और उसकी प्रतिक्रिया से संचालित है। यूरोप की सारी भौतिक मान्यताएं इसमें निहित है। मार्क्स की मान्यता के अनुसार मूल्य में वृद्धि उत्पादकता के आधार है परंतु गांधी जी की मान्यता थी कि मलकियत की व्यवस्था ही उत्पादक तत्वों के मूल्य का आधार है। मार्क्स की मान्यता थी कि पूंजीवादी व्यवस्था के कारण ही श्रम के सिवाय अन्य घटकों को उत्पादक घटक माना गया है लेकिन गांधी जी की मान्यता थी कि किसी साधन पर मलकियत या मलकियत के हक निर्माण करने पर ही उनको उत्पादन में योगदान के लिए मूल्य चुकाना पड़ता है। यही नियम अपने श्रम पर भी लागू होता है। गांधी जी की कल्पना के समाज में या शोषणमुक्त समाज में साधनों का विभिन्न उपयोग होगा, परंतु उनको मलकियत के आधार पर कोई मूल्य चुकाना नहीं होगा।[6]

अतएव उपरोक्त विवेचनों से मार्क्स एवं गांधी जी के विचारों का तुलनात्मक अध्ययन, मौलिक विशेषताएं एवं गांधी जी के सर्वोदय दर्शन एवं साम्ययोग की उत्कृष्टता स्पष्ट हो जाती है। गांधी जी के अनुसार—"जहाँ तक मैं जानता हूं दुनिया में कोई भी ऐसा देश नहीं है जो पूरी तरह समाजवादी हो। मेरे बताए हुए साधनों के बिना ऐसा समाज कायम करना असंभव है।"[7]

गांधी जी के सर्वोदय व्यवस्था द्वारा ही अन्य पद्धतियों में व्याप्त द्वन्द्व की स्थिति को समाप्त किया जा सकता है। इन द्वन्द्वों में प्रथम, व्यक्ति तथा समाज का

द्वन्द्व है। दूसरा, पूंजी एवं श्रम का द्वन्द्व है, तीसरा, अधिकार एवं परावलम्बन का द्वन्द्व है। चौथा, मानवता और भौतिकता का द्वन्द्व, पाँचवा, स्वावलम्बन एवं परावलम्बन का द्वन्द्व, छठा मालिक एवं मजदूर का द्वन्द्व, सातवाँ, कच्चे एवं पक्के माल का द्वन्द्व, आठवाँ, उपभोक्ता एवं उत्पादक का द्वन्द्व, तथा नवाँ, उत्पादन एवं वितरण में द्वन्द्व है। इन सबका निराकरण गांधी जी के साम्ययोग एवं सर्वोदय दर्शन से ही संभव है।

दिल और दिमाग अतीत में विचरण करते हैं, बहुत कम, मस्तिष्क होते हैं जो वर्तमान में जीते हैं। भविष्य में जीना एक उपकल्पना का जीवन माना जाता है। प्रश्न यह है कि हम इतिहास में जीये और उसके द्वारा वर्तमान में जियें और भविष्य की कल्पना करें। बहुधा वास्तविकता में पहले वाले लोग इतिहास को जीर्ण मतवाद और अनावश्यक मानते हैं और भविष्य को मूर्खों का स्वर्ग कहते हैं। इसलिए हम इस तथ्य पर पहुँचे कि अतीत को वर्तमान पर हावी न होने दें। आज की समस्याओं को पुराने चश्में से न देखें, अपनी आँख से देखें और हिम्मत से देखें। इसका परिणाम यह होगा किसी प्रकार का भय, पूर्वाग्रह, हम नहीं स्वीकार करेंगे। इसलिए हममे कोई दुर्गुण, जैसे भय और क्रोध उत्पन्न नहीं होंगे। यह बात अवश्य हो कि हम विविध विचारों को सहन कर सकें। भिन्न विचारों से भयभीत नहीं होना चाहिए। मुक्त विचार से कोई भय नहीं होता। जो विवेक से हमें उचित लगे; उसे हमें कहने में हिचक न हो। इन्हीं भावनाओं से हमें समस्याओं को देखना चाहिए; और उनके निराकरण का उपाय प्रस्तुत करना चाहिए। आज समस्यायें विज्ञान के कारण राष्ट्रीय न बनकर जागतिक बन गयी हैं। यह दूसरी बात है कि हम अपनी संकीर्णता के कारण चन्द्रमा पर पहुँच करके भी, अमेरिकन झण्डा ही फहराते हैं। मनुष्य, मनुष्य बनना भूल गया और संकीर्ण होकर, संकुचित ही बना रहा है। इससे स्पष्ट है कि हमारा दिल और दिमाग विज्ञान की व्यापकता से कदम नहीं मिला सका। हमारी भावनाएं पिछड़ गयीं, विज्ञान आगे निकल गया। इसीलिए मनुष्य का व्यक्तित्व छिन्न-भिन्न हो गया। कहीं अकाल पड़ता है, कहीं भूकम्प आता है, कहीं किसी प्रकार की आपदा आती है; तो हम उसे अपने दिल दिमाग से कम जोड़ पाते हैं।

विश्व में जो समस्यायें हैं, जिनके कारण मनुष्य बहुत पीड़ित है, वे निम्नलिखित हैं—

1 अपराधों की संख्या दुनिया में बढ़ रही है। अपराधों को देखकर ऐसा लगता है कि मनुष्य राक्षस से भी बदतर हो गया है। इसके कारणों को दुनिया मौन होकर देख रही है।

2. कौटुम्बिक संबंध शिथिल हो रहे हैं। बेटा-बाप से, बाप-बेटे से बाजारू संबंध अतिभौतिकता के कारण स्थापित कर लिया है। पारिवारिक भ्रातृत्व, मातृत्व-पितृत्व के संबंध समाप्त हो रहे हैं। सभी संबंध मुद्रा से जोड़े जा रहे हैं।
3. नशाखोरी बढ़ रही है, मनुष्य बड़ी तेजी के साथ, विविध कारणों से नशीला बनकर अपने को और समाज को त्रस्त कर रहा है।
4. काला और गोरा, जातिभेद के संघर्ष, सम्प्रदायवाद के संघर्ष बढ़ रहे हैं। सत्ता के लिए गोरा-काला-पीला ये रंग-भेद मनुष्य को त्रस्त कर रहे हैं।
5. दुर्घटनाओं की संख्या बढ़ रही है। जल-थल-नभ में उपलब्ध सुविधाएं, दुर्घटनाओं में परिवर्तित होकर मनुष्य को दुःखी बना रही हैं।
6. गरीबी-अमीरी के दुःख से मनुष्य बेचैन हो रहा है।
7. अभाव, दरिद्रता, अज्ञान, अत्याचार, शोषण, गंदगी, बीमारी, आदि की सीमा बढ़ती जा रही है; बड़ी बेचैनी है। इस समृद्धिशीलता, विपुलता और वैभव में दरिद्रता और असमानता पाकर बेचैनी हो रही है।
8. मानवीय संबंध, राजा और प्रजा, मालिक और मजदूर, मैनेजर और सेवक में बदल रहे हैं।
9. कुछ प्राचीन रूढ़ियाँ-सामाजिक, सांस्कृतिक, धार्मिक, मनुष्यों को त्रस्त कर रही है।
10. वायु प्रदूषण, जलप्रदूषण तथा प्राकृतिक साधनों को विकृत करने की समस्याएं हैं, जिनसे मनुष्य पीड़ित है।

इन समस्याओं के समाधान के लिए बेचैनी है, व्यक्तिगत, राष्ट्रीय एवं अंतर्राष्ट्रीय स्तर पर प्रयास हो रहे हैं। दुःख इस बात का है कि विचारों में आज हम अमेरिका, रूस और चीन के उतरे हुए कपड़े और चश्में से सोच रहे हैं। राजनीति संस्थाओं, संगठनों का जमाना अब समाप्त हो गया है। ऐसा लगता है कि आज के समाज की कोख ही भ्रष्ट हो गयी है, क्योंकि समाज में विद्यालयों के बाद तरूणों की एक विकृत संस्कृति विकसित हो रही है। ये युवक पिता से नाराज, शिक्षक से नाराज, सरकार से नाराज, नेता से नाराज, धर्मगुरू से नाराज, पुरानी बातों से नाराज और अपने से भी नाराज हैं; इसलिए वे हताश हैं। यह स्थिति उन युवकों की है जो विद्यालयों में रहकर, समाज के अंग बने हैं।

दूसरे वे नवयुवक हैं, जो बहुत ही भ्रष्ट संस्कृति में पनप रहे हैं जिन्हें गुण्डा और बदमाश कहते हैं; जो सड़कों पर बूढ़ों, बच्चों, स्त्रियों, सभ्य मनुष्यों को कष्ट देते हैं। कमजोर को कष्ट देना, जिनका धर्म बन गया है। इस प्रकार के जो नवयुवक हैं वे भय उत्पन्न करके एक नए समाज की कल्पना करना चाहते हैं, यह उनकी भूल है। इन पर यदि समाज परिवर्तन को आधारित किया जाता है तो नये समाज का दुर्भाग्य ही होगा।

समाज को यदि बदलना है, तो मनुष्य को बदलना आवश्यक होगा। इस समाज को बदलने के लिए बाजार का नियम, जिसमें कम से कम देना, ज्यादा-से-ज्यादा लेना, या कुछ न दो सब कुछ पाओ, प्रधान हो के द्वारा समाज नहीं बदला जा सकता। सारा कानून सत्ता और संपत्ति के साथ है। इसलिए पुराने साधनों से परिवर्तन या क्रांति नहीं होगी। जो इस समाज को बदलना चाहता है; वह कानून से, भय से, हिंसक शाक्ति से नहीं बदल सकता, क्योंकि दुनिया में समाज बदलने के लिए तीन प्रकार की क्रांतिया हो चुकी हैं—

1. मिस्ड रिवोल्यूशन अर्थात् हाथ से निकल गयी क्रांति-यह फ्रांस और अमेरिका की क्रांतियाँ हैं। फ्रांस की क्रांति के स्वतंत्रता, समता, भ्रातृत्व के उद्‌धोष हवा ही में रह गए। कुछ प्राप्ति न हो सकी। अमेरिका की क्रांति में सभी मनुष्य बराबर हैं का नारा दिया गया; परंतु वहाँ निग्रो, गोरा, लाल, अमीर-गरीब, स्त्री-पुरूष बराबर न हो सके। राजा का शासन गया, प्रजा का शासन आया; कुछ कानों में सुहावने शब्द आए, परंतु मनुष्य जहाँ-का-तहाँ ही रह गया।

2. दूसरी क्रांति हुई, जिन्हें हम समझौते की क्रांति कह सकते हैं, ये क्रांतियाँ रूस और चीन की हैं—इन्हें परिस्थितियों से समझौता करना पड़ा, क्योंकि उन्हें पूंजीवाद से प्रतिस्पर्धा करनी पड़ी। यह क्रांति अपूर्ण रह गयी, वर्तमान समाज को नष्ट करने का प्रयास है, परंतु नवीन समाज की रचना नहीं हो सकी।

3. तीसरी क्रांति पूर्ण समग्र कांति की है जिसे गांधी जी ने प्रारंभ किया। जिस क्रांति में वर्तमान समाज को नष्ट करते समय ही रचना भी होती चलती है। इस क्रांति में जनता के लिए नहीं, बल्कि जनता के साथ, जनता के सहयोग से क्रांति प्रारंभ की गयी। वृद्ध, बच्चे, स्त्री, अमीर-गरीब सभी इसमें सम्मिलित हुए। इसीलिए इसमें सार्वजनिक क्रांति का रूप प्राप्त हुआ। इन्होंने दिल-दिमाग में परिवर्तन के साथ समाज को बदलने का प्रयास किया। व्यक्ति में हृदय परिवर्तन

की शक्ति उत्पन्न किया। ये क्रांतियाँ नकल से नहीं होती, बल्कि प्रत्येक व्यक्ति के जीवन को बदलने से होती है। किसी प्रकार के घोषणा-पत्र से समाज नहीं बदलता। क्रांति केवल आर्थिक और राजनैतिक नहीं होती, बल्कि क्रांति सांस्कृतिक होती है। फ्रांस और अमेरिका, जर्मनी और जापान में जितने प्रयास किए गए; उन क्रांतियों के जो मूल्य थे, प्रतिमूल्य में खो गए। भारतवर्ष में इन वैभवशाली देशों से बड़ी भिन्नता है। इन देशों में विपुलता है, वैभवशीलता है, लेकिन भारतवर्ष में अभाव है; दुर्बलता है। पहले हम अभाव और दुर्लभता दूर करने के प्रयास करें; तो दूसरा कदम विपुलता का होगा। इसीलिए भारत में अन्न, वस्त्र, आवास आदि की आकांक्षाएं अधिक हैं। इसीलिए भारत का दरिद्र और दुखी व्यक्ति रोटी की तलाश में है। लेकिन गांधी जी ने इसी भूखे और नंगे देश में इस क्रांति को विकसित किया। उन्होंने भूखे को उपवास का व्रत सिखाया। गरीबी का अंत गरीब को अमीर बनाने में नहीं बल्कि सहज और स्वाभाविक रूप से अमीर गरीबी स्वीकार करने से है। यही गरीबी दूर करने का गांधी का प्रयास था। निहत्थे लोगों को छाती खोलकर गोली खाने की शक्ति प्रदान की, यही वीरता है। इस प्रकार गांधी जी ने महलों से झोपड़ियों तक क्रांति का एक नया संदेश दिया। नमक, अमीर और गरीब सभी खाते हैं। कपड़ा गरीब और अमीर सभी पहनते हैं; इसीलिए गांधी जी ने चर्खा और नमक तोड़ो आंदोलन प्रारंभ किया। गांधी जी की इस क्रांति में समग्रता है। सभी के सम्मिलित प्रयास से क्रांति होती है।

अब प्रश्न है कि इन जागतिक समस्याओं के समाधान में गांधीजी के कार्य और विचार किस सीमा तक सार्थक हो सकते हैं। इन पर पूर्ण विचार करने के लिए, मार्गदर्शन प्राप्त करने के लिए हमें उनके सपनों के भारत की मीमांसा करनी होगी।

1. भारत को हर तरह की गुलामी और परावलम्बन से मुक्त करना। गरीब-से-गरीब लोग भी यह अनुभव करें कि उनका यह देश है, इसके निर्माण में उनकी आवाज का महत्व है। ऊँच-नीच वर्गों का भेद न हो। विविध सम्प्रदायों में बंधुत्व हो; अस्पृश्यता और दूसरी नशीली वस्तुओं की कोई व्यवस्था नहीं होगी, न तो कोई किसी का शोषण करेगा और न तो कोइ अपना शोषण होने देगा, जाति या धर्म के नाम पर अमीरी और गरीबी के नाम पर, मालिक और मजदूर के नाम पर कोई भेद नहीं होगा। सबके कल्याण के लिए प्रयास होंगे, किसान, लूले, लंगड़े और भूख से मरने वाले लाखों-करोड़ों मेहनतकश मजदूर अपने स्वरूप को

पहचानेंगे। गरीबों का स्वराज्य होगा, जिन वस्तुओं का उपभोग राजा और अमीर लोग करते हैं; वे ही वस्तुएँ सभी लोगों को सुलभ होंगी। सभी को सामान्य सुविधाएँ अवश्य मिलेंगी। समाज में कोई वर्ग नहीं होगा।

2. प्रत्येक व्यक्ति के लिए दैनिक तीन व्रत करना होगा ताकि प्रत्येक मनुष्य इसके अभ्यास से अपना जीवन इस प्रकार बनाएगा कि नए समाज का स्वतः निर्माण हो जाएगा, उस समाज में न तो शोषण होगा, न वर्ग होगा, अभाव और अत्याचार और अज्ञान न होगा इसके लिए प्रतिदिन निम्नलिखित तीन व्रत प्रत्येक व्यक्ति को करने होंगे—

**(क) सामूहिक प्रार्थना**—सभी धर्म सम्प्रदाय के लोग एक स्थान पर बैठकर सभी धर्मों की एक साथ प्रार्थना करेंगे। अपने को एक भगवान के पुत्र समझकर कार्य करेंगे इससे धर्म के नाम पर, जाति के नाम पर जो संघर्ष और विवाद है वे समाप्त होंगे। सभी में उपभोग, उत्पादन को भगवान् में समर्पित करके बंधुत्व की भावना उत्पन्न होगी।

**(ख) सामूहिक सफाई**—परमात्मा के बाद पाखाना से लेकर सभी प्रकार की गंदगी को स्वच्छ करने का कार्य सभी करेंगे। इससे गंदी चीजें जमीन के अंदर जाएगी और अच्छी खाद बनकर अच्छे अन्न और फल के उत्पादन में वृद्धि करेंगे। साथ ही साथ जितनी भी बाहर और भीतर की व्यक्ति की गंदगी है उसे स्वच्छ करने का अभ्यास बढ़ेगा। आज भंगी का जो स्वच्छता का कार्य है और उसके कारण जो अस्पृश्यता की और गंदी जाति की भावना उत्पन्न होती है वह समाप्त हो जाएगी। यह कार्य पवित्र माना जाएगा। इससे छोटी-बड़ी जाति की भावना समाप्त हो जाएगी।

**(ग) सामूहिक कताई**—यह उत्पादक श्रम का प्रतीक है। सभी को उत्पादक शारीरिक श्रम करके ही उपभोग करने का अधिकार होगा। इससे हम स्वावलम्बी होंगे। श्रम करने से हमारा शरीर पुष्ट होगा, हममें सादे जीवन की भावना इसलिए पैदा होगी कि हमें अपनी ही उत्पादित वस्तु का उपभोग करना होगा। हम किसी का शोषण नहीं करेंगे। आज शारीरिक श्रम करने वाला किसान और मजदूर छोटा माना जाता है, यह भेद समाप्त होगा, क्योंकि शरीर-श्रम करना पवित्र माना जायेगा, श्रम की प्रतिष्ठा बढ़ेगी। हम दूसरे के पसीने की रोटी न खाकर अपने श्रम की रोटी खायेंगे और अच्छा होगा कि हम अपने श्रम की रोटी दूसरों को खिलाएं या यदि दूसरे के श्रम की रोटी हम खाते हैं, तो बिना उसकी मर्जी के न

खायें। प्रत्येक व्यक्ति का जीवन परावलम्बी न होकर स्वावलम्बी होगा और स्वावलम्बन से हम परस्परावलम्बन की ओर बढ़ेंगे। इससे देश का उत्पादन बढ़ेगा, शोषण समाप्त होगा, भ्रातृत्व की भावना बढ़ेगी, यही पर स्वतंत्रता, समता और भ्रातृत्व की क्रांति का संदेश पूरा होगा। वर्गविहीन, जातिविहीन, शोषणविहीन समाज का सपना पूरा होगा। गांधीजी इसलिए श्रम को आर्थिक आवश्यकता न मानकर सांस्कृतिक आवश्यकता मानते हैं।

3. जीवन के कुछ मूल दर्शन होंगे। अब तक दूसरों पर जीवों का घृणित दर्शन प्रचलित हैं। आगे बढ़कर जीओ और जीने दो का दर्शन पं. नेहरू का आया, परंतु यह भी अपूर्ण रहा, जो मानवीय दर्शन है। वह दूसरों के लिए जीने का है, गांधीजी दूसरों के लिए जीने के दर्शन के प्रतिपादक हैं। बाइबिल के या अन्य धर्म-ग्रंथों में अध्यात्म पर विशेष बल देकर यह कहा गया—"मनुष्य केवल रोटी के लिए नहीं जीता"। मार्क्स ने कहा "मनुष्य केवल रोटी से ही जीता है"। ये दोनों विचार या तो अति अध्यात्मवादी हैं या अतिभौतिकवादी हैं इसलिए दोनों सत्य नहीं; व्यवहार में नहीं। इसलिए बाइबिल का पढ़ने वाला, बाएँ हाथ में बाइबिल, दाएँ हाथ में तलवार लेकर आगे बढ़ा। यहाँ धर्म में हिंसा, शोषण और अपराध आया। दूसरी तरफ रोटी पर आधारित जीवन मनुष्य के लिए बड़ा दुखद और घुटन वाला प्रमाणित हुआ। परंतु महात्मा गांधीजी ने कहा मनुष्य को रोटी भी चाहिए। भौतिक और अध्यात्मक जीवन में एक सर्वोत्तम समन्वय गांधीजी ने किया। यही नहीं गांधीजी ने भूख की रोटी में, गरीब की रोटी में, भगवान् को देखा। इसलिए उन्होंने दरिद्र नारायण की कल्पना की। यही गांधी के दर्शन की विशेषता है, यही व्यवहारिकता है।

4. समाज में राजनैतिक मूल्य है; जिनमें गद्दी के लिए, सत्ता के लिए बाप बेटे का, बेटा-बाप की हत्या की साजिश करता है। दूसरे धार्मिक मूल्य हैं, जिनमें एक व्यक्ति चर्च, मस्जिद, मंदिर में भगवान् से प्रार्थना करके दूसरों को समाप्त करके अपनी उन्नति चाहता है। या तो दूसरे जन्म में सुख को मानता है या वर्तमान को बहुत ही समृद्ध एवं सुखी बनाने की प्रार्थना करता है। इन्हें मंदिर के मूल्य कहते हैं। तीसरे बाजार के मूल्य हैं जिसमें सभी दूसरों की वस्तु के दाम कम से कम देना चाहते हैं और अपनी वस्तु का अधिक से अधिक दाम चाहते हैं। बाप-बेटे से, बेटा-बाप से अपनी वस्तुओं का दाम लेता है। इस प्रकार से ये तीनों मूल्यों अनुपयोगी और जर्जर हो गए हैं। चौथा मूल्य पारिवारिक मूल्य है जिसमें हम पारिवारिक भावना से काम करते हैं। माता सबको खिलाकर खाती है,

पिता सबको खिलाकर खाता है। अर्थात् प्रत्येक व्यक्ति दूसरों के लिए जीता है। ये बंधुत्व तथा भ्रातृत्व के मूल्य हैं; जिनसे परिवार चलते है। गांधीजी उन्हीं मूल्यों को समाज में देखना चाहते हैं। इसलिए वे समाजीकरण, राष्ट्रीयकरण को छोड़कर पारिवारीकरण में विश्वास करते हैं। उनका सारा आर्थिक जीवन निजी सार्वजनिक क्षेत्र को छोड़कर पारिवारिक क्षेत्र में चलता है। यही भौतिक जीवन, सांस्कृतिक जीवन, आध्यात्मिक जीवन का आधार है।

5. समाज परिवर्तन के लिए क्रांति के भिन्न-भिन्न अस्त्र रहे हैं। लेकिन गांधी जी अहिंसक समाज को साकार करना चाहते हैं। इन अस्त्रों का प्रयोग वे गाँव से स्वावलम्बन की प्रक्रिया द्वारा प्रारंभ करते हैं और गाँव सुखी, हम सुखी की भावना को बढ़ाते हैं। अहिंसक स्वराज्य के लिए, शरीर-मन का आरोग्य, सफाई घर-गाँव की, प्रबंध खाद-कूड़े का, व्यवस्था मल-मूत्र की, इसमें हैं सभी तत्व अहिंसक स्वराज्य के। इन्होंने सात लाख गांव को ही अपने स्वराज्य का आधार माना। प्रत्येक गाँव को चार स्तम्भों पर खड़ा करके स्वावलम्बन की कल्पना की है—(क) खेती, (ख) बारी, (ग) पशुधन, (घ) उद्योग। इन्हीं को प्राथमिकता देकर ग्राम स्वराज्य की उन्होंने कल्पना की है। आज के गाँव का जो शहर शोषण कर रहे हैं उन शहरों की उन्होंने भर्त्सना की है। गाँव के शरीर से स्वस्थ आदमी शहरों में आकर फौजी कार्य, जैसे—व्यवसाय, वकालत, डाक्टरी, अध्यापकी करते हैं। इन लोगों की शरीर और मस्तिष्क की सेवाएं गाँव को पुनः नहीं मिल पाती। गाँव से अन्न, दूध, कच्चा माल, सभी उठकर शहर को चला आता है। इस प्रकार से गाँव का शोषण बराबर शहर द्वारा हो रहा है। इसलिए हमें गाँव की शक्ति व्यसन द्वारा, विवाह द्वारा राजकीय कर द्वारा बाजार आदि द्वारा निकलती जा रही है। उसको रोकना होगा। गाँव की ये सारी शक्तियां गाँव में ही पक्का माल बनाएगी और उन्हें स्वयं उपयोग करने के उपरांत जो माल बच जाएगा उसे बाहर भेजेंगे।

6. यंत्र की मर्यादा—गांधी जी यंत्र या मशीन के विरुद्ध नहीं है। उनके अनुसार—

(क) विध्वंसक यंत्र को ये नहीं मानते। मनुष्य को नष्ट करने वाले यंत्र—बंदूक, तोप, बम आदि नहीं होंगे।

(ख) यातायात, संवादवाहन के साधन के यंत्र होंगे। परंतु ये पंचायती होंगे।

(ग) ऐसे उद्योग जिन्हें बड़े पैमाने तथा मशीन पर चलाना आवश्यक है, जैसे लोहा, कोयला आदि के मान्य होंगे, परंतु उनका स्वामित्व समाज का होगा।

(घ) ऐसे यंत्र जो प्रत्येक व्यक्ति की जीविका के लिए आवश्यक है वे व्यक्ति के स्वामित्व में होंगे। अन्न, वस्त्र, मकान तथा अन्य जीवनोपयोगी वस्तुओं के उत्पादन के लिए प्रत्येक व्यक्ति के पास ये यंत्र होंगे। ये केवल हमारे हाथ-पैर को सहायता प्रदान करेंगे। ये यंत्र ऐसे होंगे जो प्रत्येक व्यक्ति की क्रय-शक्ति की पहुंच में होंगे। एक व्यक्ति इनसे दूसरे का शोषण न कर सके। ये यंत्र गुलाम, दास या मजदूर नहीं बना सकेंगे।

ये हमारे अंग को टेढ़ा-मेढ़ा न कर सके, ये हमारे घर के भीतर ही या खेत में आसानी से चल सकेंगे। हमें इनसे कार्य लेने हेतु बाहर नहीं जाना पड़ेगा। ग्रामीण वातावरण में इन यंत्रों से हम अपना व्यक्तित्व संस्कृति परिवेश में रख सकें। काम आराम तथा मनोरंजन प्रदान करने में ये सहायक हों। प्रत्येक व्यक्ति अपने श्रम से बड़ी सरलता से उत्पादन कर सके। इससे उत्पादित वस्तु में व्यक्ति का अपनापन दिखलायी दे। श्रम की प्रतिष्ठा बढ़े। ये कार्य में आनंद प्रदान करें। इस प्रकार के यंत्र की विचारधारा तथा उद्योगों के विषय में गांधीजी विश्वास करते हैं। इससे स्वच्छ, स्वस्थ वातावरण बना रहेगा। शहरों की गंदगी, पापाचार तथा बुराइयों का विनाश होगा।

7. श्रमनिष्ठ समाज—शारीरिक श्रम के बिना उत्पादन संभव ही नहीं। जीर्ण मतवादी अर्थशास्त्री ने श्रम को मांग और पूर्ति सिद्धांत के अनुसार बाजार में बिकने वाली वस्तु मान रखा था। इससे श्रम और श्रमिक निर्जीव वस्तु के समान बाजार में खरीदकर सबको खिलाकर खाता है। अर्थात् प्रत्येक व्यक्ति दूसरों के लिए जीता है। ये बंधुत्व के भ्रातृत्व के मूल्य हैं; जिनसे परिवार चलते है। गांधीजी उन्हीं मूल्यों को समाज में देखना चाहते हैं। इसलिए वे समाजीकरण, राष्ट्रीयकरण को छोड़कर पारिवारिकण में विश्वास करते हैं। उनका सारा आर्थिक जीवन निजी सार्वजनिक क्षेत्र को छोड़कर पारिवारिक क्षेत्र में चलता है। यही भौतिक जीवन, सांस्कृतिक जीवन, आध्यात्मिक जीवन का आधार है।

5. समाज परिवर्तन के लिए क्रांति के भिन्न-भिन्न अस्त्र रहे हैं। लेकिन गांधी जी अहिंसक समाज को साकार करना चाहते हैं। इन अस्त्रों का प्रयोग वे गाँव से स्वावलम्बन की प्रक्रिया द्वारा प्रारम्भ करते हैं और गाँव सुखी, हम सुखी की भावना को बढ़ाते हैं। अहिंसक स्वराज्य के लिए, शरीर-मन का आरोग्य, सफाई घर-गाँव की, प्रबंध खाद-कूड़े का, व्यवस्था मल-मूत्र की, इसमें हैं सभी तत्व अहिंसक स्वराज्य के। इन्होंने सात लाख गाँव को ही अपने स्वराज्य का

आधार माना। प्रतयेक गाँव को चार स्तम्भों पर खड़ा करके स्वावलम्बन की कल्पना की है—(क) खेती, (ख) बारी, (ग) पशुधन, (घ) उद्योग। इन्हीं को प्राथमिकता देकर ग्राम स्वराज्य की उन्होंने कल्पना की है। आज के गाँव का जो शहर शोषण कर रहे हैं उन शहरों की उन्होंने भर्त्सना की है। गाँव के शरीर से स्वस्थ आदमी शहरों में आकर फौजी कार्य, जैसे—व्यवसाय, वकालत, डॉक्टरी, अध्यापकी करते हैं। इन लोगों की शरीर और मस्तिष्क की सेवाएं गांव को पुनः नहीं मिल पाती। गांव से अन्न, दूध, कच्चा माल, सभी उठकर शहर को चला आता है। इस प्रकार से गांव का शोषण बराबर शहर द्वारा हो रहा है। इसलिए हमें गांव की शक्ति जो व्यसन द्वारा, विवाह द्वारा राजकीय कर द्वारा बाजार आदि द्वारा निकलती जा रही है। उसको रोकना होगा। गांव की ये सारी शक्तियों गांव में ही पक्का माल बनाएगी और उन्हें स्वयं उपयोग करने के उपरांत जो माल बच जाएगा उसे बाहर भेजेंगे।

6. यंत्र की मर्यादा—गांधी यंत्र या मशीन के विरूद्ध नहीं है। उनके अनुसार—श्रम बेचे जाते थे। यह एक शर्मनाक घटना है। इसी ने मजदूरों में असंतोष उत्पन्न किया मजदूर और मालिक में संघर्ष का कारण बना। मजदूर कम से कम काम-अधिक से अधिक दाम मांगने लगा। मालिक अधिक से अधिक काम, कम से कम दाम देने लगा। स्थिति हड़ताल और तालाबंदी में बदल गयी। तोड़-फोड़ और हिंसक घटनाएं प्रारंभ हुई। कार्ल मार्क्स ने इस असंतोष को दूर करने के लिए दुनिया के मजदूरों को एक करके पूंजीवादी व्यवस्था को ध्वस्त करने की कोशिश की। मजदूर ही मालिक है। सारे उत्पादन का, सारी मशीन का, वस्तुओं का दाम उतना ही है जितना उसमें श्रम लगा है। मजदूर ही मालिक है वही सभी प्रकार से सारी भौतिक वस्तुओं का निर्माता है। मजदूरों के मन में प्रारंभ में मजदूरों का राज्य कह करके एक उत्साह पैदा किया। फिर इसके विचारक यह कहने लगे कि यह राज्य मजदूरों के लिए है। धीरे-धीरे एक मैनेजर की व्यवस्था आयी और इन लोगों ने यह कहना प्रारंभ कर दिया कि यह मजदूरों पर राज्य है। मालिक और मजदूर की जगह मैनेजर और मजदूर या यों कहें हुजूर और मजूर वर्ग उत्पन्न हो गए। इससे मजदूर हताश हुआ। पुनः पूंजीवादी व्यवस्था मैनेजरी की व्यवस्था में बदल गयी। मजदूर जहां का तहां रहा इसके पीछे दो मूभूत कारण हैं—

(क) कार्ल मार्क्स ने श्रम को पवित्रता और गरीबी से विभूषित नहीं किया। श्रम प्रत्येक व्यक्ति का धर्म है। ''वर्क इज वर्शिप'' यह भावना नहीं आ सकी।

(ख) पूंजीवाद और कार्ल मार्क्स के साम्यवाद में श्रम करना आर्थिक आवश्यकता मानी गयी। वास्तव में श्रम करना मनुष्य की सांस्कृतिक आवश्यकता है न कि आर्थिक आवश्यकता है। वास्तव में श्रम का प्रतिमूल्य हो ही नहीं सकता। दोनों व्यवस्थाओं में श्रम का प्रतिमूल्य मानकर भौतिक आधार ही माना गया है। वास्तव में श्रम का प्रतिमूल्य कभी हो ही नहीं सकता।

(ग) प्रथम योग्यतानुसार परिश्रम अर्थात् प्रतिमूल्य निरपेक्ष परिश्रम अर्थात् जितनी आवश्यकता उतना ही उपभोग एवं परिश्रम। परंतु जितना हम श्रम करें उतना ही हम उपभोग करें, तो आवश्यकता गौण हो जाती है। जितनी योग्यता हो उतनी ही श्रम करें और आवश्यकतानुसार उपभोग करें; ये सब विचार व्यहवार में फलीभूत न हो सके। यही विडम्बना रही है। प्रश्न यह है कि जितनी योग्यता है उतना परिश्रम क्यों किया जाए? अर्थात् श्रम का प्रेरक क्या है? आज तक किसी ने इसका सही उत्तर नहीं दिया। क्लासिकल अर्थशास्त्रियों ने इसका प्रेरक, प्रतिमूल्य बताया। अर्थात् जितना प्रतिमूल्य उतना श्रम। परंतु नैतिकता, सदाचार और मानवता के लिए इसमें स्थान नहीं है। किसी के दुख में दौड़कर सम्मिलित हो जाना मानवता की प्रेरणा कहा है। यहां यह स्पष्ट हुआ कि प्रेरणा सामाजिक है न कि आर्थिक। परंतु यह सामाजिक प्रेरणा स्वार्थमय सामुदायिक प्रेरणा हुई। इसमें नैतिकता नहीं। जब हम प्रेरणा के विषय में सोचते हैं तो यह प्रेरणा निःस्वार्थ और निरपेक्ष होती है। इसमें उदारता अधिक स्वार्थ कम होता है। इससे स्पष्ट होता है कि इस प्रेरणा का अर्थ अर्थशास्त्र हल नहीं कर सकता। मनुष्य दूसरे के परिश्रम की रोटी न खाए यदि खाए, तो बिना उसकी मर्जी के न खाए। अच्छा हो मनुष्य अपने परिश्रम की रोटी स्वयं खाए और इससे बढ़कर यह भी हो सकता है कि मनुष्य अपने परिश्रम की रोटी दूसरों को खिलाए। मनुष्य जब अपने परिश्रम की रोटी सहर्ष दूसरों को खिलाता है, यही मानवता है। इसमें मानव प्रेरणा है, क्योंकि यहां प्रतिमूल्य नहीं। यही गांधीजी का विचार है। इससे स्पष्ट होता है कि श्रम का संबंध रोटी या उपभोग से नहीं मान सकते। मानव संस्कृति का आधार पेट नहीं है बल्कि दिल और दिमाग है। इसलिए पूंजीवाद, समाजवाद या साम्यवाद कभी भी मानवीय दर्शन, मानवीय सभ्यता या संस्कृति नहीं बन सकता। क्योंकि श्रम का संबंध उपभोग से सैद्धांतिक एवं व्यावहारिक दोनों नहीं हो सकता।

यहीं पर गांधीजी आते हैं। गांधीजी के सर्वोदय समाज में श्रम मनुष्य की सांस्कृतिक आवश्यकता है। यही गांधीजी के आर्थिक दर्शन की दूरदर्शिता की महत्ता है। श्रम संस्कृति और सम्पदा का स्रोत है। मनुष्य की आकांक्षाएं असीमित

हैं, परंतु उसकी उपभोग शक्ति सीमित है। इसलिए संयम मनुष्य की शारीरिक आवश्यकता है। आज उपभोग की वस्तुओं का बाहुल्य सामाजिक प्रतिष्ठा का द्योतक है। जब तक इस प्रकार का समाज रहेगा तब तक समाज असभ्य और असंस्कृत रहेगा; क्योंकि यह वासना-प्रधान होगा। आवश्यकता कम आकांक्षा अधिक, उपभोग की शक्ति सीमित, यही त्रिविध परिस्थिति है। उपभोग शक्ति सीमित तथा उपभोग के साधनों की प्रचुरता अधिक मनुष्यों को अविवेकपूर्ण व्यवहार के लिए बाध्य कर देती है। इसीलिए किसी समाज के संयोजन का आधार उपभोग को न बनाकर उत्पादन को ही बनाना चाहिए। इससे उत्पादक मानव की प्रतिष्ठा होगी। श्रमनिष्ठ मानव ही प्रतिष्ठित होगा। जहां उत्पादन ऐसा होगा जो अभाव को कम करेगा और जहां अभाव होगा उपभोग संयम से बंधा होगा। इसलिए आज जीवनदायिनी, स्वास्थ्यवर्धक आवश्यक आवश्यकताएं जैसे अन्न और वस्त्र को प्राथमिकता देनी चाहिए। कच्चा माल तथा अन्न का संघर्ष नहीं होना चाहिए। अन्न-प्रधान संयोजन होना चाहिए। कृषि की प्रधानता होनी चाहिए अन्न का अभाव सभी को मानवता एवं सभ्यता से विचलित करता है। इसीलिए श्रम की भाति अन्न का भी प्रतिमूल्य नहीं होना चाहिए। क्योंकि यह जीवनदायिनी वस्तु है। गांधीजी का आर्थिक दर्शन प्रतिमूल्य सिद्धांत को नहीं मानता इसीलिए इसका आधार मानवता, दया, संस्कृति और सभ्यता है। इसीलिए गांधीजी ने श्रम को पूजा और भगवान का स्वरूप दे डाला, ताकि प्रत्येक मनुष्य शारीरिक श्रम करने में गौरव महसूस करे और अपने को ब्रह्मा, विष्णु, महेश की विविध कोटि में रख सके। यही श्रमनिष्ठ समाज की गांधीजी की कल्पना है।

नव समाज का निर्माण संयोजन द्वारा होना चाहिए। परंतु संयोजन पहले अंतिम दीन-हीन व्यक्ति, भूमि से होना चाहिए, नीचे से निर्माण की व्यवस्था हो। दूसरे प्राथमिकता को ध्यान में रखना चाहिए।

(क) संयोजन का पहला कदम अभाव से मुक्ति के लिए प्रारंभ हो।

(ख) संयोजन का दूसरा कदम विपुलता के लिए हो।

(ग) संयोजन का तीसरा कदम बंधुत्व के लिए हो।

अन्न, वस्त्र के अभाव से मुक्त लक्ष्य हो ताकि विपन्नता की स्थिति दूर हो सके और पर्याप्तता की स्थिति आए जिसके अंतर्गत संयमयुक्त भोग, स्वस्थ जीवन, चिंतन, मन हो। विचार जीवन की स्वतंत्रता हो; अभाव एवं भय से मुक्ति प्राप्त हो सके। इसीलिए "उस अर्थशास्त्र को जो किसी व्यक्ति या राष्ट्र के विकास

अथवा कल्याण में रूकावट डालता है—और जो एक देश को दूसरे देश में लूट चलाने की छूट देता है। अनीतिमय एवं पापरूप मानना चाहिए"—गांधीजी

इसलिए अब मानना पड़ेगा कि लंदन स्कूल ऑफ इकनामिक्स का युग, रूस, चीन तथा पब्लिक इकनामिक्स का युग, शिकागो स्कूल ऑफ इकनामिक्स का युग समाप्त करना ही पड़ेगा, यही इक्कीसवीं शताब्दी का अर्थशास्त्र होगा। तभी बुद्ध भगवान की वाणी सत्य होगी।

(1) संसार दु:ख से भरा पड़ा है।

(2) हर एक दु:ख का कारण है।

(3) हर एक कारण का निवारण है।

इसलिए अर्थतंत्र को—भोजन, शुद्ध वायु, जल, वस्त्र, आवास, कृषि, उद्योग, व्यवस्था, वितरण, लोक अर्थशास्त्र के रूप में देखना पड़ेगा। मुँह में राम हाथ में काम, सीता खेती, राम उद्योग, सीताराम। सम्प्रदायवादी, सत्तावादी, साम्यवादी, समृद्धिवादी विचार मनुष्य के मन को बेचैन करके आतंक उत्पन्न करते हैं। सर्व का सत्य, सर्व की मुक्ति का युग लाना है।

गांधीजी के मन में तड़प थी। सभी चिंतकों की तड़प में और गांधीजी के तड़प में यही अंतर है कि गांधीजी ने दुख, दारिद्रय, असमर्थता को अपनाकर जीवन को उसी प्रयोग में लगा दिया और इसीलिए दोषों के शमन के साथ निर्माण की शक्ति तथा प्रक्रिया भी उसी में से निकाल कर रख दिया। अतएव यही विचार, व्यवहार संयम सत्य है; आज नहीं तो कल।

## संदर्भ

1. हरिजन, अंग्रेजी साप्ताहिक, 20 फरवरी, 1937.
2. अमृत बाजार पत्रिका (अंग्रेजी दैनिक, कलकत्ता), 2 अगस्त, 1934.
3. हरिजन, अंग्रेजी साप्ताहिक, 13 मार्च, 1937.
4. यंग इण्डिया, 15 नवम्बर, 1938.
5. अमृत बाजार पत्रिका, 2 अगस्त, 1934.
6. नयी आर्थिक संरचना, गांधी जी का विकल्प, सर्वसेवा संघ प्रकाशन, पृ. 12.
7. हरिजन सेवक, 13 जुलाई, 1947.

# 9

# मार्क्स और गांधी के विचारों द्वारा नये समाज एवं नए मानव की रचना का स्वरूप

समाज परिवर्तन या नए समाज की रचना आज की सामयिक अपरिहार्य आवश्यकता कही जा सकती है। समाज को बदलने के लिए मनुष्य को बदलना आवश्यक है। इस समाज को बदलने के लिए बाजार के नियम, जिसमें कम से कम देना, ज्यादा से ज्यादा लेना या कुछ न देना, सब कुछ पाना, के द्वारा समाज नहीं बदला जा सकता।

आज विश्व विविध समस्याओं से त्रस्त है। वर्तमान में जो समस्याएं हैं वे विज्ञान के कारण राष्ट्रीय न होकर जागतिक बन गई हैं। अभाव, अज्ञान, अन्याय, दरिद्रता, शोषण, अत्याचार, नशाखोरी, प्रदूषण, दूर्घटनाएं, बेकारी, बीमारी, हिंसा, आतंकवाद जैसी अवांछनीय, असामाजिक समस्याएं तीव्र गति से जटिल होती जा रही हैं। वैभव, विपुलता तथा समृद्धिशीलता के बीच दरिद्रता तथा असमानता के पाश में मनुष्य तड़प रहा है। कौटुम्बिक संबंधों में शिथिलता आ गयी है। बेटे ने बाप से, बाप ने बेटे से बाजारू संबंध अतिभौतिकता के कारण कायम कर लिया है। सभी संबंध आर्थिक दृष्टिकोण से जोड़े जा रहे हैं। पारिवारिक, भ्रातृत्व, मातृत्व, पितृत्व के संबंध समाप्त हो रहे है। गरीबी-अमीरी के दुख से मनुष्य बेचैन हो रहा है। जातिभेद, रंगभेद, सम्प्रदायवाद, मालिक-मजदूर के भेद, राजा-प्रजा के भेद, मानवीय संबंधों के भेद ने मानव समाज की सुख-शांति को ग्रहण जैसा कुप्रभावित किया है। दुर्घटनाएं तेजी से बढ़ रही हैं, वैज्ञानिक सुविधाएं दुर्घटनाओं में परिवर्तित होकर मानव को कष्ट पहुंचा रही हैं। विभिन्न प्रकार के प्रदूषण जैसे वायु प्रदूषण, ध्वनि प्रदूषण, जल प्रदूषण तथा प्राकृतिक साधनों को विकृत करने की समस्याओं से मानव ही नहीं समस्त जीव-जगत पीड़ित हो रहा है। समूचे विश्व स्तर पर अपराधों की संख्या तीव्र गति से बढ़ रही है। नशाखोरी में तीव्रता के कारण मनुष्य विविध कारणों से बड़ी तेजी से नशीला

बनकर अपने को तथा समाज को त्रस्त कर रहा है। अपराधों को देख कर ऐसा लगता है कि मनुष्य राक्षस से भी बदतर हो गया है। इसके कारणों को दुनियां मौन होकर देख रही है। ऐसा लगता है कि समाज मूलतः भ्रष्टाचार में डूब गया है। समाज में विद्यालयों के बाद तरूणों की एक विकृत संस्कृति विकसित हो रही है। ये युवक पिता-माता से नाराज, शिक्षक से नाराज, सरकार से नाराज, धर्मगुरू से नाराज, नेता से नाराज, पुरानी बातों से नाराज तथा अपने से भी नाराज है इसीलिए ये हताश भी हैं।

वस्तुतः मानव अपनी मानवता को भूल रहा है और संकीर्ण होकर संकुचित होता जा रहा है। वैज्ञानिक विकास के वर्तमान युग में ऐसा लगता है कि हमारा दिल और दिमाग विज्ञान की व्यापकता से कदम नहीं मिला सके हैं। हमारी भावनाएं पिछड़ गई और विज्ञान आगे निकल गया। इसीलिए मनुष्य का व्यक्तित्व छिन्न-भिन्न हो गया। भौतिक सुविधाओं की प्राप्ति हेतु यंत्र और विज्ञान अबाध गति से बढ़ रहे हैं। प्रकृति की इस महान विपुलता में, यंत्रों की इस महान समर्थता एवं कार्यक्षमता में इन यंत्रों का मानव-जीवन से स्पर्श न होने के कारण दरिद्रता, दीनता, अकिंचनता तथा दुःख के कारण असंतोष तथा अशांति उत्पन्न हो रही है। इसका मूल कारण यही रहा है कि मनुष्य में जब-जब नए-नए अविष्कारों से नवीन यंत्रों का प्रयोग हुआ तो इन यंत्रों ने मनुष्य को एक दूसरे मनुष्य का गुलाम बनाया, मनुष्य को शारीरिक रूप से टेढ़ा-मेढ़ा किया, इतना ही नहीं मानव की जीवन शक्ति को निष्प्राण कर दिया, उसकी कलात्मक शक्ति का लोप कर दिया। उसकी सांस्कृतिक, नैतिक, सौंदर्यात्मक शक्तियों को कुण्ठित कर दिया इसका परिणाम यही हुआ कि मनुष्य एक यंत्र का पुर्जा बनकर रह गया। उसकी आंतरिक करूणा, प्रेम और अहिंसा के गुणों पर प्रहार हुआ। शोषण हिंसा, अशांति तथा विद्रोह की अमानवीय प्रवृत्तियों में वृद्धि हुई।

इसीलिए गांधी जी स्वराज्य की कल्पना करते थे। अर्थात् नैतिक शक्ति के आधार पर वे राष्ट्र का निर्माण करना चाहते थे। उनका यह मानना था कि स्वतंत्रता तो स्वराज्य के लम्बे मार्ग की पहली सीढ़ी है। गांधी जी ने 1908 में 'हिन्द स्वराज्य' पुस्तक में स्वराज्य की कल्पना पुष्ट की है[1] गांधी जी के नैतिक, सादगी के जीवन अैर भारतीय संस्कृति को भुला दिया गया। अंधाधुंध पश्चिमी देशों की नकल हुई और पश्चिम की जो भोगवादी, अतिवादी संस्कृति है, उसे अपना लिया गया। भारत का सच्चा अर्थशास्त्र, सच्चा समाजशास्त्र न समझ कर भोगवादी सभ्यता को बड़े गर्व के साथ तथा बड़ी आशा के साथ अपना लिया गया, इसी

का दुष्परिणाम यह हुआ कि गरीबी और बेरोजगारी नहीं मिट सकी। पर्यावरण प्रदूषित हुआ, बीमारी, दरिद्रता, असंतोष, अपराध आदि सारे पाप तीव्र गति से बढ़ते गए। आज मानव समाज के समक्ष आर्थिक, राजनैतिक, नैतिक, सामाजिक तथा आध्यात्मिक संकट उत्पन्न हो गए हैं। आज इस संक्रमणकालीन स्थिति से भारत ही नहीं, समूचा विश्व कुप्रभावित हो रहा है, इसकी भयानकता से त्रस्त विश्व के चिंतकों में समाधान के लिए छटपटाहट होना स्वाभाविक है। सृष्टि के प्रारम्भ से मानव समाज में यह छटपटाहट है कि मानवीय गुणों, संवेदनशीलता को किस प्रकार विकसित करके मनुष्यों को अज्ञान, अन्याय, अभाव से मुक्त किया जाय। सभी मनुष्य प्रकृति के प्राकृतिक शक्तियों का बराबर लाभ ले सकें। भारत में तथा पश्चिमी देशों में इस पर बराबर चिंतन हुआ। वर्तमान समाज को कैसे नए समाज में बदला जा सके। यदि हम फ्रेंच क्रांति से प्रारम्भ करें और इसके पहले प्लेटों अरिस्टाटिल के पश्चिम के विचारों को छोड़ दें साथ ही हॉब्स, लॉक रूसों के विचारों को छोड़ दें तो फ्रेन्च रिवोल्यूशन में स्वतंत्रता, समता, भ्रातृत्व की उद्घोषणा से क्रांति का शुभारम्भ हुआ परंतु कतिपय कारणों से विशेषकर मनुष्य की दुर्बलताओं के कारण यह क्रांति आजतक केवल उद्घोषणाओं में ही रह गई। यह सफल नहीं हुई और नए मानव समाज की कल्पना साकार नहीं हो सकी।

दूसरी क्रांति अमेरिका में हुई। वह क्रांति भी कतिपय कारणों से असफल हो गई। तीसरी क्रांति रूस में हुई इसका आधार कार्ल मार्क्स का साम्यवादी विचार था। यद्यपि कार्ल मार्क्स ने औद्योगिक देशों में इस क्रांति की कल्पना की थी परंतु वह वहां न होकर कृषि प्रधान देश रूस में नए समाज के निर्माण हेतु यह क्रांति हुई। समतामूलक साम्यवादी विचारधारा की यह रूस की क्रांति सफल हुई। यद्यपि बड़ा संघर्ष हुआ परंतु दुःखी मानव उठ खड़ा हुआ और बहुत दिनों से मनुष्य-मनुष्य बराबर है की आकांक्षाओं को सफलता प्राप्त हुई, परंतु कार्ल मार्क्स के विचारों में यह त्रुटि रह गई कि कार्ल मार्क्स ने सामाजिक पद्धति को बदल देने मात्र से ही नए समाज की कल्पना की थी। उन्होंने मनुष्य की भावनाओं, उसके गुणों की उपेक्षा की थी। उन्होंने यह नहीं समझा कि पद्धति बदल देने से मनुष्य नहीं बदल जाता अपितु मनुष्य को बदल देने से सिस्टम या पद्धति बदल जाती है। पद्धति को बनाने वाला उसे बदलने वाला वस्तुतः मानव ही होता है।

कार्ल मार्क्स का साम्यवाद नए समाज की ओर बढ़ रहा था जो पूंजीवादी पद्धति से सर्वथा भिन्न था। पूंजीवाद के दुर्गुणों के निराकरण के रूप में साम्यवाद का स्वरूप सामने आया। परंतु साम्यवादी विचार का यह देश रूस, अमेरिका की

प्रतिस्पर्द्धा में बड़े-बड़े टैंक विध्वंशात्मक मशीनरी, बम आदि निर्माण में अपनी वैज्ञानिक शक्ति का प्रयोग करने लगा। इस पूंजीवाद की प्रतिस्पर्द्धा में उसमें एक नए वर्ग का निर्माण हुआ जिसका विवरण विद्वान् इगलॉस ने अपनी पुस्तक 'न्यू क्लास' में प्रस्तुत किया। धीरे-धीरे इसी के कारण 'समतामूलक' समाज को धक्का लगा। मनुष्य फिर मजदूर और मैनेजर के वर्ग में बंट गया और अपने उत्पादन के उपकरणों, उपभोग की वस्तुओं की प्राप्ति में केन्द्रीय अर्थव्यवस्था से दुखी होने लगा। रूस की साम्यवादी व्यवस्था टूटने लगी। इसीलिए यह रूस की क्रांति भी विफल हुई।

पुनः चीन की क्रांति हुई। यह भी अपने ढंग की समतामूलक समाज की नई क्रांति थी। यह भी मनुष्य की मानवीय गुणों की उपेक्षा करने लगी। मनुष्य विचारक भी तो है केवल जानवर की तरह भोजन प्राप्त करने के लिए ही नहीं है। यह क्रांति भी विफल हो गई। इन सब क्रांतियों के कारण पूंजीवादी पद्धति में भी एक नई चेतना का श्रीगणेश हुआ। इस पूंजीवादी पद्धति में समतामूलक समाज हेतु कल्याणकारी राज्य की भावना विकसित हुई और उससे बढ़कर अपारचुनिटी स्टेट की कल्पना आई परंतु इसका जो मूल दोष था लाभ और घोर प्रतिस्पर्द्धा वह नहीं मिट सका। इससे मनुष्य दूसरे मनुष्य पर जीने का कुचक्र रोक न सका और कम लागत में अधिक वस्तुओं का उत्पादन इससे अधिकतम लाभ और साधनविहीन व्यक्तियों का शोषण एक नई वैभवशाली समाज की उत्पत्ति के रूप में इस कल्याणकारी राज्य की स्थापना हो रही है। वैभवशील समाज राष्ट्र के लिए समस्या बन रहा है। नव समाज के निर्माण में आजतक पश्चिम के विचारक अपने वैचारिक क्रांति द्वारा नहीं सफल हो सके। सारी क्रांतियां असफल रहीं।

अब प्रश्न खड़ा होता है कि भारतवर्ष में जो नैतिक मानवीय मूल्यों पर आधारित सहिष्णुता, संवेदनशीलता के विचार हैं वे कैसे समतामूलक नए समाज का निर्माण कर सकते हैं? भारत के चिंतकों और विचारकों ने सर्वोदय विचार द्वारा नए समाज के निर्माण की कल्पना पश्चिम के तथा भारतीय विचारकों के विचार को लेकर एक नए स्वरूप, में एक नए मानव, एक नए मानव समाज की ओर सशक्त रचना के रूप में भी हैं। गांधी जी ने एक प्रतीक के रूप में सर्वोदय या साम्ययोग या समातामूलक समाज की नवधारणा प्रस्तुत किया है। इसने मानवीय गुणों का समाजीकरण कर दिया है। इसीलिए यह वैचारिक क्रांति नव समाज के निर्माण में अहम भूमिका निभा रही है। विश्व को इस विचारधारा से राजनैतिक

परतंत्रता से छुटकारा प्राप्त हुआ है और आर्थिक, सामाजिक, सांस्कृतिक, व्यक्तिगत जीवन में भी समता का, स्वतंत्रता का, भ्रातृत्व का संचार हुआ। यही भारतीय मर्यादा के अनुकूल होगा।

विश्व की महान विभूति अल्बर्ट स्वीट्जर ने विश्व के उत्कृष्ट दार्शनिक तत्वों के सार को स्पष्ट करते हुए कहा है—"रिवरेंस फार लाइफ"—जीव मात्र के लिए आदर। स्वीट्जर कहता है मैं जीव मात्र की यथाशक्ति सेवा करूं तथा किसी भी प्राणी को किसी भी प्रकार का क्लेश न पहुंचाऊं। उनके विचार से प्रत्येक प्राणी का जीवन पवित्र है। जीव मात्र के लिए आदर में धर्म का सार तत्व प्रेम हैं और वह करूणा से ओत-प्रोत है। यह प्रेम मानव मात्र के लिए ही नहीं प्राणिमात्र के लिए है। वनस्पतियों तक के लिए भी है। वह किसी वृक्ष का पत्ता तक नहीं तोड़ता। वह इस बात का ध्यान रखता है कि उसके पैरों तले कोई जीव न कुचल जाय। पशु-पक्षी, कीट-पतंग कोई भी उससे अछूता नहीं रह सकता। हमारे ऋषि-मुनियों ने पशु-पक्षियों, पेड़-पौधों, नदी-पर्वत, वायु, अग्नि, जल सबके साथ एक समन्वयात्मक संतुलित जीवन जीने का प्रयास किया और जनसामान्य को भी यही संदेश दिया। ईशोपनिषद् में व्यक्त यह विचार कि—

ईश का आवास यह सारा जगत्  
जीवन यहां जो कुछ उसी से व्याप्त है।  
तू भोगता जा वह तुझे जो प्राप्त है  
कर न तू किसी के धन की कामना  
करते हुए कर्म ही इस संसार में  
शतवर्ष का जीवन हमारा इष्ट हो  
मुड़ती हैं इंद्रियां जहां छाया तिमिर  
घनघोर है।[1]

उपर्युक्त उद्धरण इस बात का द्योतक है कि प्रत्येक मनुष्य के जीवन का एक इष्ट है उसकी ओर हमें अग्रसर होना चाहिए। इसीलिए भारत के ऋषि-मुनियों, संतों ने सूर्य, चंद्रमा, पृथ्वी, तारागण, नक्षत्रों सभी का गहन अध्ययन किया। पृथ्वी पर जितनी शक्तियां हैं उनका ज्ञान, पृथ्वी के गर्भ में जो शक्तियां हैं उनका ज्ञान, पृथ्वी के ऊपर आकाश में जो शक्तियां है, उनका यानी सभी का ज्ञान हमें दिया है उसका कारण यही था कि हमारा भौतिक जीवन प्रकृति द्वारा सहज पुष्ट था।

इसीलिए इन सभी के बीच समन्वय, संतुलन तथा सामंजस्य को आवश्यक माना, यही भारतीय संस्कृति का मूल तत्व रहा है। अतः आज भी हम अपनी माता, धरतीमाता, गऊमाता, तुलसीमाता, गंगामाता की संज्ञा देकर हम उनका पूजन-अर्चन करते हैं। कोई ऐसा वृक्ष नहीं है जिसका हम पूजन न करते हो, कोई ऐसा पशु-पक्षी नहीं है जिसको हम आदर न देते हो। पहाड़, नदियां, तालाब, कुओं सभी का हम पूजन-अर्जन करते हैं क्योंकि इनसे मानव जीवन पवित्रता और सौष्ठव को प्राप्त होता है। मानव जीवन सोलह संस्कारों से पूर्ण हो, यही मानव जीवन का शांतिमय लक्ष्य है।

आज की जो स्थिति है। पृथ्वी आदमी के भोग के लिए है, प्रकृति की सारी शक्तियों का दुरूपयोग करना, शोषण करना, पशुओं को पीड़ा पहुंचाना, मानव को शोषण की भट्ठी में डालना, मुनाफे के दृष्टिकोण से उत्पादन करना आदि विचारों से ग्रस्त होकर पूंजीवादी, साम्यवादी विचारों को अपनाया गया। चाहे पूंजीवाद रहा हो या साम्यवाद दोनों की प्रतिस्पर्धा। जो स्थिति आज पृथ्वी-आसमान की हुई है, वह भयावह है। इन साम्यवादी एवं पूंजीवादी शक्तियों ने आपसी स्पर्धा से आणविक ऊर्जा, पर्यावरण-प्रदूषण, विश्व युद्ध जैसी विनाशकारी स्थितियों को उत्पन्न किया है जिससे मानव, पशु-पक्षी, प्राकृतिक साधनों का अस्तित्व ही खतरे में पड़ गया है। इन दोनों पद्धतियों से दुनिया व्यसनी, स्वार्थी, लोभी होकर भोग में डूब गई। परिवार टूटते जा रहे हैं, बेतहाशा भोग के कारण खनिज संपदा, जल, पर्यावरण संतुलन का भीषण संकट उत्पन्न हो गया है जिसकी पुष्टि के लिए 53 नोबुल पुरस्कार विजेताओं ने 1981 में जेनेवा, रोम, बर्न, पेरिस, ओहावा, न्यूयार्क महानगरों से एक वक्तव्य निकालकर दुनिया को आगाह किया। उनका यह मानना है कि आज की राजनीति तथा अर्थनीति करोड़ों की भूखमरी के लिए जिम्मेदार है तथा करोड़ों आदमियों को कुचल रही है। सारी दुनिया को विनाश के कगार पर पहुंचा रही है। ऐसी विषम परिस्थिति में दुनिया के चिंतकों को, इस आत्मघात को गांधी के शांतिमय आंदोलनों का सहारा लेकर रोकना होगा। सादगी पसंद, स्वपरिश्रम पर आधारित बस्तियां बसायी जायें, इसके लिए पश्चिमी जर्मनी में ग्रीन पार्टी, का जन्म हुआ। आज दुनिया एक तीसरे रास्ते की खोज में है जो केवल भारत के गांधी जी के रास्ते में ही निहित है। सभी को पूरा काम गोहत्या बंदी, पर्यावरण सुरक्षा, भ्रष्टाचार पर रोक, नैतिक और सामाजिक उन्नयन आर्थिक नीतियों का उद्देश्य होना चाहिए।

गांधी जी ने इस संदर्भ में विचार व्यक्त करते हुए कहा है कि—''अहिंसा के आधार पर खड़े स्वराज्य में कोई किसी का शत्रु नहीं होता, सभी सामान्य ध्येय के लिए अपने-अपने वाजिब हिस्से का काम करते हैं, सब पढ़-लिख सकते हैं और उनका ज्ञान दिन-दिन बढ़ता है। रोग और बीमारी कम से कम होती है। कोई दरिद्र नहीं होता और मजदूरों को हमेशा काम मिला जाता है यानी बेकारी नहीं होती है। ऐसे राज्य में जुए, शराबखोरी, दुराचार या वर्ग-द्वेष के लिए कोई स्थान नहीं होता। आगे गांधी जी ने पुनः कहा है कि—यह नहीं होना चाहिए कि मुट्ठीभर अमीर लोग तो रत्नजटित महलों में रहे और करोड़ों लोग वायु और प्रकाशहीन गंदे झोपड़ों रहें।[1]'' इसी प्रकार के समाज की कल्पना गांधी जी ने की थी क्योंकि गांधी जी का यह सोचना था कि बिना एकरस या समतामूलक समाज का निर्माण किए सुख-शांति की स्थापना नहीं की जा सकती।

गांधी जी ने आगे बताया कि—''सारा समाज ऐसे लोगों का बन जायेगा, जो उद्धत बनकर कभी किसी पर हमला नहीं करते बल्कि हमेशा नम्र रहते हैं जिसके वे एक जरूरी अंग हैं। इसलिए सबसे बाहर का घेरा या दायरा अपनी ताकत का उपयोग भीतर वालों को कुचलने में नहीं करेगा, बल्कि उन सबको ताकत देगा और उनसे ताकत पायेगा।[2]''

समाज परिवर्तन के लिए बहुत सारे प्रयास हुए, क्रांतियां हुईं जो इस समाज को बदलना चाहती हैं परन्तु कानून से, भय से, हिंसक शक्ति से समाज नहीं बदल सकता। इन साधनों से दुनिया में समाज बदलने के लिए तीन प्रकार के क्रांतियां हो चुकी है।[3]

पहली, मिस्ड रिव्यूल्यूशन अर्थात् हॉथ से निकल गई क्रांति—यह क्रांति फ्रांस और अमेरिका की क्रांतियां है। फ्रांस की क्रांति के स्वतंत्रता, समता, भ्रातृत्व के उद्‌बोधन हवा में ही रह गए, कुछ प्राप्त न हो सका। अमेरिका की क्रांति में सभी मनुष्य बराबर हैं, परंतु वहां भी नीग्रो, गोरा, लाल, अमीर, गरीब, स्त्री-पुरूष बराबर नहीं हो सके। राजा का शासन गया, प्रजा का शासन आया, कुछ कानों में इस प्रकार के सुहावने शब्द आए परंतु मनुष्य जहां का तहां ही रह गया, समाज नहीं बदल सका।

दूसरी क्रांति हुई जिन्हें हम समझौते की क्रांति कह सकते हैं, ये क्रांतियां रूस तथा चीन की हैं। इन्हें परिस्थितियों से समझौता करना पड़ा क्योंकि इन्हें पूंजीवाद

से प्रतिस्पर्द्धा करनी पड़ी। यह भी क्रांति अपूर्ण रह गई। वर्तमान समाज को नष्ट करने का प्रयास है परंतु नवीन समाज की रचना नहीं हो सकी।

तीसरी, क्रांति समग्र क्रांति है जिसे गांधी जी ने प्रारंभ किया। जिस क्रांति में वर्तमान समाज को नष्ट करते समय ही रचना भी होती रहती है। इस क्रांति में जनता के लिए नहीं बल्कि जनता के साथ, जनता के सहयोग से क्रांति प्रारंभ की गई। वृद्ध, स्त्री, बच्चे, जवान, अमीर-गरीब सभी इसमें सम्मिलित हुए इसीलिए इसे सार्वजनिक क्रांति का रूप प्राप्त हुआ। इन्होंने दिल-दिमाग में परिवर्तन के साथ समाज को बदलने का प्रयास किया। व्यक्ति में हृदय-परिवर्तन की शक्ति उत्पन्न किया। ये क्रांतियाँ नकल से नहीं हो सकती, बल्कि प्रत्येक व्यक्ति के जीवन को बदलने से होती है। किसी प्रकार के घोषणा-पत्र से कोई समाज नहीं बदलता। क्रांति केवल आर्थिक और राजनैतिक नहीं होती, बल्कि क्रांति सांस्कृतिक होती है। फ्रांस और अमेरिका, जर्मनी तथा जापान में जितने प्रयास किए गए, उन क्रांतियों के जो मूल्य थे, वे प्रतिमूल्य में खो गए। भारतवर्ष में इन वैभवशील देशों से बड़ी भिन्नता है। इन देशों में विपुलता है, वैभवशीलता है लेकिन भारतवर्ष में अभाव है, दुर्लभता है। पहले हम अभाव और दुर्लभता दूर करने का प्रयास करें तो दूसरा कदम विपुलता का होगा। इसीलिए भारत में अन्न, वस्त्र, आवास आदि की आकांक्षाएं अधिक है। इसलिए भारत का दुखी और दरिद्र व्यक्ति रोटी की तलाश में है। पर गांधी जी ने इसी भूखे और नंगे देश में इस क्रांति को विकसित किया। उन्होंने भूखे को उपवास का व्रत सिखाया। गरीबी का अंत करने के लिए गरीब को अमीर बनाने में नहीं बल्कि सहज और स्वाभाविक रूप से अमीर, गरीबी स्वीकार कर ले, यही गरीबी दूर करने का गांधी का प्रयास था। निहत्थे लोगों को छाती खोलकर गोली खाने की शक्ति प्रदान की, यही वीरता है।

इस प्रकार गांधी जी ने महलों से झोपड़ियों तक क्रांति का एक नया संदेश दिया। गांधी जी की इस क्रांति में समग्रता है, सभी के सम्मिलित प्रयास से क्रांति होती है।

गांधी जी ने प्रत्येक व्यक्ति के लिए तीन दैनिक व्रत करना आवश्यक माना ताकि प्रत्येक मनुष्य इनके अभ्यास से अपना जीवन इस प्रकार बनाये कि नए समाज का स्वतः निर्माण हो जाये। उस समाज में न तो शोषण होगा, न वर्ग होगा तथा अभाव, अत्याचार, अज्ञान भी नहीं होगा।

**सामूहिक प्रार्थना**—सभी धर्म सम्प्रदाय के लोग एक स्थान पर बैठकर सभी धर्मों की एक साथ प्रार्थना करेंगे। अपने को एक भगवान का पुत्र समझकर कार्य करेंगे। इससे धर्म के नाम पर, जाति के नाम पर जो संघर्ष तथा विवाद है, वे सब समाप्त हो जायेंगे। सभी में उपभोग, उत्पादन को भगवान् में समर्पित करके बंधुत्व की भावना उत्पन्न होगी।

**सामूहिक सफाई**—प्रार्थना के बाद पाखाना से लेकर सभी प्रकार की गंदगी को स्वच्छ करने का कार्य सभी करेंगे। इससे गंदी चीजें जमीन के अंदर जायेगी तथा अच्छी खाद बनकर अच्छे अन्न और फल के उत्पादन में वृद्धि करेंगे। साथ ही साथ जितनी भी बाहर और भीतर की व्यक्ति की गंदगी है उसे स्वच्छ करने का अभ्यास बढ़ेगा। आज भंगी का जो स्वच्छता का कार्य है और उसके कारण जो अस्पृश्यता की और गंदी जाति की भावना उत्पन्न होती है वह समाप्त हो जायेगी। यह कार्य पवित्र माना जायेगा। इससे छोटी-बड़ी जाति की भावना समाप्त हो जायेगी।

सामूहिक कताई, आज शरीर श्रम करने वाला किसान और मजदूर छोटा माना जाता है। यह भेद समाप्त होगा क्योंकि शरीर श्रम करना पवित्र माना जायेगा, श्रम की प्रतिष्ठा बढ़ेगी। सामूहिक कताई उत्पादक श्रम का प्रतीक है। सभी को उत्पादक शरीर श्रम करके ही उपभोग करने का अधिकार है। इससे हम स्वावलम्बी होंगे, श्रम करने से हमारा शरीर पुष्ट होगा। हममें सादे जीवन की भावना इसलिए पैदा होगी कि हमें अपनी ही उत्पादित वस्तु का उपभोग करना होगा। हम किसी का शोषण नहीं करेंगे। हम दूसरे के पसीने की रोटी न खाकर अपने श्रम की रोटी खायेंगे और अच्छा होगा कि हम अपने श्रम की रोटी दूसरों को खिलायें या यदि हम दूसरे के श्रम की रोटी खाते हैं तो बिना उसकी मर्जी के न खाये। प्रत्येक व्यक्ति का जीवन परावलम्बी न होकर स्वावलम्बी होगा। स्वावलम्बन से हम परस्परावलम्बन की ओर बढ़ेंगे। इससे देश का उत्पादन बढ़ेगा, शोषण समाप्त होगा, भ्रातृत्व की भावना बढ़ेगी। यहीं पर समता, स्वतंत्रता और भ्रातृत्व की क्रांति का संदेश पूरा होगा। वर्ग-विहीन, जाति-विहीन, शोषण विहीन समाज का सपना पूरा होगा।[1]

समाज परिवर्तन के लिए क्रांति के भिन्न-भिन्न अस्त्र रहे हैं, लेकिन गांधी जी की क्रांति के अस्त्र या परिवर्तन के अस्त्र चूल्हा, चक्की, झाड़ू, चरखा हैं। इन्हीं अस्त्रों से गांधी जी अहिंसक समाज को साकार करना चाहते हैं। गांधी जी

समाजीकरण, राष्ट्रीयकरण को छोड़कर परिवारीकरण में विश्वास करते हैं। उनका सारा आर्थिक जीवन निजी-सार्वजनिक क्षेत्र को छोड़कर पारिवारिक क्षेत्र में चलता है। यही भौतिक जीवन, सांस्कृतिक जीवन तथा आध्यात्मिक जीवन का आधार है।

नए समाज के लिए गांधी जी की सर्वोदय पद्धति ही उपयोगी सिद्ध हो सकती है, क्योंकि सर्वोदय पद्धति में उत्पादन स्वास्थ्य तथा पड़ोसी के लिए होता है। भ्रातृभाव के प्रसार के लिए उत्पादन किया जायेगा। उत्पादन के साधनों का, उत्पादन विधियों का सर्वोदय पद्धति में परिवारीकरण होगा। बाजार, दरबार की अर्थव्यवस्था परिवार की अर्थव्यवस्था में बदल जायेगी। पूंजीवादी पद्धति में उत्पादन विनिमय तथा विक्रय के लिए होता है। समाजवादी पद्धति में उत्पादन उपभोग के लिए होता है। उत्पादन के साधनों का, उत्पादन विधियों का पूंजीवाद में व्यक्तिकरण, समाजवाद में समाजीकरण होता है। जो सर्वोदय की पद्धति एवं उनके उद्देश्यों से सर्वथा भिन्न है। सर्वोदय पद्धति की पारिवारिक अर्थव्यवस्था में पूंजीवादी तथा समाजवादी अर्थव्यवस्था के समस्त दोषों का निराकरण संभव होगा। प्रत्येक व्यक्ति स्वावलम्बी होगा तथा स्वावलम्बी बनकर फिर परस्परावलम्बी बनेगा। कोई कार्य छोटा या बड़ा नहीं होगा। समाज में जिसके पास जो भी निर्माण तथा उत्पादक शक्ति और पूंजी है उसका प्रयोग समाज की समृद्धि की भावना से करेगा। ग्रामदान, भूदान, संपत्तिदान, बुद्धिदान, साधनदान तथा जीवनदान की प्रक्रिया से प्रत्येक को सम्पन्न बनाएगा। आध्यात्मिक समाजवाद का स्वरूप सर्वोदय अर्थव्यवस्था में निखरता है। इस प्रकार की पद्धति में परिवार के भीतर सभी गुणात्मक मुल्यों का विकास होगा जिससे विश्व बंधुत्व के अहिंसात्मक आधार पुष्ट होंगे। उत्पादन के साधनों का प्रयोग करने का आधार तथा अधिकार सामाजिक भूमिका में सभी को है परंतु स्वामित्व का अनुत्पादक स्वरूप नहीं होगा। इस व्यवस्था में समाज श्रमनिष्ठ होगा न कि संपत्तिनिष्ठ।

गांधी के सर्वोदय विचार में ही समतामूलक, अहिंसक समाज की स्थायी रचना की कल्पना की गई है, जिसके लिए निम्नलिखित पांच तत्वों को आवश्यक माना गया है—

1. सभी के लिए भोजन, वस्त्र, आवास
2. सभी को रोजगार
3. सभी को स्वास्थ्य

4. सभी को शिक्षा
5. सभी को स्वाभिमानपूर्वक जीवन व्यतीत करने का अवसर अर्थात् समता, स्वतंत्रता भ्रातृत्व की भावना का संचार।

इन उद्देश्यों की प्राप्ति के परिप्रेक्ष्य में सर्वोदय पद्धति ही प्रासंगिक है क्योंकि सर्वोदय संयोजन, अन्न, वस्त्र के अभाव से मुक्ति, बंधुत्व की भावना के संचार पर आधारित ही है।

**सर्वोदय संयोजन के चरण**

1. सर्वोदय संयोजन का पहला कदम यह है कि हम दुर्भिक्ष से प्राथमिक संपन्नता की स्थिति की ओर अग्रसर हों। हमारा लक्ष्य निर्वाह के लिए संयोजन हो। जो गरीब हैं, विपन्न हैं उनकी प्राथमिक आवश्यकताओं को पूरा करना नितान्त आवश्यक है। भूखों को रोटी, नंगों को वस्त्र प्राप्त कराना आवश्यक है परंतु यह उन्हें भिक्षा के रूप में न प्राप्त हो, सम्मान के साथ, प्रतिष्ठा के साथ प्राप्त हो।
2. सर्वोदय संयोजन का दूसरा कदम विपुलता के लिए संयोजन है। वस्तुओं की कमी के साथ भूख या आवश्यकता में वृद्धि प्रायः स्वाभाविक होती है। इसी के कारण असंतोष बढ़ता है, वितरण में झगड़े होते हैं। अतः आवश्यक वस्तुओं का विपुलता के साथ उत्पादन बढ़ना चाहिए। इसी को समाजवादी संयोजन की भी संज्ञा दी जाती है।
3. तीसरा कदम बंधुत्व के लिए संयोजन है। विपुलता की स्थिति प्राप्त करने की आकांक्षा में उपभोग की भावना में सारा समाज ही वस्तुनिष्ठ हो जाता है। मानव और मानवता की ओर से सारा ध्यान समाप्त हो जाता है। यह सारा उपक्रम पूंजीवादी, नाजीवादी, समाजवादी तथा साम्यवादी संयोजन की प्रक्रिया में हो रहे हैं। लेकिन बंधुत्व के लिए संयोजन की आवश्यकता पर गंभीरतापूर्वक विचार सर्वोदय पद्धति में ही किया गया है क्योंकि बिना इसके सर्वोदय समाज की स्थापना करना संभव नहीं है।

समुचित मानवीय जीवन व्यतीत करने के लिए चार प्रकार की मूलभूत स्वतंत्रता अपना महत्वपूर्ण स्थान रखती है और आवश्यक मानी गयी है—

1. जीवन की स्वतंत्रता

2. विचारों की स्वतंत्रता

3. अभाव से मुक्ति

4. भय से मुक्ति

मानव के लिए इन चारों तत्वों की आवश्यकता होती है। इस पर दृष्टिपात करने पर यह ज्ञात होता है कि स्वतंत्रता के ये तत्व आज की विविध अर्थव्यवस्थाओं में विविध पद्धतियों के द्वारा मनुष्य को, मानव समाज को उपलब्ध नहीं कराए जा सके हैं। ऐसी स्थिति में हमें गांधी जी के विचारों का आश्रय लेने के अतिरिक्त कोई विकल्प नहीं है। क्योंकि ये उपर्युक्त चारों तत्व गांधी दर्शन में ही प्राप्त हो सकते हैं।

ऐसे समाज की कल्पना, जहां लालच तथा भय, असमानता, शोषण के अवसर कम से कम हो, हमें करनी है, मानव की प्रतिष्ठा में वृद्धि करनी है, अंतिम व्यक्ति, समाज में जिसकी संख्या सबसे अधिक है, जो आर्थिक साधनों से विपन्न होते हैं, वे भौतिक रूप से भी अंतिम व्यक्ति होते हैं, इन्हें कल्याण प्रदान करना है, न्याय दिलाना है तो गांधी विचार को अंगीकार करना होगा। समाज में 'अंतिम व्यक्ति' के रूप में किसको रखा गया है, इसे गांधी जी ने स्पष्ट करते हुए कहा है कि—

1. जो आर्थिक एवं भौतिक साधनों से विपन्न होते हैं तथा समाज में इनकी काफी बड़ी संख्या होती है।
2. समाज में ऐसे व्यक्ति जो सामाजिक रूप से प्रतिष्ठित न हो।
3. जिन लोगों का राजनैतिक सम्मान न हो या कम से कम हो।
4. जिनका सांस्कृतिक जीवन अविकसित हो, व्यवहार एवं आचार पूर्ण न हो या यह कहें कि जो गैर-सामाजिक हों।
5. ऐसे व्यक्ति जिनके मन में भाव-विचार हो पर उनके भाव विचार शिक्षा की कमी के कारण पूरे न हो पाते हो।

इस प्रकार आर्थिक, सामाजिक, धार्मिक तथा शैक्षिक रूप से जो निम्न कोटि का हो, वहीं समाज का अंतिम व्यक्ति है।

गांधी जी ने अपना जीवन दर्शन अंतिम व्यक्ति से प्रारंभ किया। जो व्यक्ति अंतिम व्यक्ति के ऊपर हैं उनको उन्होंने दूसरा घटक माना है। तीसरे घटक में उनसे अच्छे व्यक्ति एवं चौथे घटक में सबसे अच्छे व्यक्ति को रखा गया है। इस

प्रकार सबके उदय की बात करके गांधी जी ने समाज के इसी अंग को सबसे पहले विकसित करने का कार्यक्रम शुरू किया।

सर्वोदय पद्धति की दृष्टि में जीवमात्र के लिए प्रत्येक व्यक्ति में आदर एवं सहानुभूति की भावना है। डार्विन के मत्स्य न्याय 'दूसरों पर जीयो', हक्सले के 'जीयो और जीने दो' के सिद्धांत से आगे सर्वोदय का 'दूसरों के लिए जीओ', दूसरों को जिलाने के लिए जीओ का सिद्धान्त है। यही जीवन की मर्यादा है और यह सर्वोदय पद्धति की देन है, जिसमें हृदय-परिवर्तन, स्व-चिंतन स्वशासन के द्वारा एक नए प्रकार की व्यवस्था का, पद्धति का संयोजन है। आध्यात्मिक उन्नति तथा जीवन शुद्धि सर्वोदय का लक्ष्य है। हम संपूर्ण विश्व का, मानव मात्र का, प्राणीमात्र का ध्यान रखते हैं, उनके कल्याण की बात सोचते हैं, यही सर्वोदय विचार का मुख्य अंग है।

## सर्वोदय आर्थिक क्रांति के सोपान[1]

सर्वोदय पद्धति के अनुसार एक नए आर्थिक समाज के निर्माण के लिए निम्न कुछ आवश्यक कदम बताए गए हैं—

1. सबै भूमि गोपाल की सब संपत्ति रघुपति की आही भूमि तथा संपत्ति की मालकियत का विसर्जन सारे समाज के लिए हो।
2. समाज में एक ही उत्पादक वर्ग-श्रमिक वर्ग हो।
3. पुरस्कारों में विषमता न हो।
4. श्रम ही विनिमय तथा जमा का साधन हो, वास्तविक संपत्ति हो।
5. खेती तथा ग्रामोद्योग की प्रधानता तथा प्राथमिकता हो।
6. यंत्रोद्योग मर्यादित तथा पंचायती हो। यंत्र, मानव के लिए हो।
7. व्यापार संस्थागत तथा सरकारी हो।
8. जीविका के लिए उत्पादक उद्योग अनिवार्य तथा आवश्यक हो।
9. मूलभूत उद्योग विकेन्द्रित तथा निजी हो।
10. कार्य तथा आराम समान और सहयोग हो।
11. बौद्धिक श्रम समाज सेवा का साधन हो।
12. सारी अर्थव्यवस्था व्यक्ति, ग्राम तथा राष्ट्र और विश्व के स्वावलम्बन के साथ परिवारीकरण की हो, जिससे लोकतंत्र तथा विक्रेन्दीकरण प्रत्येक के गुणात्मक विकास में सहायक हो।

इसी उपर्युक्त सर्वोदय आर्थिक क्रांति के मार्ग द्वारा शोषण विहीन, अभावमुक्त, भयमुक्त, समतामूलक, अहिंसक समाज की रचना संभव है।

गांधी जी ने सर्वोदय आर्थिक क्रांति के द्वारा कृषि प्रधान उद्योगमूलक अहिंसक समाज का चित्रण किया है। कृषि तथा गांव को शक्ति का स्रोत एवं केन्द्र मानकर स्वराज्य ग्राम स्वराज्य की परिकल्पना होती है। प्रत्येक व्यक्ति स्वावलम्बी बनकर उत्पादक शरीर श्रम करके प्रतिष्ठापूर्वक जीवन जीए तथा दूसरों को भी जिलाए। दूसरों के लिए जीने का दर्शन साकार करने के लिए प्रत्येक व्यक्ति को जीवन की आवश्यक जीवनदायिनी वस्तुओं का उत्पादन करना पड़ेगा। यह ग्रामीण क्षेत्र, कृषि का क्षेत्र ही संभव करता है। इसी संदर्भ में समुचित विकास के लिए अर्थव्यवस्था के चार प्रमुख स्तम्भों की ओर इंगित किया है—

**अर्थव्यवस्था के चार स्तम्भ**

1. खेती
2. बारी
3. पशुधन सेवा
4. उद्योग, ग्रामोद्योग।

गांधी जी के अनुसार इन्हीं चार प्रमुख स्तम्भों पर ही अर्थव्यवस्था तथा देश का विकास आधारित रहता है इसलिए इस पर समुचित रूप से ध्यान देकर ही विकास के पथ पर अग्रसर हुआ जा सकता है तथा सभी के भोजन, वस्त्र जैसी बुनियादी जरूरतों की संतुष्टि संभव है इसके साथ ही अभाव गरीबी, बेरोजगारी, असमानता, पर्यावरण असंतुलन जैसी विषम स्थितियों से बचा जा सकता है जिसकी सफलता और उपलब्धि के परिप्रेक्ष्य में गांधी जी का 21 रचनात्मक कार्यक्रम का विचार अमोघ अस्त्र के रूप में है।

**गांधी जी के 21 रचनात्मक कार्यक्रम**

रचनात्मक कार्यक्रमों को दूसरे शब्दों में अधिक और उचित रीति से सत्य और अहिंसात्मक साधनों द्वारा पूर्ण स्वराज्य की यानी पूरी-परी आजादी की रचना कहा जा सकता है। गांधी जी ने ग्राम-स्वराज्य की संकल्पना को साकार करने तथा ग्राम देवता एवं दरिद्र नारायण की सेवा हेतु 21 सूत्रीय रचनात्मक कार्यक्रम का विचार प्रदान किया है—

1. खादी

2. ग्रामोद्योग
3. अस्पृश्यता निवारण
4. शराब बंदी एवं नशा बंदी
5. बुनियादी तालीम
6. ग्रामीण सेवा एवं सफाई
7. कौमी एकता
8. प्रौढ़ शिक्षा
9. आरोग्य के नियम
10. गो सेवा तथा पशुधन रक्षा
11. कृषक उत्थान
12. जातिभेद समाप्त करना
13. आर्थिक समानता
14. आदिवासी सेवा
15. मजदूरों की सेवा
16. विद्यार्थी सेवा
17. कोढ़ी सेवा
18. महिला सेवा
19. सर्वधर्म समभाव
20. प्रान्तीय भाषा
21. राष्ट्रभाषा।

गांधी जी ने उपर्युक्त 21 रचनात्मक कार्यक्रमों को प्रस्तुत किया जिसका अनुपालन करके कोई भी राष्ट्र समुचित विकास के पथ पर अग्रसर हो सकता है। गांधी जी ने अपने ग्राम स्वराज्य एवं समाज की संकल्पना में संपूर्ण आर्थिक संगठन का आधार अहिंसा को बनाया है। गांधी जी ने उत्पादन, उपभोग, विनिमय तथा वितरण में मनुष्य और उसकी मानवता को खो जाने से रोका है। उत्पादन परिश्रम, समाजोपयोगी, उद्योग जीवन को चलाने वाले साधन, कला मानव संस्कृति सबको मनुष्य की भूमिका से एक स्थल से उन्होंने बांधा है। मनुष्य और उसका

कुटुम्ब, ग्राम कुटुम्ब तथा विश्व कुटुम्ब को उन्होंने एकसूत्र में बांध दिया है। अन्न, वस्त्र का अभाव न हो, गांवों का सर्वाङ्गीण विकास हो, गांव स्वावलम्बी तथा समृद्ध बने। कृषि तथा लघु एवं कुटीर उद्योग, ग्रामोद्योगों का पूर्ण विकास हो, समता की स्थापना हो, मानवता की रक्षा हो, शोषण एवं भेद रहित समाज हो। सुख, समृद्धि तथा शांति आदि विविध उद्देश्यों की प्राप्ति 21 सूत्रीय कार्यक्रम के माध्यम से हो, यही गांधियन समाज एवं स्वराज्य की संकल्पना है।

अतएव गांधी जी ने एक आर्थिक पद्धति और व्यवस्था दी जो कि व्यावहारिक है। सभी के चरित्र और संस्कृति का समाजीकरण किया। भारतीय संस्कृति और दर्शन का जीवन में प्रयोग करके धर्म और अध्यात्म ज्ञान का संदेश दिया, दर्शन दिया। प्रत्येक व्यक्ति के लिए दैनिक व्रत देकर मनुष्य के हृदय परिवर्तन और वसुधैव कुटुम्बक्म की भावना प्रदान किया। औद्योगिकरण तथा नगरीकरण की तुलना में पारिवारीकरण और ग्रामीकरण को प्राथमिकता देने का संदेश दिया। मनुष्य, धरती, पशु-पक्षी, वनस्पतियों एवं अन्य साधनों से अपना संतुलन बनाए रखें, जीवन के संतुलन का यह सिद्धांत दिया। उनका यह विचार है कि मनुष्य की प्रेरणा, आर्थिक तथा भौतिक क्रियायें सांस्कृतिक होनी चाहिए। उन्होंने ऐसा बल प्रदान किया, ऐसी दिशा दी जिससे उचित मार्ग पर साधारण व्यक्ति भी क्रांति कर सके। गांधी जी ने प्रत्येक व्यक्ति के लिए शारीरिक श्रम करना अनिवार्य, पूज्य तथा पवित्र बताया। विकेन्द्रित अर्थव्यवस्था की नई कल्पना दी। मनुष्य, मनुष्यता, मानवीय मूल्य को विचारों के केन्द्र में रखा। विज्ञान तथा टेक्नोलॉजी जो विनाश की ओर अग्रसर हो रहे है, उन पर रोक लगाने एवं उन्हें हतोत्साहित करने का विचार दिया है। विज्ञान एवं यंत्र का प्रयोग विवेकपूर्ण ढंग से करने का विचार दिया। अपने दैनिक व्रत द्वारा तथा रचनात्मक कार्यों द्वारा मनुष्य को स्वस्थ, सुखी तथा दीर्घजीवी रहने का नया संदेश देते हुए मार्गदर्शन किया। विश्व के लोगों को एक मसीहा के रूप में शोषण, संपत्ति, विज्ञान तथा सत्ता के सही स्वरूप के प्रयोग या आचरण पर एक अपना नया व्यावहारिक विचार दिया। गांधी जी का यह विचार रहा कि सत्ता और विज्ञान आज जिस रूप में है वे मानवीय मूल्यों तथा सामाजिक विकास में असफल एवं असमर्थ है। गांधी जी के इन्हीं विचारों को बहुआयामी पोषण प्रदान करते हुए संत विनोबा भावे ने मानव जाति का मार्गदर्शन किया। उनका भी यही विचार है कि विज्ञान के विनाशकारी स्वरूप को छोड़कर अध्यात्म व धर्म में निष्ठा अति आवश्यक है। विनोबा जी ने एक चिंतन प्रस्तुत किया है—

विज्ञान + आत्मज्ञान = सर्वोदय

विज्ञान + राजनीति (सत्ता) = सर्वनाश

उन्होंने आत्म ज्ञान तथा विज्ञान एवं सभी गुणात्मक शक्तियों के विकास पर बल दिया है। विनोबा जी सच्चे अर्थो में एक आध्यात्मिक क्रांतिकारी थे। गांधी जी की प्रेम और मानवीय मूल्यों पर आधारित विकेन्द्रित, स्वायत्त, शोषण विहीन, सहयोगी, अहिंसक समाज की जो कल्पना थी, उसके सही माने में वे प्रवर्तक थे।

विनोबा जी का भूदान-ग्रामदान आंदोलन केवल भूमिहीनों में भूमि बांटने का आंदोलन नहीं है, यह मानव को ऊपर उठाने का एक प्रयोग है। विनोबा जी ने यह बात लोगों को समझाया और इसे समझाकर लोगों से भूदान दिलवाया, लोगों ने प्रेम से दिया भी। जमीन का यह बंटवारा कानून से भी किया जा सकता था, तलवार से भी किया जा सकता था। दुनिया में दोनों तरीको से यह हुआ भी है। लेकिन उससे किसी का दिल नहीं बदला। दिल न तो तलवार से बदलेगा और न ही कानून से। अतः विनोबा जी का भूदान आंदोलन अहिंसात्मक तरीके से हृदय परिवर्तन करने, जनशक्ति जगाने का, लोकतंत्र को मजबूत बनाने का और गरीबी, बेकारी, भ्रष्टाचार को मिटाने तथा 'एक रस समाज' बनाने का कार्यक्रम है।

गांधी जी ने ग्राम स्वराज्य की जो कल्पना की थी, वह सबका निचोड़ है, वह सबका सारांश है और हस्ताक्षर है स्वराज्य का। उसी में आगे चलकर विनोबा जी ने 'सबै भूमि गोपाल की' सब संपत्ति रघुपति के आही की वाणी से भूदान गंगा बहाया 'सीताराम' शब्द का भाष्य किया। सीता जी भूमि से पैदा हुई अर्थात् धरतीमाता की प्रतीक 'कृषि' तथा राम सृष्टि की रचना एवं सृष्टि की रक्षा के प्रतीक अर्थात् 'उद्योग'। इसी से कृषि-उद्योग = सीताराम सधुक्कड़ी भाषा में अर्थ किया। गांधी जी के संपूर्ण आर्थिक तत्वों को लेकर भूदान, संपत्तिदान, श्रमदान, बुद्धिदान, साधनदान, जीवनदान, ग्रामदान, राज्यदान तक विनोबा जी ने भूदान विचार का विस्तार करके नवीन सर्वोदयी समाज की कल्पना को साकार किया। विनोबा जी ने प्राचीन मूल्यों से आज के जीवन को जोड़ दिया। विनोबा जी की वैश्विक दृष्टि थी। विविध रचनात्मक कार्यक्रमों के द्वारा विश्व वृत्ति का विकास करने का उनका प्रयास रहा। वे चाहते थे कि—'वसुधैव कुटुम्बकम्'—विश्व एक परिवार बने और 'विश्व मानुषः' मानव विश्व-मानव बने। अतः वे सभी कार्य जिन्हें गांधी जी चाहते थे, उन्हें विनोबा जी ने प्राण-प्रण से पूर्ण करते हुए गांधी विचार की दुन्दुभि बजा दिया। भारत ही नहीं अपितु विश्व को यह संदेश दिया कि—हिंसा की विरोधी और दण्डशक्ति से भिन्न अहिंसक लोकशक्ति ही तीसरी शक्ति है। अतएव यह कहा जा सकता है कि—"दुनिया के कल्याण के विचारों

में यदि कार्ल मार्क्स हरिद्वार की गंगा हैं तो गांधी प्रयाग की गंगा और विनोबा काशी की गंगा हैं। जैसे गंगा की पवित्र धारा अबाध गति से चलती है वैसे ही इन तीनों महापुरूषों के विचारों की पवित्र धारा भी समूचे विश्व में अनवरत् रूप से प्रवाहित हो रही है।

अतएव सर्वोदय पद्धति का विश्वास मानव विभूति में है। हमारा धर्म, फल निरपेक्ष कर्तव्य है—इस विचार की मान्यता प्रतिष्ठित होती है। सर्वोदय विचार का लक्ष्य प्राणिमात्र से तादात्म्य स्थापित करना है। सत्य, अहिंसा, अपरिग्रह, अस्तेय, ब्रह्मचर्य, अस्वाद, संर्वधर्म समभाव, अभय, श्रम की प्रतिष्ठा, स्वदेशी आदि व्रत इसके जीवित शरीरिक अंग हैं। गांधी जी ने सार्वजनिक जीवन तथा व्यक्तिगत जीवन की साधनाओं को एक में मिलाकर सामाजिक मूल्य में परिवर्तित कर दिया। उन्होंने सर्वोदय के इस दर्शन को जन्म दिया।[1]

गांधी जी सर्वोदय अर्थव्यवस्था को आचारशास्त्र, नीतिशास्त्र तथा धर्मशास्त्र से अलग नहीं मानते। मानव जीवन को राजनीतिक, सामाजिक, धार्मिक और आर्थिक अंगों में विभाजित करने में कोई अर्थ नहीं होता। गांधी जी के अनुसार— "मैं स्वीकार करता हूं कि मैं अर्थशास्त्र तथा नीतिशास्त्र के बीच कोई विशेष अंतर नहीं करता। जो अर्थशास्त्र किसी व्यक्ति अथवा राष्ट्र के कल्याण में बाधा डाले, वह अनैतिक है और इसलिए पाप-पूर्ण है।"[1]

गांधी जी मानव की सार्वभौमिक पहलू की विवेचना करते हुए कहते हैं कि "मानव के कार्यो की वर्तमान परिधि अविभाज्य है। उसे आप सामाजिक, आर्थिक, राजनीतिक या केवल धार्मिक टुकड़ों में विभाजित नहीं कर सकते।"[2]

इतिहास इस बात का साक्षी है कि समाज परिवर्तन के लिए क्रांति के भिन्न-भिन्न अस्त्र रहे हैं। लेकिन गांधी जी की क्रांति के अस्त्र या परिवर्तन के अस्त्र चूल्हा, चककी, झाड़ू, चरखा हैं, इन्हीं अस्त्रों से गांधी जी अहिंसक समाज को साकार करना चाहते हैं तथा यह विचार व्यक्त करते हैं कि अहिंसक स्वराज्य के लिए वांछित है—

शरीर मन आरोग्य,<br>
सफाई घर गांव की<br>
प्रबंध खाद कूड़े का<br>
व्यवस्था मल-मूत्र की

इसमें हैं सभी तत्व, अहिंसक स्वराज्य के।

गांधी का नया समाज जिसका सत्य और अहिंसा लक्ष्य होगा। मानव सारी व्यवस्था का केन्द्र बनकर सहयोग की व्यापकता से अग्रसर होगा। मानव श्रम वास्तविक संपत्ति तथा विनियम का मापदण्ड होगा। बौद्धिक श्रम समाज सेवा का साधन होगा। मूलभूत जीवनदायिनी वस्तुओं के उद्योग विकेन्द्रित तथा निजी होंगे। बड़े तथा यंत्र उद्योग राष्ट्रीय अथवा पंचायती होंगे। काम तथा आराम समान तथा सहयोगी होंगे। कोई न बेकार रहेगा और न भूखा रहेगा। कौटुम्बिक अर्थव्यवस्था होगी। शिक्षा जीवनोपयोगी होगी, स्वास्थ्य और चिकित्सा सबको सुलभ होगी। समाज श्रमनिष्ठ होगा। भूदानमूलक ग्रामोद्योग प्रधान अहिंसक क्रांति द्वारा गांधी का आध्यात्मिक समाजवाद या सर्वोदय समाज साकार होकर रहेगा।[1]

गांधी जी के विचारों एवं सिद्धांतों की सर्वकालिक उपयोगिता का महत्व स्वीकार करते हुए जी. रामचन्द्रन ने अपना मत स्पष्ट किया है कि—"गांधीवादी विचार को यदि अच्छी तरह समझा जाय तो उसमें हमें महान चुनौती तथा महान अवसर दोनों का ही सामंजस्य देखने को मिलेगा। आज के तेजी से बदल रहे संसार में गांधीवादी अर्थशास्त्र का संतुलनकारी गति विज्ञान पहले से कहीं अधिक आवश्यक वरेण्य हो गया है। सबसे बड़ी बात तो यह है कि बिना विज्ञान और अध्यात्म तथा उत्पादन और चरित्र में समन्वय साधे सारी मनुष्य जाति का भविष्य अंधकारमय है। इतिहास के इसी आवश्यक तत्व की पृष्ठभूमि में हमें गांधीवादी अर्थशास्त्र को विश्व के अर्थशास्त्र के प्रसंग में फिर से देखना और समझना चाहिए।

## संदर्भ

1. विनोबा, सर्वोदय विचार और स्वराज्यशास्त्र,
2. प्रो. चतुर्वेदी, डी.एन., तीसरी दुनिया का तीसरा रास्ता-गांधी, पृ. 343.
3. विनोबा, सर्वोदय विचार और स्वराज्यशास्त्र
4. ठाकुरदास बंग, असली स्वराज्य,
5. प्रो. चतुर्वेदी, डी.एन., गांधी अर्थनीति,
6. प्रो. चतुर्वेदी, डी.एन., तीसरी दुनिया का तीसरा रास्ता-गांधी,
7. प्रो. चतुर्वेदी, डी.एन., गांधी अर्थनीति, पृ. 343.
8. दादा धर्माधिकारी, सर्वोदय दर्शन, पृ. 166.
9. यंग इण्डिया, 13.10.1921.
10 तेन्दुलकर, महात्मा, खण्ड 9, पृ. 387.
11. प्रो. चतुर्वेदी, डी.एन., गांधी अर्थनीति, पृ. 332.
12. जी. रामचन्द्रन्, गांधीवादी अर्थशास्त्र का मर्म, प. 33, खादी ग्रामोद्योग कमीशन, अक्टूबर 1969.

# उपसंहार

मानव एवं प्रकृति में जब सन्तुलन होता है तभी सभी सुखी होते है। असन्तुलन की स्थिति में मानव एवं प्रकृति कष्ट में होते है। मानव विवेकशील प्राणी है। विवेक एवं पुरुषार्थ इसके दो प्रमुख गुण है जो कि अन्य जीवों से भिन्न है। मनुष्य की एक आन्तरिक शक्ति है जो सारे विवेक और विचारों का स्थल है। शरीर जो भौतिकता का प्रतीक है उसे पशु-पक्षी, वृक्षों आदि से एक समवेत समन्वित स्थिति की शक्ति से सम्भालना पड़ता है। इससे हमारे मन और शरीर में सन्तुलन रहता है। इसके विपरीत हम असन्तुलित होकर बाधाओं के बीच जीते है, इसी से मानव और प्रकृति का संघर्ष पैदा होता है, जो प्रकृति और मनुष्य दोनों के लिए कष्टदायक है, इसलिए इसमें सहयोग होना अत्यावश्यक है। इसी प्रकार से मनःस्थिति को भी शुद्ध एवं पवित्र भावनाओं से ओत-प्रोत करना है, इसके लिए विश्व में, अनेक धर्म, अनेक उपदेश, अनेक धर्म ग्रन्थ समक्ष आए, मसीहा भी आए, महात्मा, सन्त, विद्वान् सभी ने बड़ा प्रयास किया परन्तु उस आदर्श से यथार्थ सदैव भिन्न होता रहा इसीलिए मनोविकार उत्पन्न हुए और मनुष्य विवेक से विकार एवं विनाश की ओर बढ़ा, यही कारण है कि जब ईसा की शूली पर चढ़ाया गया, साक्रिटीज को जहर पिलाया गया, गांधी को गोली से मारा गया आदि घटनाएं, धर्म धर्माचार्यों के उपदेशों, इन धार्मिक ग्रन्थों पर यह प्रश्न चिह्न लगता है कि ये सब अति आदर्श की ओर चले और यथार्थ को पीछे छोड़ दिया और मनुष्य अपने को बर्बरता और राक्षसत्व की प्रक्रियाओं से दारुण दुःख देता रहा इसलिए सभी मनुष्यों ने मिल कर एक नयी सामाजिक, राजनीतिक, आर्थिक, सांस्कृतिक, नैतिक व्यवस्था का चिन्तन प्रारम्भ किया, यह कहाँ तक सफल है और कहाँ तक असफल है और क्या नयी समाज रचना या व्यवस्था होनी चाहिए? इस सम्बन्ध में कार्ल मार्क्स का साम्यवाद और गांधी का साम्ययोग के मूल्यांकन की नितान्त आवश्यकता है ताकि एक नया समाज समस्त मानवीय गुणों से पूरित रहे और सभी को सुखी बनाए, मानव, पशु-पक्षी, वनस्पतियां, नदी, पर्वत, पृथ्वी और उसकी सारी शक्तियां सन्तुलित होकर मानव समाज को

स्वस्थ एवं सुखी बना सकें इसलिए नयी खोज की आवश्यकता हुई जिसे भी हमने निम्नलिखित अध्यायों में आवंटित करके प्रारम्भ किया।

अध्याय एक में विश्व में व्याप्त भूख, अज्ञानता तथा अन्याय के खिलाफ जो आन्दोलन छिड़ा है जिसके कारण फ्रांस, चीन, रूस में क्रांतियां भी हुई का विवरण है। विज्ञान की प्रगति ने भी इन समस्याओं का समाधान नहीं किया वरन् इन समस्याओं को आगे बढ़ाने में ही मदद की है। मनुष्य आज दरिद्रता, शोषण, अन्याय, बेकारी, असमानता, अपराधी प्रवृत्तियों की ओर अग्रसर होता जा रहा है। विश्वव्यापी स्तर पर इन मानवीय कल्याण की भावनाओं को बढ़ाने के लिए कई प्रयास किए गए। इन्हीं विचारों को लेकर कार्ल मार्क्स के साम्यवादी तथा गांधी के साम्ययोगी आर्थिक विचारों द्वारा नये समाज की कल्पना की गयी ताकि इन समस्याओं को दूर किया जा सकें। आज समाज में समसामयिक समस्याएं जैसे— अपराध, नशाखोरी, दुर्घटना, प्रदूषण, रंगभेद, धर्मभेद, जातिभेद, प्राकृतिक शोषण, जातीय उन्माद, धार्मिक उन्माद, सत्ता तथा सम्पत्ति की दौड़, कौटुम्बिक सम्बन्धों जैसी अनेक समस्याएं उत्पन्न हो गयी है जो कि विश्वव्यापी है। इन समस्याओं की बढ़ती हुई प्रवृत्तियों पर रोक लगाना होगा, तभी समाज को पतन से हटाकर उत्थान की ओर अग्रसर किया जा सकता है। इन समस्याओं की ओर इस अध्याय में विस्तृत व्याख्या की गयी है।

अध्याय दो में विश्व में व्याप्त जागतिक समस्याओं के निराकरण की व्याख्या की गयी है। आज विभिन्न समस्याएं, विभिन्न देशों में अलग-अलग प्रकार की पायी जाती है जिनका समाधान भी उनके देश की परिस्थिति तथा वातावरण के आधार पर किया जाता है। वास्तव में अज्ञानता, अन्याय, अभाव को दूर करना ही प्रमुख कार्य है। विज्ञान की प्रगति ने एक ओर तो आर्थिक समृद्धि को बढ़ावा दिया तथा दूसरी ओर उसके कुप्रभावों से भी अर्थव्यवस्था को धक्का लगा। संसार में सभी को अन्न, वस्त्र, आवास, शिक्षा, रोजगार, स्वास्थ्य की सुविधा, स्वतन्त्रता, समानता तथा बन्धुत्व की भावना व्याप्त हो, तभी लोगों के जीवन स्तर में सुधार लाया जा सकता है। विज्ञान के सहयोग से ब्रह्माण्ड की शक्तियों को इसाइयत ने ग्रसित कर लिया है, जिससे विनाशकारी तत्वों को बढ़ावा मिलता जा रहा है। इस विज्ञान से वृक्षों, पहाड़ों, नदियों का शोषण करते जा रहे है तथा धरती को वनस्पति विहीन बनाते जा रहे है, इस प्राकृतिक शोषण की पीड़ा को दूर करके ही हम समस्याओं का सही ढंग से हल कर सकते है। सम्पूर्ण जगत में तीन ऐसी शक्तियों की ओर ध्यान आकर्षित कराया गया है जिनके पारस्परिक

सन्तुलन द्वारा ही हम इस धरती पर सुख-समृद्धि को आसानी से प्राप्त कर सकते है। ये शक्तियां है—वनस्पति, पशु-पक्षी तथा मानव-शक्ति। भारतीय प्राचीन संस्कृति, पश्चिम की भोगवादी इसाईयत संस्कृति के प्रभाव के कारण निरन्तर समाप्त होती जा रही है, इस संस्कृति को बचाने के लिए हमें गांधी जी के कर्मयोगी विचारों को अपनाना होगा। आज एक ओर तो भौतिक संस्कृति में तेजी आ रही है तो दूसरी ओर अभौतिक संस्कृति, जाति, परम्परा, धर्म, रीति-रिवाज आदि क्षेत्र में परिवर्तन धीमी गति से बढ़ रहा है जिसका प्रतिफल यह मिलता है कि इन दोनों संस्कृतियों के बीच निरन्तर दूरी होने के कारण सांस्कृतिक विडम्बना (जिसे आगर्वन तथा निमकाफ द्वारा बताया गया, प्राप्त हो रही है। आज समाज में बेकारी, निर्धनता, असमानता, प्रदूषण, दुर्घटना, अन्याय, शोषण, धार्मिक उन्माद, जातीय उन्माद, विनाशकारी विज्ञान, मानवीय मूल्यों में गिरावट, सत्ता तथा सम्पत्ति में संघर्ष, अस्पृश्यता, अपराध, कौटुम्बिक परिवर्तन जैसी समस्याओं का निराकरण विभिन्न तरीकों से करके हम इन समस्याओं का समाधान आसानी से कर सकते है।

**तीसरे अध्याय** में विश्व में प्रचलित प्राचीन एवं अर्वाचीन विचारों का उल्लेख किया गया है। वास्तव में ''सार्वजनिक कल्याण'' पर सभी ने जोर दिया है। इसके अन्तर्गत रूसो की ''सामान्य इच्छा'' की धारणा को व्यक्त किया गया है। इसमें समाज के सभी वर्गों के आर्थिक हितों की ओर ध्यान आकर्षित किया गया है। सामान्य इच्छा सदैव न्यायोचित रहती है, सभी का हित चाहने वाली होती है। यह समाज के सभी वर्गो के लोगों के जीवन स्तर में सुधार लाने पर बल देती है। इसके अलावा टॉलस्टाय ने भी ''सभी का उदय हो'' यह कल्पना की थी जिसे बाद में गांधी ने अपने विचारों में उसे सम्मिलित कर लिया था। टॉलस्टाय की यह कल्पना थी कि समाज के प्रत्येक व्यक्ति को अपने हाथ से श्रम करके ही अपना जीवन व्यतीत करना चाहिए तथा वे समाज में असमानता को कम करने की बात करते थे। इसके लिए सत्याग्रह, असहयोग तथा अहिंसा का सहारा लेने की बात करते थे। जान रस्किन ने भी धन की अपेक्षा, मानव पक्ष के कल्याण पर ज्यादा जोर दिया। गांधी जी ने मन में आने वाले विचारों के समाधान के लिए कतिपय विचार प्रस्तुत किए।

प्राचीन भारतीय विचारकों ने अपने विचारों द्वारा समाज को एक नयी दिशा प्रदान की जिसमें प्रमुख रूप से मनु, शुक्र, भीष्म, आचार्य, कौटिल्य तथा कामन्दकी

थे। मनु के अनुसार सुखमय जीवन व्यतीत करने तथा संकटकालीन स्थिति से बचने के लिए मनुष्य अर्थ का संग्रह करता है। साहस, धैर्य और अर्थ के बल पर मनुष्य संकटों से दूर होता है। कौटिल्य ने प्राचीन भारतीय आर्थिक विचारों के सन्दर्भ में यह व्यक्त किया है कि प्रजा का सुख, राजा का सुख है और प्रजा के हित में ही राजा का हित है। कौटिल्य ने किसान को आदर के रूप में देखने पर बल दिया है। प्रकृतिवादी विचारकों का विश्वास था कि कृषि से ही बचत प्राप्त होती है व्यापार से नहीं। एडम स्मिथ श्रम को ही सम्पत्ति का साधन मानते थे। श्रम द्वारा ही मानव की सुख-सुविधाओं तथा आवश्यकताओं की पूर्ति आसानी से की जा सकती है। एडम स्मिथ का विचार था कि जिस व्यक्ति को जो कार्य करने की रुचि हो, वह ही करें, कार्य का विभाजन, रुचि तथा योग्यता के आधार पर होगा, तभी कार्यक्षमता को बढ़ावा मिल सकता है। माल्थस ने बढ़ती जनसंख्या पर रोक लगाने की बात की। मार्क्सवाद ने पूंजीवादी अर्थव्यवस्था में मजदूरों के शोषण पर रोक लगाने की बात की क्योंकि इससे असमानता तथा वर्ग भेद उत्पन्न होता है। मार्क्स ने पूंजीपतियों के नाश तथा मजदूर वर्ग का शासन स्थापित करने पर बल दिया। इसके अतिरिक्त आधुनिक भारतीय आर्थिक विचारकों में दादाभाई नौरोजी, रानाडे, गोखले, रमेशचन्द्र दत्त, विनोबा भावे आदि ने भी मानव के कल्याण पक्ष पर जोर दिया है।

**चौथे अध्याय** में कार्ल मार्क्स के साम्यवादी विचारों का विश्लेषणात्मक अध्ययन करने का प्रयास किया गया है। मार्क्स ने अपने तर्कों के आधार पर यह सिद्ध किया है कि अब तक का सारा इतिहास वर्ग-संघर्षों का इतिहास रहा है। मध्य युग में सामन्ती शासन का मूलभूत विचार था कि छोटे-छोटे कृषकों को स्वावलम्बी बनाना। पन्द्रहवीं शताब्दी के बाद से यूरोप के बाहर के देशों से बुर्जुआ वर्ग ने अपने व्यापार को व्यापक बनाया। मार्क्स ने बताया कि सम्पूर्ण इतिहास की गति वर्ग संघर्षों तथा वर्ग विरोधी रही है। शासक तथा शासित तथा शोषक तथा शोषित वर्गों का अस्तित्व सदैव रहा है। ऐतिहासिक नेतृत्व सर्वहारा वर्ग के हाथों चला गया। मार्क्स ने दूसरी जो महत्वपूर्ण बात रखी वह थी पूंजी तथा श्रम सम्बन्धों पर। इनका मानना था कि पूंजीपति किस तरह मजदूर का शोषण करता है, उन्होंने इसकी ओर ध्यान केन्द्रित कराया है। यूरोपीय समाजवाद के संस्थापक टामस मोर ने मुक्त एक ऐसे नये अभूतपूर्व तथा आदर्श समाज का वर्णन किया, जिसमें सभी काम करते है तथा सुखी रहें है। रावर्ट ओवेन ने औद्योगिक क्रान्ति का पूरा लाभ लिया। सभी को सामाजिक सुविधाएं उपलब्ध

कराई ताकि लोगों की न्यूनतम आवश्यकताओं की पूर्ति हो सके तथा जीवन स्तर में सुधार लाया जा सके। वास्तव में मार्क्स तथा एंगेल्स ने आगे चलकर उत्पादन के साधनों के केन्द्रीयकरण तथा मुट्ठी भर लोगों के हाथों में सम्पत्ति के संकेन्द्रण की ओर ध्यान दिया। मार्क्स ने पूंजीवाद से समाजवाद में संक्रमण सम्पन्न करने में समर्थ एक सामाजिक शक्ति, सर्वहारा की खोज की। सर्वहारा वर्ग जटिल मशीनों का इस्तेमाल करने वाले बड़े उद्यमों में श्रम करता है। उद्योगों का विकास मजदूरों की संख्या में वृद्धि लाता है। यह वर्ग हर शोषण के खिलाफ संघर्ष करता है, सभी मेहनती तथा शोषितों के हित का पथ-प्रदर्शक है। मार्क्स ने बेशी मूल्य के सिद्धान्त को बताकर पूंजीवादी शोषण की प्रवृत्तियों की ओर ध्यान आकर्षित कराया है। समाजवाद वास्तव में दो वर्गों सर्वहारा वर्ग और बुर्जुआ वर्गों के संघर्ष का अनिवार्य परिणाम माना जाने लगा। लेनिन ने सर्वहारा वर्ग की प्रमुख भूमिका समाजवादी समाज के निर्माण रूप में की है। किसी भी समाज में मजदूर वर्ग ही ऐसा है जो शोषण प्रणाली को समाप्त करने तथा समाजवाद के लिए ऐतिहासिक संघर्ष का नेतृत्व करने में समर्थ होता है। लेनिन ने मार्क्स तथा एंगेल्स के विचारों को आगे बढ़ाया। मार्क्स के बाद स्वतन्त्रता आन्दोलन को बढ़ाने वाला एकमात्र लेनिन था जिसने अपने असाधारण व्यक्तित्व के आधार पर मेहनतकशों की खुशहाली के लिए निरन्तर संघर्ष किया। लेनिन ने श्रम की उत्पादकता को समाजवाद की वृद्धि में सहायक माना।

**पांचवें अध्याय** में रूस, चीन एवं अन्य देशों में साम्यवादी विचारकों का क्या दृष्टिकोण रहा है? उस ओर ध्यान आकर्षित कराया गया है। विश्व के साम्यवादी देशों में प्रमुख रूप से रूस की आर्थिक प्रणाली को प्रमुखता प्रदान की जाती है। रूस में 1905 में निरंकुश राजतंत्र की समाप्ति हुई किन्तु प्रथम विश्व युद्ध के समय रूस अपने मित्र राष्ट्रों की ओर से लड़ता रहा तथा गोला बारूद के निर्माताओं को रिश्वत देने को मजबूर होना पड़ा जिससे घटिया किस्म की सेना के सामानों की आपूर्ति की गयी, जिसका परिणाम हुआ कि जार के शासन का अन्त होने लगा। 1917 में रूस में साम्यवादी क्रान्ति हुई जिससे सम्राट को अपनी गद्दी छोड़नी पड़ी जिसका परिणाम हुआ कि रूस में दो वर्गो का अभ्युदय हुआ करेन्सकी की अल्पकालीन सरकार मध्यम वर्ग का नेतृत्व करती थी। इसे अपस्यकर मजदूरों की वाल्सेविक सरकार ने जेमिन के नेतृत्व में दृष्टिकोण सत्ता समान थी।

लेनिन की वोलशेविक सरकार ने न्यायपालिका तथा कार्यपालिका का अधिकार जनता के आयुक्तों की एक परिषद् बनाकर उसे सौंप दिया। 1926 में रूस ने अपनी प्रथम पंचवर्षीय योजना के द्वारा योजनाबद्ध तरीके से विकास करने पर जोर

दिया। इसमें कार्यशील प्रणाली, योजना आयोग का गठन, उत्पादन व्यवस्था, सहकारी क्षेत्र, संगठन नियंत्रण, नियोजन की आधुनिक प्रवृत्तियों की ओर ध्यान आकर्षित कराया गया है। इसके अतिरिक्त मशीन ट्रैक्टर केन्द्र, रूस में कृषि, विनिमय तथा व्यापार, आय वितरण, सामाजिक सुरक्षा मुद्रा तथा बैंक आदि क्षेत्रों की व्याख्या की गयी है। इसके अलावा चीन में साम्यवादी आर्थिक पद्धति की भी व्याख्या की गयी है जिसमें विकास के आधार, सामाजिक विस्तार, आर्थिक योजनाओं का विस्तारीकरण, समाजीकृत घरेलू व्यापार को बढ़ावा, निजी उद्यमों का स्थान, विकास सम्बन्धी कार्य, राष्ट्रीय आर्थिक योजना आदि की व्याख्या की गयी है। यूगोस्लाविया की साम्यवादी प्रणाली की विशेषताओं तथा इंग्लैंड की अर्थव्यवस्था की विशेषताओं की ओर भी ध्यान आकर्षित कराया गया है।

**छठवें अध्याय** में गांधी जी के साम्यवादी विचारों का तात्विक विश्लेषण किया गया है। वास्तव में गांधी जी के साम्ययोग का आधार सर्वोदय समाज का निर्माण करना रहा है अर्थात् समाज में सभी का उदय हो। सर्वोदय समाज एक ऐसा समाज है जो सभी का हित चाहता है। गांधी जी ने गुणात्मक स्वरूप को मानवीय मूल्यों के आधार पर निर्मित किया है। गांधी का साम्यवाद अहिंसा के आधार पर होगा तथा मजदूरों तथा पूंजीपतियों के मीठे सहयोग पर निर्धारित होगा। गांधी ने वर्ग विहीन समाज की परिकल्पना की थी। गांधी ने स्पष्ट तौर पर बताया कि सच्चा समाजवाद हमें अपने पूर्वजों से मिला है। उन्होंने स्पष्ट किया कि ''सब भूमि गोपाल की''। गोपाल का अर्थ राज्य या जनता से है। समाजवाद में समाज के सभी सदस्य बराबर होते है कोई ऊँचा या नीचा नहीं होता। राजा तथा रंक दोनों बराबर होते है। गांधी का विचार था कि प्रत्येक समाज में हर व्यक्ति को अपनी शक्ति का उपयोग व्यक्तिगत स्वार्थ के साधनों के लिए नहीं अपितु सम्पूर्ण समाज की सुख समृद्धि के लिए करना चाहिए। गांधी समाज में अधिकांश गरीब जनता को खुशहाल तथा स्वावलम्बी बनाना चाहते थे ताकि देश में आर्थिक समानतारूपी रामराज्य की प्राप्ति हो सके तथा सभी वर्गो के जीवन स्तर में सुधार लाया जा सकें। प्रत्येक व्यक्ति को उतना कार्य अवश्य मिलना चाहिए जिससे उसकी आवश्यक-आवश्यकताओं की पूर्ति हो सके। सच्चा अर्थशास्त्र वही है जो समाज के सभी वर्गो को सामाजिक न्याय प्राप्त करवाएं। उसे समान भाव से सबकी भलाई का प्रयत्न करना चाहिए। गांधी का विश्वास था कि पूंजीपतियों तथा जमींदारों का अहिंसा के आधार पर ह्रदय परिवर्तन हो सकता है। गांधी जी का यह मानना था कि किसानों को उनके कार्य का उचित मूल्य तथा

सम्मान अवश्य मिले। वे असहयोग तथा सविनय अवज्ञा के द्वारा अन्याय या दमन पर नियन्त्रण लगाना चाहते थे। आजादी तभी सच्ची कही जायेगी जब वह नीचे से शुरु हो अर्थात् गरीबों के उत्थान से प्रारम्भ हो। हर गांव में मजदूरों की सल्तनत या पंचायत का राज्य होगा। गांव अपनी जरुरतों को खुद पूर्ण करेगा।

सातवें अध्याय में मार्क्स के साम्यवाद तथा गांधी के साम्ययोग के विचारों की तुलनात्मक व्याख्या की गयी है। गांधी का सर्वोदय दर्शन आज के प्रचलित समस्त पद्धतियों के गुणात्मक स्वरूप को मानवीय मूल्यों के आधार पर निर्मित करने पर जोर देता है। गांधी के साम्यवाद का अर्थ वर्ग विहीन समाज की स्थापना करना रहा है। हिंसा विहीन साम्यवाद की कल्पना गांधी ने की थी। गांधी की सर्वोदय पद्धति में उत्पादक ही उपभोक्ता होगा। प्रत्येक व्यक्ति को उपभोग के लिए पहले उत्पादक बनना होगा इससे सम्बन्धों के बीच जो द्वन्द्व होंगे, वे समाप्त हो जायेंगे। समाज में ऊँच-नीच, मालिक-मजदूर, उत्पादन-वितरण इन समस्याओं के लिए कोई स्थान नहीं होगा। प्रत्येक व्यक्ति समाज के लिए उत्पादन करेगा तथा उसे समृद्धिशील बनाएगा। साम्यवाद तथा साम्ययोग में मौलिक अन्तर है जहां एक ओर साम्ययोग गुणात्मक शक्ति पर जोर देता है वहीं साम्यवाद मनुष्य को परिस्थितियों में बांधता है। मनुष्य स्वभाव से न तो अच्छा है न बुरा है, परिस्थितियां ही अच्छा बुरा बनाती है। साम्ययोग, आत्मसंयम, आत्मविश्वास पर जोर देता है, जबकि साम्यवाद वस्तु परिवर्तन पर जोर देता है। साम्ययोग हृदय पर बल देता है जबकि साम्यवाद बाहरी शासन और नियन्त्रण द्वारा मनुष्य के विचारों और मन में परिवर्तन लाता है। साम्ययोग अहिंसा को शाश्वत मूल्य मानता है। अहिंसा मानव को मानव से जोड़ती है जबकि साम्यवाद सापेक्ष मूल्य को प्रधानता प्रदान करता है। परिस्थितियों को बदलने के लिए यह हिंसा, भय या सत्ता सबका प्रयोग करने पर बल देता है। साम्ययोग की विचारधारा यह मानती है कि गरीबी-अमीरी भगवान् द्वारा प्रदत्त नहीं है। यह एक बनावटी व्यवस्था है जो मनुश्य द्वारा निर्मित है। मनुष्य इसका निर्माता है तथा दूर करने वाला भी जबकि साम्यवादी का भी मानना यही है कि दरिद्रता नैसर्गिक नहीं है, देव निर्मित नहीं है। यहां पर साम्यवाद तथा साम्ययोग दोनों का एक ही विचार दिखाई देता है।

आठवें अध्याय में मार्क्स के साम्यवादी और गांधी के साम्ययोगी विचारों द्वारा समस्याओं के निराकरण हेतु उनकी सामर्थ्य तथा सार्थकता की व्याख्या की गयी है। मार्क्स एवं गांधी के विचारों का तुलनात्मक अध्ययन, मौलिक विशेषताओं एवं गांधी के सर्वोदय दर्शन एवं साम्ययोग की उत्कृष्टता की व्याख्या की गयी है। गांधी के सर्वोदय विचारों द्वारा ही हम इन समस्याओं का निराकरण आसानी से

कर सकते है। इन सभी का समाधन गांधी के साम्ययोग तथा सर्वोदय दर्शन द्वारा ही सम्भव हो सकता है।

नवें अध्याय में साम्ययोगी तथा साम्यवादी विचारों द्वारा नये समाज एवं नये मानव की रचना का क्या स्वरूप होगा? इस ओर ध्यान आकर्षित कराया गया है। विज्ञान के कारण मनुष्य की आस्थाएं, उसकी रुचियां बदलती जा रही है जिसके कारण मनुष्य राज्य की ओर से समाज की ओर अग्रसर होता चला आ रहा है। हम विश्व को मानव कुटुम्ब बनाना चाहते है। हमारे मानव कुटुम्ब में शोषण के लिए कोई स्थान नहीं रहेगा। इसमें व्यक्तिगत सम्पत्ति किसी की नहीं होगी। स्वेच्छा एवं प्रेम के आधार पर विश्व कुटुम्ब बनाना है। गांधी का थातेदारी सिद्धान्त यह बताता है कि सम्पत्ति मेरी नहीं, समाज की है। किसी भी वस्तु का विनाश नहीं किया जायेगा। अपनी श्रम शक्ति, बुद्धि शक्ति को धरोहर मानेंगे, अपने स्वामित्व की वस्तु नहीं मानेंगे। गांधी का आर्थिक दर्शन प्रतिमूल्य सिद्धान्त को नहीं मानता, इसीलिए इसका आधार मानवता, दया, संस्कृति और सभ्यता है। नव समाज का निर्माण संयोजन द्वारा होना चाहिए। संयोजन पहले अंतिम दीन व्यक्ति, भूमि से होना चाहिए, नीचे से निर्माण हो, तभी समाज का कल्याण सम्भव होगा।

हमने दोनों विचारकों के चिन्तन को तुलनात्मक ढंग से मूल्यांकन किया है। दोनों एक नयी व्यवस्था के लिए नए समाज की स्थापना के लिए बहुत ही चिंतित हैं। दोनों विचारों में मानवता और करुणा है। अतिवेदना और करुणा के कारण मार्क्स ने द्वेष, मत्सर का भी प्रयोग किया परन्तु गांधी ने करुणा और सहानुभूति का सहारा लिया। सत्य, अंहिसा, समता, शांति और समृद्धि के पवित्रतम आधार का रास्ता गांधी ने स्वीकार किया। सत्य और अहिंसा के विचार को आगे बढ़ाने पर एक नैतिक और मानवीय मूल्य की आधारशिला पर गांधी ने अपने विचारों से मनुष्य के विविध व्यवहारों पर एकसूत्र सामने रखा। राजनीति धर्म और मर्यादा के सिद्धान्त पर आधारित है। धन, श्रम से अर्जित किया जाए, व्यापार में नैतिकता, शिक्षा में चारित्रिक विकास हो, विज्ञान में मानवता हो, आनंद के साधनों में विवेक हो, दूसरों के लिए मानव जिए और रोटी और धर्म या भौतिकता और आध्यात्मिकता दोनों एक साथ चले। एक हाथ में फावड़ा हो और दूसरे हाथ में वेद हो। गांधी ने इस प्रकार से मनुष्य के लिए ऐसी आचार संहिता प्रदत्त की है ताकि वह पथ से पतित न हो सके, प्रेम, करुणा, सत्य, अहिंसा का पालन करें। कार्ल मार्क्स और गांधी जी दोनों ही शोषण के विरुद्ध है, इसीलिए दोनों विचारों में राजनैतिक मूल्यों को मानव जीवन से निकाल दिया गया है, इससे विघटन उत्पन्न होता है। रूढ़िवादी,

साम्प्रदायिक मूल्यों से समाज सुखी नहीं रह सकता है। मनुष्य आज बाजारु मूल्यों में जी रहा है। मनुष्य का शरीर, विचार अति भोगवादी व्यामोह में बाजारु मूल्यों में आज की वैज्ञानिकता के कारण त्रस्त है, इसको बाजार से छुटकारा प्राप्त करना है। इसलिए कार्ल मार्क्स ने भी मनुष्य को बाजार में से निकालकर सामाजिक मूल्यों से जोड़ने का प्रयास किया। गांधी ने मनुष्य को कौटुम्बिक मूल्यों से जोड़ा क्योंकि जब मनुष्य कौटुम्बिक मूल्यों में जीता है तो वह दूसरे के लिए जीता है, यही कौटुम्बिक मूल्य विश्व स्तर पर "वसुधैव कुटुम्बकम" की भावना उत्पन्न करेंगे, यही गांधी की भावना की विशेषता है। जिस प्रकार मार्क्स ने राज्य के विनाश की कल्पना किया और अन्य विचारकों जैसे प्रौदों, मैकस्टर्नर, क्रोपाटकिन, गाडविन आदि विचारकों ने भी राज्य की समाप्ति की कल्पना की है उसी प्रकार से गांधी ने राज्य से उसकी हिंसात्मक प्रवृत्ति से मनुष्य को निकालने का प्रयास किया है। थोरो और टॉलस्टाय ने थोड़ा-सा प्रयास किया परंतु गांधी ने इसका पूरा उपाय बताया। सत्याग्रह का आचार समझाना नहीं, मत परिवर्तन है। इसी में से लोकनीति का विकास होता है। गांधी ने सत्याग्रही की बुद्धि में विकार नहीं देखा और विवेक के आधार पर ही सत्याग्रह को पुष्पित और पल्लवित किया।

गांधी नए समाज की रचना में सदैव कार्ल मार्क्स के विचारों से आगे एक नया स्थायी विचार रखते है। गांधी एक ऐसे विचारक थे जिनके उद्धार या परिवर्तन की बात थी, उन्हें साथ लेकर भी चलें, यह उनकी एक बड़ी विशेषता है। मार्क्स ने जो विचार रखा, वह विचार श्रेष्ठ है लेकिन वे मजदूरों के राज्य की बात करते है उनके दुख-दर्द को समाप्त करने की बात करते है। बहुत से विद्वान् जैसे विलियम पेन, जार्ज फॉक्स, लिंकन, मेरिसन, विलिवर फोर्स ऐसे लेखकों ने भी इसी प्रकार का विचार दिया है। गांधी ने बार-बार चेतावनी दी है कि मनुष्य को नए समाज के लिए बराबर सजग रहना चाहिए। आध्यात्मिक क्षेत्र में अतीन्द्रिय शक्ति की सत्ता आई है और विज्ञान और भौतिकता के क्षेत्र में टेक्नोक्रेट की सत्ता आई, इससे मनुष्य की निर्माण एवं शारीरिक शक्ति क्षीण होती जाती है और उपभोग की सुविधा बढ़ती जाती है। एक तरफ भोग वस्तुओं की विपुलता है दूसरी तरफ मनुष्य को इनके निर्माण में अवसर नहीं है इसलिए इस समाज में सांस्कृतिक विकास नहीं हुआ। गांधी अपने विचारों में बराबर समाज को आगाह करते है कि विपुलता के उपकरण बढ़ रहे हैं लेकिन अभाव एवं दुर्भिक्ष भी दुनिया में बढ़ रहे हैं।

कार्ल मार्क्स ने समाज रचना में राज्य को विशेष रूप से जिम्मेदार माना। यद्यपि राज्य की सत्ता पेड़ की तरह गिर जायेगी। इस विचार के अनुसार रूस में पीपुल्स रिपब्लिक हुई, हिटलर की जर्मनी, माओ की चीन, स्टालिन की रूस में,

टीटो की युगोस्लाविया में, सबसे भयानक अगर कोई संस्था हुई, तो वह खुफिया पुलिस थी। बेटा भी अपने बाप के खिलाफ सूचना देता है, यह प्रत्यक्ष पुलिस का राज्य है। परन्तु इसका नामकरण है सार्वजनिक लोक राज्य। इसका यह नतीजा हुआ कि एक राजकीय समाजवाद और दूसरा राजकीय पूंजीवाद बन गया, इनमें कोई भी अन्तर नहीं है। उत्पादन के साधन व्यक्ति के नहीं, राज्य के हाथ में होने चाहिए। समाजवादी देशों में पहले जो मजदूर मालिक का नौकर था, अब वह राज्य का नौकर हो गया है। जब पार्लियामेण्ट को निरंकुश सत्ता में बदल देते हैं तो वह पार्लियामेन्टरी आफ सोलियोटिज्म हो जाता है। इसी प्रकार से कल्याणकारी राज्य में व्यक्ति के अभिक्रम के लिए काफी अवसर होता है। लेकिन एक तरफ नियन्त्रित अर्थरचना चल रही हो तो दूसरी तरफ व्यक्ति का स्वतन्त्र अभिक्रम भी चलता हो, तो ये एक-दूसरे के विरोधी है। इसलिए पूंजीवादी व्यवस्था के विविध स्वरूप और समाजवाद के विविध स्वरूपों की रस्साकशी में सामान्य नागरिक का कोई भी अस्तित्व नहीं रह जाता है।

गांधी का कहना है कि सारे विश्व को मानव कुटुम्ब बनाइए। संस्था में जो संबंध होते हैं, वे आत्मीयता के हो। कुटुम्ब में जो स्नेह रक्त सम्बन्ध, यौन सम्बन्ध या विवाह सम्बन्ध से होता है उसमें कर्त्तव्य अधिकार की भाषा नहीं होती है। इसलिए व्यवस्था कौटुम्बिक ही होनी चाहिए। कान्ट एक विचारक है उसका कहना है कि हर राज्य सार्वभौम राष्ट्रीय सत्ता चाहते हैं और यही एक-दूसरे के अलगाव या झगड़े के कारण है। गांधी के अनुसार कौटुम्बिक जीवन में कोई सत्ता का स्थान नहीं होता है। इसलिए गांधी नागरिकता तथा मानव में अन्तर मानते हैं। मानव सारे विश्व का है और नागरिक किसी देश-विदेश का होता है। गांधी प्रत्येक मनुष्य की सारी भूमिकाओं में इन्सानियत देखते हैं, हैसियत नहीं देखते। गांधी जी इस प्रकार की व्यवस्था के प्रतिकूल है जिसमें दुकानदार इस प्रतीक्षा में बैठा है कि कोई ग्राहक आयेगा, वकील प्रतीक्षा में बैठा है कि कोई मुअक्किल आयेगा, डॉक्टर इस प्रतीक्षा में है कि कोई रोगी आयेगा, भिखारी इस प्रतीक्षा में बैठा है कि कोई दाता आयेगा, आदि में सब शोषक समाज के लक्षण है, जिसमें प्रत्येक व्यक्ति दूसरे की दिक्कत से लाभ उठाता है। बाजार पूंजीवादी व्यवस्था की प्रभावशाली संस्था है और यह बाजारु मनोवृत्ति मनुष्य को मनुष्यता से अलग कर देती है चाहे जो भी व्यवस्था हो, उसमें मानव और मानवता खो जाती है। इसलिए मनुष्य का बाजारु संस्करण हो जाता है। केवल कुटुम्ब में ही बाजारु संस्करण नहीं होता है। यहां जितना भी कार्य होता है उसके दाम नहीं होते है। प्राइस टैग एक दार्शनिक ने कहा था कि मैं जो कुछ सोचता हूँ वही मैं हूँ-मन

मात्र मनुष्य। इसके बाद दूसरा सोचता है कि मेरी कृति से मुझे पहचानो, मैं जो सोचता हूँ वह नहीं हूँ मेरा जो आचरण है, वह मैं हूँ। तीसरा सोचता है कि जो मैं हूँ वह इससे पहचाना जाता है जिसका मैं मालिक हूँ-बंगला, सुन्दर बगीचा, रेडियो आदि मेरे पास जितना संग्रह है, वह मैं हूँ। इसमें पहला मनुष्य का दार्शनिक संस्करण है दूसरा का नैतिक संस्करण, तीसरा पूंजीवादी संस्करण है। इस प्रकार के जो मनुष्य है, उसके जीवन में नैतिक परिवर्तन हो, यही मनुष्य का गुण, चरित्र है, कला है। ऐसी स्थिति में गांधी इन बुनियादों को बदलकर बाजारु संस्करण को समाप्त कर, मनुष्य को ऐसा सार्वभौम संस्करण होना चाहिए जिससे उसके गुणों का समाजीकरण हो, तभी एक नया समाज बन सकता है। इन्हीं मानवीय मूल्यों के बढ़ने से अच्छे समाज की रचना होती है।

गांधी जी एक ऐसी व्यवस्था चाहते है कि विज्ञान जहां तक जा सके, जाने दे, लेकिन वह मनुष्य और मनुष्य के हार्दिक सम्बन्ध में प्रवेश न कर सके। वही समाज जीवित रह सकता है जिसमें मानवीय शिक्षण सभी को प्राप्त हो, जन्म के आधार पर मनुष्य का वर्गीकरण न हो। सामाजिकता का यह सूत्र है कि योग्यता और आवश्यकता के अनुरूप लोग देंगे और लेंगे।

कार्ल मार्क्स ने फ्रांस के समाजवाद, इंग्लैण्ड के अर्थशास्त्र, जर्मनी के दर्शन के ताने-बाने से अपने विचार गठित किया था। इसके विनोबा भावे ने तीन हिस्से बना दिए। मनुष्य का रक्षण, पोषण और शिक्षण, इन तीनों में मनुष्य का सारा इहलौकिक जीवन समा गया। यही जब राज्य के हाथों में जाता है तब मनुष्य और मानवता गुलाम बन जाती है। मनुष्य की बुद्धि, हृदय सब कुचल दिए जाते हैं। मनुष्य की सत्यनिष्ठा तथा आत्मनिष्ठा का लोप हो जाता है। पश्चिम के विचारकों ने सामाजिक एवं राजनैतिक विषयों मे भिन्न-भिन्न मत व्यक्त किया है और बताया है कि राज्य की क्या भूमिका है? संस्थाओं की क्या भूमिका है? समुदाय की क्या भूमिका है? जो विचारक अब पुराने पड़ गए हैं उन्हें जीर्ण मतवादी कहते हैं क्योंकि आज व्यवस्था ऐसी होनी चाहिए जिसमें से व्यक्ति का आत्म संरक्षण, हो क्षमता बढ़े, संरक्षण की आकांक्षा, आवश्यकता कम हो। मनुष्य स्वतन्त्रता चाहता है संरक्षण नहीं।

कार्ल मार्क्स और गांधी में व्यवस्था के विषय में थोड़ा-सा अन्तर है। अराज्यवादी दोनों है, परन्तु गांधी का यह कहना है कि मनुष्य में इतनी सद्बुद्धि है कि उसे राज्य संस्था की आवश्यकता नहीं है, मनुष्य की अन्तःप्रवृत्ति, उसकी भीतरी प्रेरणा

ही इतनी शुभ है कि उसके लिए किसी व्यवस्था या राज्य संस्था की आवश्यकता नहीं है। व्यवस्थापकों और राज्य करने वाले ने मनुष्य को विकृत कर दिया है। यह विचार प्रिन्स क्रोपाटकिन की तरह है कि नागरिकों की पारस्परिक सहायता से समाज चलेगा, एक-दूसरे की वे सहायता करेंगे। माइकेल बाकुनिन ने कहा कि लोगों ने स्टेट को भगवान् बना दिया है तो भगवान् की भी जरुरत नहीं और न स्टेट की ही। गांधी ने व्यवस्था के सम्बन्ध में बताया है कि व्यवस्था वस्तुओं की होती है मनुष्यों की नहीं। मनुष्य में आत्म नियन्त्रण होगा। आत्म नियन्त्रण की, संयम की शक्ति नागरिकों में होनी चाहिए।

कार्ल मार्क्स ने एक नये समाज की रचना का स्वप्न देखा था। क्रान्ति उन्होंने औद्योगिक देशों में देखी थी परन्तु यह क्रान्ति कृषि प्रधन देश रूस में हुई, यह परिवर्तन तो आया परन्तु मनुष्य की वैचारिक प्रतिष्ठा और विचार में नियन्त्रण न होने के कारण इसमें दोष उत्पन्न हो गए। कार्ल मार्क्स का दूसरा सपना बिखर गया जिसमें उसने कहा था कि व्यवस्था बदल दो, आदमी बदल जायेगा। व्यवस्था को बदलने के बाद, मनुष्य नहीं बदला। यह स्वाभाविक है कि दण्ड शक्ति, नियन्त्रण से मनुष्य नहीं बदलता। व्यवस्था बनाने वाला ही मनुष्य है और वह रिंग लीडर है इसीलिए इसे बदलना आवश्यक है क्योंकि यह मनचाही व्यवस्था बनायेगा तथा बिगाड़ेगा भी।

गांधी जी ने मनुष्य के गुणों की, समाजीकरण करने की क्रान्ति प्रारम्भ की। मनुष्य को बदल देने से मनुष्य समाज बदल जायेगा, इसलिए उन्होंने मनुष्य को प्रधानता दी, उसके व्यक्तित्व को प्रधानता दी। उनके गुणों को विकसित करने के लिए कौटुम्बिक मूल्य प्रदान किया। यही शाश्वत मूल्य है जिनके आधार पर मानव समाज चलता है। एक ऐसे स्वामित्व विहीन, सम्पत्ति रहित आश्रम व्यवस्था का विचार थातेदारी के सिद्धान्त से गांधी ने दिया और प्रत्येक मनुष्य के अन्तःकरण को उद्वेलित करने के लिए, एकादश व्रत प्रतिदिन करने का आग्रह किया। इसी से एक नया मानव, एक नया समाज और एक नया विश्व बनेगा। गांधी के विचारों द्वारा सत्ता की प्रतियोगिता और सम्पत्ति की ईर्ष्या से निकलकर हम एक महान सिद्धान्त की तरफ गए। इसमें उन्होंने दिल को बदलने की बात की। गांधी का कहना था कि समुदायवाद नहीं, मानव निष्ठा होगी। इसमें हर व्यक्ति अपने में उन भावनाओं का विकास करेगा, जिसकी सुगन्ध समाज में बिखरें।

गांधी जी तथा अन्य राष्ट्रीय पुरुषों ने जो उपदेश दिए है वे हैं-वेद तथा फावड़ा साथ-साथ हो, दायें हाथ में तलवार बायें हाथ में बाइबिल तथा कुरान

हो, मिट्टी से सोना बनाए, हाथ से निर्माण और रचना हो, अमृतधारा गंगा, यमुना, ब्रहमपुत्र, नर्मदा, कावेरी, हिमालय विन्ध्य की उपासना करें, माता-धरतीमाता, गो माता, तुलसी माता का अमृतपान करें तथा पूजा करें, किसान, मजदूर, कारीगर, महिला को प्रतिष्ठा प्रदान करें, लोकतंत्र की दुःखदायी सत्ता न हो अपितु स्वतन्त्रता, संयम, समता, कर्तव्य, बन्धुत्व और मानवता का सभी सम्बर्द्धन करें। समाज सबको भोजन, वस्त्र, आवास की व्यवस्था करे, विज्ञान तथा सत्ता मानवीय मूल्यों के लिए घातक न हो, माता की आंखों में प्रेम हो, पिता की आंखों में कर्तव्य, भाई के आंखों में स्नेह, बहन की आंखों में ममता, गुरु की आंखों में ज्ञान, विद्यार्थी के आंखों में जिज्ञासा, गरीब की आंखों में करुणा, मित्र की आंखों में सहायता, देशभक्त की आंखों में राष्ट्र-प्रेम, समृद्ध व्यक्ति की आंखों में करुणा, यही मानवीय पहलू, कौटुम्बिक व्यवस्था में परिवर्तित करके राष्ट्रीयता तथा राष्ट्रीय एकता एवं सर्वधर्म समभाव बनकर हमें स्वस्थ एवं सुखी रखेगा।

## सन्दर्भ-ग्रन्थ

दी सोशल कन्ट्रेक्ट, बुक 1, अध्याय 6.

दी सोशल कन्ट्रेक्ट, बुक 2, अध्याय 2.

दी सोशल कन्ट्रेक्ट, बुक 2, अध्याय 3.

दी सोशल कन्ट्रेक्ट, बुक 1, अध्याय 7.

आत्मकथा, गांधीजी

मनुस्मृति, अध्याय 4.

गीता

शुक्रनीति

महाभारत, शान्तिपर्व

चाणक्य सूत्र

कौटिल्य अर्थशास्त्र

वेल्थ आफ नेशन्स, एडम स्मिथ

डेवलपमेण्ट ऑफ इकोनामिक डाक्ट्रिन, ग्रे

नेशनल सिस्टम ऑफ पोलिटिकल इकोनॉमी, फ्रेडरिक लिस्ट

डेमोक्रेटिक सोशलिज्म, अशोक मेहता

कोटीपाम (श्री काकुलम), विनोबा

ग्रामदान क्या है? ग्राम स्वराज्य माला

सर्वोदय और साम्यवाद, विनोबा

ऐतिहासिक भौतिकवाद, मार्क्स, एंगेल्स एवं लेनिन

समाजवाद क्या है?, द. क्लेमेन्त्येव त. वसील्येवा, प्रगति प्रकाशन, मास्को, 1988

तुलनात्मक अर्थ पद्धति, लॉक्स

दी टेकनिक ऑफ कार्ल मार्क्स : हैण्डबुक ऑफ माक्सिज्म, वी.आई. लेनिन

एण्टी डुहरिंग : हैण्ड बुक ऑफ माक्सिज्म, एफ. एंगेल्स

द हिस्ट्री ऑफ सोशलिस्ट थाट, हैरी डब्लू. लेडलर

कार्ल मार्क्स इण्टरप्रेटेशन आफ हिस्ट्री, एम.ए. बावर

कैपिटल, मार्क्स

वैल्यू प्राइस एण्ड प्राफिट, मार्क्स

संकलित रचनाएं, लेनिन, 1982, प्रगति प्रकाशन, मास्को

कम्युनिस्ट मैनीफेस्टो : हैण्डबुक ऑफ दी मार्क्सिज्म

संकलित रचनाएं, कार्ल मार्क्स एंगेल्स, 1978

इम्पीरिलिज्म लेनिन दी हाईएस्ट स्टेज ऑफ कैपिटिलिज्म

तुलनात्मक अर्थ पद्धति, डब्ल्यू.एन. लॉक्स

आर्थिक प्रणालियां, हॉम

इकोनॉमिक सिस्टम, जी. ग्रासमैन

मेरा समाजवाद, गांधीजी, 1959

दी मार्डन रिव्यू, 1935

दी इकोनॉमिक स्ट्रक्चर ऑफ सोशलिज्म, मेनसिकोव, नोवोस्ती प्रेस एजेन्सी पब्लिशिंग हाउस, मास्को, 1990

भारत की अर्थव्यवस्था, अ.इ. मेदोवोई, पीपुल्स पब्लिशिंग हाउस, नयी दिल्ली, 1985

इकोनॉमिक सिस्टम, एस.एस.एम. देसाई

ए हिस्ट्री ऑफ इकोनॉमिक आइडियाज

इकोनामिक थ्योरी ऑफ सोशलिज्म, जे. क्लिजेस्की, 1970

पोलिटिकिल इकोनामी : सोशलिज्म, प्रोग्रेस कोफोलोव, मास्को, 1977

विनोबा : जीवन और कार्य, क्रान्ति शाह, सर्वसेवा संघ, राजघाट, 1984

मेरा समाजवाद, गांधी, नवजीवन प्रकाशन मन्दिर, अहमदाबाद, 1959

थर्ड पावर, विनोवा, सर्वसेवासंघ, 1994

सर्वोदय दर्शन, दादा धर्माधिकारी, सर्वसेवासंघ, 1983

कम्युनिस्ट घोषणापत्र—हैण्डबुक ऑफ दि मार्क्सिज्म, 1935

वैल्यू, प्राइस एण्ड प्राफिट

दि स्टेट एण्ड रिवोल्यूशन, हैण्डबुक ऑफ मार्क्सिज्म

टू वर्ड्स दि अण्डरस्टैण्डिंग ऑफ कार्ल मार्क्स, न्यूनार्क, 1933

ए हिस्ट्री ऑफ सोशलिस्ट थाट, न्यूनार्क, 1927

कार्ल मार्क्सज इण्टरपिटेशन आफ हिस्ट्री, कैम्ब्रिज, 1927

इकोनामिक्स ऑफ सोशलिज्म डिकिन्सन, 1939

प्रिंसिपल्स ऑफ क्रिमिनोलाजी, सदरलैण्ड

कास्ट्स, क्लास एण्ड आपुकेशन, जी.एस. घूरिये

तीसरी दुनिया का तीसरा रास्ता—गांधी, डॉ. डी.एन. चतुर्वेदी

**पत्रिकाएं**

हरिजन, 13 मार्च, 1937

हरिजन, 2 जनवरी, 1937

हरिजन, 20 फरवरी, 1937

यंग इण्डिया, 15 नवम्बर, 1928

हरिजन, 13 जुलाई, 1947

हरिजन, 20 अप्रैल, 1940

यंग इण्डिया, 24 जून, 1926

हरिजन, 22 फरवरी, 1942

यंग इण्डिया, 26 नवम्बर, 1931

हरिजन, 15 जनवरी, 1938

हरिजन, 31 मार्च, 1946

हरिजन, 1 जून, 1947

हरिजन, 24 अगस्त, 1940

यंग इण्डिया, 23 मार्च, 1921

यंग इण्डिया, 13 अक्टूबर, 1981

हरिजन, 9 अक्टूबर, 1937

हरिजन, 1 सितम्बर, 1940

यंग इण्डिया, 5 दिसम्बर, 1929

हरिजन, 5 दिसम्बर, 1936

हरिजन, 7 जनवरी, 1939

हरिजन, 16 दिसम्बर, 1939

अमृत बाजार पत्रिका, साप्ताहिक, 20 फरवरी, 1917

हरिजन, 13 मार्च, 1937

यंग इण्डिया, 15 नवम्बर, 1928

अमृत बाजार पत्रिका, 3 अगस्त, 1934

हरिजन, 13 जुलाई, 1947

हरिजन, 5 दिसम्बर, 1936

हरिजन, 19 अक्टूबर, 1935

यंग इण्डिया, 5 दिसम्बर, 1929

फाइनेंशियल एक्सप्रेस, मार्च, 1995

इण्डिया टूडे, दिसम्बर, 1996